高等教育财税系列精品规划教材

中国与南亚国家税制比较

杨向英　主　编
赵仁平　副主编

中国财经出版传媒集团
经济科学出版社
Economic Science Press

图书在版编目（CIP）数据

中国与南亚国家税制比较/杨向英主编；赵仁平副主编．--北京：经济科学出版社，2023.5
高等教育财税系列精品规划教材
ISBN 978－7－5218－4776－5

Ⅰ.①中…　Ⅱ.①杨…②赵…　Ⅲ.①税收制度－对比研究－中国、南亚－高等学校－教材　Ⅳ.①F812.422
②F813.503.2

中国国家版本馆 CIP 数据核字（2023）第 085053 号

责任编辑：于　源　陈　晨
责任校对：易　超
责任印制：范　艳

中国与南亚国家税制比较
杨向英　主　编
赵仁平　副主编
经济科学出版社出版、发行　新华书店经销
社址：北京市海淀区阜成路甲 28 号　邮编：100142
总编部电话：010－88191217　发行部电话：010－88191522
网址：www.esp.com.cn
电子邮箱：esp@esp.com.cn
天猫网店：经济科学出版社旗舰店
网址：http://jjkxcbs.tmall.com
北京季蜂印刷有限公司印装
787×1092　16 开　13.25 印张　246000 字
2023 年 5 月第 1 版　2023 年 5 月第 1 次印刷
ISBN 978－7－5218－4776－5　定价：52.00 元
（图书出现印装问题，本社负责调换。电话：010－88191545）

前 言

随着经济的发展，全球化和区域经济一体化进程不断加快，商品、劳务和生产要素在世界范围内的自由流动和合理配置正在日益扩大和蓬勃发展。生产全球化、贸易全球化及投资全球化，使各国经济紧密相连，世界经济体相互依存关系不断加深。一国的经济发展和波动除自身因素之外，还广泛地受到其他国家的经济发展和政策的影响。税收制度作为现代化经济体系中的重要社会经济制度安排，不仅会对一国的生产和经济社会关系带来深刻的变化，还将给国际上的商品、劳务、资本、技术、人员等经济要素的流动带来直接、间接的影响，税收的国际化与经济的国际化随影而行。在税收国际化的现实环境中，各国的税收制度和政策，包括税制结构、税制要素、税负水平、税收优惠、税收征管等都是相互影响、相互渗透的。因此，税制的比较研究，不仅是认识各国税制掌握税收实践的国别特殊性和国际共通性的前提和基础，还是健全和完善我国现代税收制度，充分发挥税收在现代化经济体系中的基础性、支柱性和保障性作用实现国家治理体系和治理能力现代化的重要内容和必然要求。

南亚地区不仅拥有悠久的历史、灿烂的文化、旖旎的风光和丰富的自然资源，还是当前全球人口众多、市场广阔、经济增长速度较快、经济发展潜力较大的区域。南亚国家[①]作为中国重要的邻邦，自古以来就与中国有密切的经贸往来和政治文化交流，是我国对外

① 南亚地区东北西三面分别与东南亚、东亚和西亚接壤，南临印度洋，总面积约为430万平方千米。传统上，南亚地区总共包括7个国家，分别是尼泊尔、不丹、孟加拉国、印度、巴基斯坦、斯里兰卡和马尔代夫，它们也是1985年12月建立的南亚区域合作联盟的初始成员国。2005年11月，阿富汗加入南亚区域合作联盟，但本书并不包括中国与阿富汗的税制比较。

经济、政治和文化交流的重要内容和组成。云南财经大学财政学学科建设始终把南亚以及东南亚国家财税制度研究作为重要的教学和研究方向，在已出版《东盟十国税收制度》（边曦主编，中国财政经济出版社，2007 年）和《中国与东盟国家财政政策协调研究》（赵仁平著，中国财政经济出版社，2021 年）等著作的基础上，目前又编写完成了这本《中国与南亚国家税制比较》，供我校财政税收专业教学和研究使用，也为致力于为需要了解南亚各国与中国税收制度的共性与差异的相关部门、企业和个人提供参考借鉴。

《中国与南亚国家税制比较》以国家税务总局发布的“国别（地区）投资税收指南”中的南亚各个国家税收制度为基础，并广泛收集和整理了南亚各国官方网站上有关税制改革的资料和国内学者的大量研究成果，主要按税类分别从税制要素和税收征管的角度展开了中国与南亚各国税收制度及税收征管的全面、系统的比较。全书由杨向英担任主编，负责全书最后的统稿和全面修改；赵仁平担任副主编，参与了该书的框架结构设计和部分内容的修改；邹强编写了中国与巴基斯坦、孟加拉国税制比较的初稿，汪凤佼编写了中国与印度、斯里兰卡税制比较的初稿，田雯婕编写了中国与尼泊尔、不丹税制比较的初稿，任开慧编写了中国与马尔代夫税制比较的初稿，姜萌阳参与部分资料收集和整理。全书的内容虽经反复校对和查证，但不足甚至错误亦在所难免，恳请读者批评指正。

最后，谨对为本书的编写和付梓做出贡献与帮助的学者、领导和同行表示深深的谢意。

编者

2022 年 12 月

目　录

第一章　南亚各国社会经济及税制概况 …… 1

第一节　印度社会经济及税制概况 …… 1
第二节　巴基斯坦社会经济及税制概况 …… 6
第三节　孟加拉国社会经济及税制概况 …… 10
第四节　尼泊尔社会经济及税制概况 …… 14
第五节　斯里兰卡社会经济及税制概况 …… 17
第六节　不丹社会经济及税制概况 …… 20
第七节　马尔代夫社会经济及税制概况 …… 23

第二章　增值税的比较 …… 27

第一节　纳税义务人比较 …… 27
第二节　征税范围比较 …… 31
第三节　税率比较 …… 35
第四节　计税方法及计税依据比较 …… 41
第五节　税收优惠比较 …… 45

第三章　消费税的比较 …… 53

第一节　纳税义务人比较 …… 53
第二节　税目比较 …… 55
第三节　税率比较 …… 58
第四节　计税依据比较 …… 64

第四章　企业所得税的比较 …… 67

第一节　纳税义务人比较 …… 67

第二节　征税范围比较 …… 72
第三节　税率比较 …… 76
第四节　应纳税所得额比较 …… 87
第五节　亏损结转比较 …… 101
第六节　税收优惠比较 …… 104

第五章　个人所得税的比较 …… 117

第一节　课税模式比较 …… 117
第二节　纳税义务人比较 …… 121
第三节　征税范围比较 …… 126
第四节　税率比较 …… 131
第五节　应纳税所得额比较 …… 144
第六节　税收优惠比较 …… 150

第六章　其他税种的比较 …… 159

第一节　环境保护税的比较 …… 159
第二节　房产税的比较 …… 161
第三节　车船税的比较 …… 169
第四节　印花税的比较 …… 171

第七章　税收征管的比较 …… 180

第一节　税务登记管理比较 …… 180
第二节　税款征收制度比较 …… 184
第三节　税务检查制度比较 …… 188
第四节　纳税人法律责任比较 …… 191

主要参考文献 …… 197

第一章 南亚各国社会经济及税制概况

第一节　印度社会经济及税制概况

一、印度社会经济①

（一）印度概况

印度共和国（The Republic of India）是南亚次大陆最大国家。东北部同中国、尼泊尔、不丹接壤，孟加拉国夹在东北国土之间，东部与缅甸为邻，东南部与斯里兰卡隔海相望，西北部与巴基斯坦交界。东临孟加拉湾，西濒阿拉伯海，海岸线长 5 560 公里。总面积约 298 万平方公里（不包括中印边境印占区和克什米尔印度实际控制区等），面积居世界第 7 位。印度跨越 2 个时区，即东五区、东六区。首都新德里时间比北京晚 2.5 小时，没有夏令时。印度按照地形特征，可以分为 5 个部分：北部喜马拉雅山区、中部恒河平原区、西部塔尔沙漠区、南部德干高原区和东西海域岛屿区。其中，中部平原区地势平坦，气候温和，是印度主要人口分布区和农作物生产地，经济最为发达。印度南部属热带季风气候，北部为温带气候，一年分为凉季（10 月至翌年 3 月）、暑季

① 本节所引数据资料，除非特别说明，均来自中华人民共和国外交部网站“印度国家概况”相关内容，更新时间为 2023 年 1 月。

(4月至6月）和雨季（7月至9月）三季。印度年平均气温在22℃以上，最冷月一般在16℃以上，年降雨量各地差异很大，年降雨量2 000～4 000毫米不等。

印度人口14.08亿（2023年），居世界第2位。印度有100多个民族，其中印度斯坦族约占总人口的46.3%，其他较大的民族包括马拉提族、孟加拉族、比哈尔族、泰卢固族、泰米尔族等。官方语言为印地语和英语。印度是个宗教国家，主要的宗教有印度教、伊斯兰教、基督教、犹太教等，世界各大宗教在印度都有信徒，其中印度教教徒和穆斯林分别占总人口的80.5%和13.4%。首都新德里（New Delhi）人口2 850万①，是全国的政治、经济和文化中心及最重要的铁路和航空交通枢纽，其他主要大城市有德里、孟买、班加罗尔、加尔各答、海德拉巴和金奈等。

印度矿藏资源丰富，有矿藏近100种。云母产量世界第一，煤和重晶石产量居世界第三。主要资源可采储量估计为：煤2 533.01亿吨，铁矿石134.6亿吨，铝土24.62亿吨，铬铁矿9 700万吨，锰矿石1.67亿吨，锌970万吨，铜529.7万吨，铅238.1万吨，石灰石756.79亿吨，磷酸盐1.42亿吨，黄金68吨，石油7.56亿吨，天然气10 750亿立方米。此外，还有石膏、钻石及钛、钍、铀等。森林面积67.83万平方公里，覆盖率为20.64%。

根据印度交通运输部统计，印度公路总长约621.6万公里，公路承运量占全国客运总量的90%和货运总量的近64.5%。其中，高速公路和国道总长13.6万公里；邦道总长15万公里。印度道路路况较差，道路运输能力不足，国道中约75%的路段为单向2车道及以下。水运是印度外贸运输的主要方式，全印度95%的外贸通过水运完成，贸易价值占比超过七成。近年来，印度港口吞吐量稳步增长，年增长率为10%～12%。2019年，主要港口全年货运量达7.05亿吨。印度铁路轨道总长12.54万公里，居世界前列。全国约有13.5万列客运列车，9 100列货运列车。印度国际及国内航班班次频繁，是当今世界上发展速度最快的民航市场之一。2019年印度航空旅客吞吐量达3.44亿人次。截至2021年底，印度拥有约460个运营机场，其中德里、孟买、加尔各答、金奈等主要城市建有29个国际机场。②

（二）印度的经济发展

印度独立后经济有较大发展。农业由严重缺粮到基本自给，工业形成较为

① 联合国2021年发布的《全球城市化发展报告》。
② 商务部发布的2021年版《对外投资合作国别（地区）指南·印度》，第11～13页。

完整的体系，自给能力较强。20世纪90年代以来，服务业发展迅速，占国内生产总值（GDP）比重逐年上升。印度已成为全球软件、金融等服务业重要出口国。1991年7月开始实行全面经济改革，放松对工业、外贸和金融部门的管制。1992～1996年实现经济年均增长6.2%。“九五”计划（1997～2002年）期间经济年均增长5.5%。“十五”计划（2002～2007年）期间，继续深化经济改革，加速国有企业私有化，实行包括农产品在内的部分生活必需品销售自由化，改善投资环境，精简政府机构，削减财政赤字。实现年均经济增长7.8%，是世界上发展最快的国家之一。2006年，推出“十一五”计划（2007～2012年），提出保持国民经济10%的高速增长，创造7 000万个就业机会，将贫困人口减少10%，大力发展教育、卫生等公共事业，继续加快基础设施建设，加大环保力度。2011年8月，印度计划委员会通过“十二五”（2012～2017年）计划指导文件，提出国民经济增速9%的目标。

印度法定货币是印度卢比（以下简称“卢比”），国际上通用简写“Rs”或“INR”。汇率结构为单一汇率。卢比的汇率由银行间市场决定，2021年3月，卢比兑美元汇率为1美元≈72.5卢比。2015年1月30日，印度中央统计局（Central Statistical Office，CSO）调整了GDP的统计方法，将统计基期由2004～2005财年[①]调整为2011～2012财年，根据新的统计方法，印度政府统计和方案执行部2018年5月31日公布的数据，印度2017～2018财年GDP增速为6.7%。全年经济增速呈逐季上升趋势，四个季度分别增长5.6%、6.3%、7%、7.7%[②]。2019年5月31日发布的印度2018～2019财年经济报告，印度2018～2019财年GDP同比增长6.8%，增幅较2017～2018财年下降0.4个百分点，全年经济增速呈逐季回落趋势，四个季度分别增长8%、7%、6.6%、5.8%[③]。2020年5月29日公布的数据，印度2019～2020年GDP增长率为4.2%[④]，对2019～2020年的第一次修订后的GDP估计数1.4569亿卢比，于2021年1月29日发布，则2019～2020年实际GDP增长率为4%。四个季度增长率分别为5.4%、4.6%、3.3%、3%[⑤]。受新冠疫情的影响，2021年5月31日公布的数据，印度2020～2021年GDP增长率估计值为－7.3%，四个季度分别增长－24.4%、－7.4%、0.5%、1.6%[⑥]。此外根据世界货币基金组织（IMF）2021年的《世界经济展望》，2021～2022年，印度GDP或上升9.5%[⑦]。在外国投资数额大增的推动下，截至2020年9月，印度外汇储备已达5 456.4

① 印度的财政年度为当年4月1日至次年3月31日，例如2020～2021财年指的是从2020年4月1日至2021年3月31日。

②③④⑤⑥ 笔者根据印度中央统计局网站（http：//www. mospi. nic. in）相关数据整理所得。

⑦ 《世界经济展望》，2021年4月：管理分化的复苏进程，最新的世界经济展望增长预测以及国际货币基金组织（International Monetary Fund）相关内容。

亿美元。印度央行 2020 年 8 月 25 日在《2019 - 2020 年度报告》中表示总体通胀率可能在第二季度保持较高水平，但总体通胀率在遏制疫情和经济政策的帮助下，下半年通胀率有望放缓。2020 年 9 月失业率为 6.7%。截至 2018 年底，印度外债余额 5 132.1 亿美元，比上年增长 576.6 亿美元，占国民总收入的 19.8%。

印度财政部发布的数据显示，2020/2021 财年全国总收入 59.5 万亿卢比，同比增长 12.6%；全国财政总支出 58.9 万亿卢比，同比增长 9.4%；财政赤字 13 万亿卢比，占 GDP 比重达 9.6%。[①] 根据世界卫生组织统计数据，截至 2021 年 12 月 30 日，印度累计确诊新冠病例 34 808 886 例，累计死亡病例 480 592 例。新冠疫情对印度经济的总体影响为：2020/2021 财年四季度（2021 年 1 ~3 月）印度 GDP 同比微增 1.6%，2020/2021 财年（2020 年 4 月至 2021 年 3 月）GDP 同比萎缩 7.3%，为印度独立以来最差经济表现。国家统计局（NSO）2021 年 11 月 30 日发布的数据显示，继 2021/22 财年一季度（2021 年 4 ~6 月）GDP 同比增长 20.1%之后，2021/22 财年二季度（2021 年 7 ~9 月）GDP 同比增长 8.4%，进出口明显超过了疫情前的水平。在供应方面，2021 ~2022 年第二季度经济总增加值（GVA）同比增长 8.5%。[②]

二、印度税收制度概述

（一）印度税制体系[③]

印度税制是以印度宪法的规定为基础建立起来的，根据印度宪法第 265 条规定："没有议会的授权，行政上不能课税"。印度是联邦制国家，印度税收立法权和征收权主要集中在联邦中央政府和各邦之间，地方市一级政府负责少量的税种征收。中央和各邦的征税权有明确的划分，中央政府征收的税种（Central Taxes）包括直接税和间接税两大类，直接税主要由企业所得税、个人所得税和财富税等组成，间接税主要包括货物与劳务税（GST）（2017 年 7 月 1 日开征）、关税等。开征双轨 GST 后，原由中央和各邦政府征收的其他相关流转税原则上取消。如中央货物与劳务税取代现行的中央消费税、附加消费税、特别附加关税、服务税及其他附加税捐；邦货物与劳务税取代邦增值税、

① 商务部发布的 2021 年版《对外投资合作国别（地区）指南 · 印度》，第 10 页。
② 商务部发布的 2021 年版《对外投资合作国别（地区）指南 · 印度》，第 64 页。
③ 本标题下所引资料，均来自中国国家税务总局国际税务司发布的 2022 年版《中国居民赴印度投资税收指南》第 19 ~20 页内容的归纳总结。

邦销售税、购置税、娱乐税、奢侈税、入市税、彩票税、博彩税及其他附加税捐。

印度的税收主要由印度税务局（Indian Revenue Service，IRS）管理，其下属的中央直接税局管理所得税、财富税等直接税相关事宜；印度消费税和海关中央委员会（Central Board of Excise and Customs，CBEC）负责管理印度的海关、中央消费税、服务税等间接税事宜。邦政府主要征收新开征的 GST、印花税、邦消费税、娱乐博彩税、土地收入税等。在 GST 没有覆盖的领域，如石油产品和白酒，继续征收增值税（未实施增值税的邦为销售税）等原税种。地方城市政府征收的税种主要包括财产税、入市税，以及供水、排水等公用设施的使用税等。

印度的税收征收严格遵循税收法定主义。印度 1949 年《宪法》第 265 条规定了非经法律授权不得征税。印度中央和各邦税种的开征均需由《宪法》授权。印度《1961 年所得税法》是印度税法体系中的核心法律，构成直接税成文法的主体。此外，印度关税以及刚刚实施的 GST 构成了间接税成文法的主体。加上各邦的地方税，形成了目前的税收体系。由于印度法律采用的是英美法系，又称为普通法法系或者海洋法系，因此，虽然印度税法（制定法或成文法）不断增加和完善，但是仍然受判例法解释的制约。判例法一般是指高级法院的判决中所确立的法律原则或规则。这种原则或规则对以后的税收案件判决具有约束力或影响力。

（二）印度税制特点①

印度拥有非常健全的税收制度，其主要特点如下。

一是税制结构十分复杂。多年来，由于印度中央和邦、邦与邦之间在税源上的无序竞争，政府对各种应税服务和商品交易要征收不同种类的邦税和中央税，其开征税种包括企业所得税、个人所得税、财富税、货物与劳务税、关税、印花税、土地收入税、财产税、入市税等，造成了印度现行税收体制税种多、税制结构复杂、遵从难、效率低等弊端，极大阻碍了国内市场商品的自由流动和公平竞争，流转环节的重复征税增加了商品成本，降低了国际竞争力。2017 年开征的 CST 更是被称为世界上最复杂的税制。

二是以间接税为主，直接税为辅。自 20 世纪 50 年代印度开征中央消费税以来，印度一直以间接税为主要税种。1951 ~ 2014 年，印度间接税收入占税

---

① 本标题下所引资料，来自对中国国家税务总局国际税务司发布的 2022 年版《中国居民赴印度投资税收指南》第 19 ~ 21 页内容的归纳总结。

收总收入的比重一直在60%以上。从20世纪80年代开始，印度开始逐步进行间接税制改革。进入21世纪，开始统一和简化间接税制。2017年，印度的税制经历了重大变革，货物与劳务税（GST）于2017年7月1日起实施，将多个间接税纳入其中。同时，近17个间接税税种被废除，使间接税的税收规则更加简化。

三是实行分税制。印度联邦、邦及地方政府都有各自管理的税种，但税收收入主要集中在联邦，中央税收收入占全部税收收入的65%左右，邦及地方政府收入占35%左右。各邦的税收来源包括两部分：一部分为各邦自主税收收入，另一部分为由中央统一分配的课征税目并有支配权的税收收入，两者分别占60%和40%。总体来看，印度税收收入从2003年以来呈递增趋势，占GDP比重也逐年递增。

第二节　巴基斯坦社会经济及税制概况

一、巴基斯坦社会经济[①]

（一）巴基斯坦简况

巴基斯坦伊斯兰共和国（The Islamic Republic of Pakistan）位于南亚次大陆西北部。东接印度，东北与中国毗邻，西北与阿富汗交界，西邻伊朗，南濒阿拉伯海。海岸线长980公里，总面积79.61平方公里（不包括巴控克什米尔地区）。整体属于热带气候，气温普遍较高，降水比较稀少，年降水量少于250毫米的地区占全国总面积的3/4以上，除南部属热带气候外，其余属亚热带气候。南部湿热，受季风影响，雨季较长；北部地区干燥寒冷，有的地方终年积雪。年均气温27℃。

巴基斯坦人口2.31亿（2023年），是一个多民族国家，其中旁遮普族占63%，信德族占18%，普什图族占11%，俾路支族占4%。乌尔都语为国语，官方语言为乌尔都语和英语，主要民族语言有旁遮普语、信德语、普什图语和

① 本节所引数据资料，除非特别说明，均来自中华人民共和国外交部网站“巴基斯坦国家概况”相关内容，更新时间为2023年1月。

俾路支语等。95%以上的居民信奉伊斯兰教（国教），少数信奉基督教、印度教和锡克教等。全国共有旁遮普、开伯尔－普什图赫瓦、俾路支、信德4个省和伊斯兰堡首都特区；各省下设专区、县、乡、村联会。首都伊斯兰堡（Islamabad），人口110万（2017年）。

巴基斯坦矿藏主要有天然气、石油、煤、铁、铝土等，还有大量的铬矿、大理石和宝石，其中煤炭资源较为丰富，主要分布在信德省。森林覆盖率达4.8%。

巴基斯坦公路全长26万公里，有各种机动车辆约941.38万辆。巴基斯坦国内客货运输以公路为主。公路和空运网的增加远远快于铁路，公路客运占客运总量的90%，公路货运占货运总量的96%。2020年10月，拉合尔轨道交通橙线项目运营开通，这是巴基斯坦国内首条城市轨道交通线路，全长25.58公里，设26站，最大日旅客吞吐量25万人。港口海运方面，目前巴基斯坦共有3大海港，分别是卡拉奇港、卡西姆港和瓜达尔港，预计到2055年，瓜达尔港将成为巴基斯坦最大的港口。巴基斯坦共有5个国际机场和24个国内机场，共开辟了38条国际航线。5个国际机场分别位于伊斯兰堡、卡拉奇、拉合尔、白沙瓦和木尔坦。巴基斯坦各机场年旅客运输量约为2 255万人次，货运量32万吨、邮运输量为1.3万吨。伊斯兰堡、拉合尔和卡拉奇分别为巴基斯坦北部、中部和南部地区的航空枢纽。巴基斯坦国际航空公司（Pakistan International Airlines，PIA）承担了80%的国内人员空运和几乎全部的货邮运输①。

（二）巴基斯坦的经济发展

根据世界银行的评价标准，巴基斯坦是一个中低收入国家。巴基斯坦独立后，经济发展模式经历了多次转型与改革，从混合经济体制逐渐转向私有化和市场化转变，经济发展总体呈波动式增长态势。巴基斯坦经济发展经历了三个阶段：第一阶段为1947～1959年，建立了混合经济体制，经济发展主要依靠私人、外国资本及国际援助，鼓励私人投资，实施进口替代战略，通过设置高关税政策以保护本土市场，并优先发展轻工业；第二阶段为1972～1976年，人民党政府执政后，实行了极端的国有化经济政策，将主要工业（钢铁、基本金属、水泥、重型机器制造业等）、银行、保险、造船业以及石油销售和分销公司实行国有化，虽然最初来自国有企业的税收和公共收益增长了，同时就业

① 笔者根据国家税务总局国际税务司发布的2022年版《中国居民赴巴基斯坦投资税收指南》第11～12页内容整理所得。

与产出也增长了，但很快这些国有化的公司被政治和官僚控制，最终由于持续受到政府干预而遭受损失，这严重阻碍了巴基斯坦的经济发展；第三阶段为1977年至今，巴基斯坦鼓励工业非国有化自由发展，大力推行自由化、私有化和市场化的外向型经济政策，减少政府对经济的干预和管制，财政上开源节流，改革税制等①。

从独立到20世纪末的经济增长。1947年，巴基斯坦的GDP仅有580亿卢比，1949年巴基斯坦的人均国民收入只有51美元，属于全世界最贫穷的国家之一。巴基斯坦也是一个迅速发展的国家，1963～2010年，巴基斯坦的GDP年均增长率为5.24%，远高于美国、欧洲等主要工业化国家和地区，其中1970年GDP增长率高达11.3%，而1971年仅增长0.5%；1980年GDP增长率高达10.2%，1997年仅为1%②。

截至2021年6月，巴基斯坦2021财年名义GDP为2 902.02亿美元，相比2019年同期有所下降。巴基斯坦工业产值占国内生产总值19.29%，工业增长率为-2.64%。巴基斯坦2020财年经济调查报告显示，巴基斯坦的经济表现惨淡，几乎所有经济指标都出现下降。新冠疫情沉重打击了巴基斯坦经济发展，给国民收入带来超过3万亿卢比损失，导致经济生产总值损失3～3.5个百分点。③ 总体来讲，巴基斯坦自独立以来在经济发展方面取得了一些成就，但整体经济发展状况不佳，在GDP增长率、经济发展模式、产业结构等方面还存在许多问题的同时，又由于近年来新冠疫情的影响，使其经济状况进一步恶化，以上种种问题都是亟待政府解决的。

二、巴基斯坦税收制度概述④

（一）巴基斯坦税制体系

巴基斯坦是联邦制国家，实行的是中央级征税制度，税收立法权和征收权集中在中央，税收征收主体具体包括联邦政府、省政府和地区政府，但大部分税收收入属于联邦政府。巴基斯坦的税收主管部门为巴基斯坦联邦税收委员会（FBR），以及分别对联邦税种的征收和管理（以下简称“征管”）所设的所得

① 李克强，包红霞．巴基斯坦经济［M］．北京：中国经济出版社，2016：28.

② 李向阳．“一带一路”国别概览　巴基斯坦［M］．大连：大连海事大学出版社，2019：127－129.

③ 笔者根据国家税务总局国际税务司发布的2022年版《中国居民赴巴基斯坦投资税收指南》第9～10页内容整理所得。

④ 笔者根据国家税务总局国际税务司发布的2022年版《中国居民赴巴基斯坦投资税收指南》第19～24页内容整理所得。

税务局、海关、销售税务局、联邦消费税务局等机构。近年来，巴基斯坦政府为提高财政收入，不断扩大税基、加强税收征管，并规定外国公司、外国人与巴基斯坦当地公司和国民享受同等税收待遇。

税法体系主要包括：《2001 年所得税条例》《2002 年所得税规则》《1990 年销售税法案》《2005 年联邦消费税法案》《2011 年信德省服务销售税法案》《2012 年旁遮普省服务销售税法案》及其他省级服务销售税的条例。根据《2018－2019 联邦财政法案》，修订了部分税收法规，其中包括：2018 年开始实施的《境外资产（申报和回购）法案》和《自主申报国内资产法案》等，而《2001 年所得税》的修订部分为此法案的主要内容之一。在基本定义部分，进一步明确了固定经营场所的定义；在应税所得部分，就非居民应税所得新增了离岸数字服务的内容，增加了在境外处置资产所得的内容；在反避税措施部分，首次加入了受控外国企业管理的规定；在纳税申报部分，重申了纳税义务的及时履行，强调对境外所得和资产的申报义务；在扣除方面，也相应增加了离岸数字服务的抵扣规定，进一步明确了货物、服务和合同支付的抵扣规定；在处罚方面，规定更加严格，对于未按期申报的纳税人将严惩；在管理方面，增加了对高管不动产税收管理的规则；对部分纳税申报表进行了调整。根据《2019－2020 年预算法案》，巴基斯坦对离岸资产的相关概念及离岸教唆、资产转移等相关违法行为后果做出明确规定。

（二）巴基斯坦税制特点

巴基斯坦税收分为联邦税收和省级税收两大体系，其中联邦税收收入占全国税收总收入的比重大于 90%。巴基斯坦联邦税收分为直接税和间接税两大类，直接税的主要税种包括所得税、劳工福利税、劳工参与基金和资本税；间接税的主要税种包括关税、销售税、联邦消费税、机场税和其他税费。省级税收的主要税种包括财产税、车辆税、消费税、印花税等，由各省财政部门负责征收，除少部分上缴联邦政府外，其余作为各省自有发展资金。联邦政府的税收、借款及偿还贷款所得的全部款项均为联邦统一基金的组成部分。省政府的税收、借款及偿还贷款所得的全部款项均为省统一基金的组成部分。省议会或省政府对于非本省制造或生产的同类产品，根据制造和生产地区的不同而规定不同的税。

国家财政委员会负责就议会授权征收的税收净收入在联邦和各省之间的分配事项向总统提出建议，如所得税、销售税等，总统在收到国家财政委员会的建议后，应根据该委员会依照相关规定作出的建议，以命令形式规定应分配税收净收入的份额。任何有关对拨给任何省的全部或部分净收入实行征税或改变征税的法案或修正案，任何有关改变所得税条例已规定的“农业收入”的含义的法案或修正案，以及任何影响《宪法》条款规定的对各省分配或可能分配款项原则的法案或修正案，若未经总统事先批准，一律不得在国民议会提出。省议会可以通过法令，在议会法令规定的范围内对从事专门职业、贸易、行业或受雇佣的人征税。

20 世纪 80 年代至今，巴基斯坦税收收入的结构变化比较明显，1980 ~ 1981 年的税收收入和非税收入占 GDP 的比重分别为 14%、2.9%，2007 ~ 2008 年的税收收入和非税收入占 GDP 的比重分别为 10%、4.3%[①]，税收收入占 GDP 的比重在减少，非税收入占 GDP 的比重在增加，2016 财年至 2019 财年税收占 GDP 的比重分别为 10.7%、10.6%、11.1%、10.1%，2020 财年的比重约为 9%[②]，如果考虑通货膨胀、卢比贬值等综合因素，实际比重将低于 9%，为历史最低点。税收占 GDP 的比重始终保持在一个较低的水平，说明税收弹性和资源配置没有得到改善。税基狭窄、逃税现象严重是巴基斯坦税收不足的重要原因，此外联邦税收委员会领导乏力以及税收政策措施不到位也导致了税收减少。

第三节　孟加拉国社会经济及税制概况

一、孟加拉国社会经济[③]

（一）孟加拉国简况

孟加拉人民共和国（The People's Republic of Bangladesh）位于南亚次大陆东北部的恒河和布拉马普特拉河冲积而成的三角洲上。东、西、北三面与印度毗邻，东南与缅甸接壤，南临孟加拉湾。海岸线长 550 公里，总面积 14.76 平方公里。全境 85% 的地区为平原，东南部和东北部为丘陵地带。大部分地区属

① 法斯赫·乌丁，M. 阿克拉姆·斯瓦蒂．巴基斯坦经济发展历程：需要新的范式［M］．陈继东，晏世经，等译．成都：巴蜀书社，2010：101 - 103.

② 中华人民共和国商务部驻巴基斯坦伊斯兰共和国大使馆经济商务处．巴基斯坦税收占 GDP 比率降至历史低点［EB/OL］．（2020 - 07 - 27）［2021 - 03 - 10］．http：//pk. mofcom. gov. cn/article/jmxw/202007/20200702987549. shtml.

③ 本节所引数据资料，除非特别说明，均来自中华人民共和国外交部网站“孟加拉国国家概况”相关内容，更新时间为 2023 年 1 月。

亚热带季风气候，湿热多雨。全年分为冬季（11 月至翌年 2 月），夏季（3 ~ 6 月）和雨季（7 ~ 10 月）。年均气温为 26. 5℃，全年最低温度为 4℃，夏季最高温度达 45℃，雨季平均温度 30℃。

孟加拉国人口约 1. 7 亿（2023 年），孟加拉族占 98%，另有 20 多个少数民族。国语为孟加拉语，英语为官方语言。伊斯兰教为国教，穆斯林占总人口的 88%。全国划分为达卡、吉大港、库尔纳、拉吉沙希、巴里萨尔、锡莱特和郎布尔等 8 个行政区，下设 64 个县，472 个分县，4 490 个乡，约 6 万个村。首都达卡（Dhaka）坐落在恒河三角洲布里甘加河北岸，人口 1 600 多万（2023 年），是孟加拉全国政治、经济和文化的中心。

孟加拉国的非能源性矿产资源相当匮乏，目前已知资源有石灰石、硬石、陶瓷黏土、岩盐和一些重矿石等，能源矿产资源主要有天然气。截至 2023 年，主要能源天然气已公布的储量为 3 113. 9 亿立方米，主要分布在东北几小块地区，煤储量 7. 5 亿吨，大多数石油化学产品和金属依靠进口。森林面积约 200 万公顷，覆盖率约 13. 4%。

孟加拉国地势平坦，河流密布，因此公路、铁路和水路等交通方式被广泛运用于运输旅客和货物。截至 2023 年 1 月，公路总长约 2. 24 万公里，其中国家公路 3 944 公里，地区公路 4 883 公里，支线公路 1. 36 万公里，76% 的货运及 73% 的客运由公路运输承担。内陆水运发达，主要由孟加拉内河运输公司（BIWTC）与孟加拉运输公司（BSC）经营。铁路总里程为 3 019 公里，年旅客周转量约 46 亿人次，货运量为 7. 6 亿吨公里；航空运输主要由国家航空公司经营，拥有国内航线 3 条，国际航线 18 条。孟加拉国现有国际机场 3 个，国内机场 5 个，设有达卡飞往中国广州、昆明、香港的直航航班。

（二）孟加拉国的经济发展

孟加拉国在独立前，中央政府的忽视和投入不足使其生产力发展极其缓慢，基础设施建设落后。独立后，孟加拉国的经济体制历经三次发展变革：独立初期至 1975 年是社会主义性质下的公有制计划经济体制；1975—1991 年是向混合所有制下的市场经济体制过渡；1991 年开始经济自由化改革，确立了混合所有制下的市场经济体制。

独立初期至 1991 年间是孟加拉国经济的低速发展时期，在公有制经济下，政府主导经济发展，粗放型的要素驱动型经济增长模式过度依赖农业，同时存在战争破坏和政局动荡的影响，导致经济增长缓慢，孟加拉国 GDP 从 1971 年的 87. 52 亿美元上升至 1990 年的 287. 82 亿美元，年平均增长率仅为 1. 8%，而且增长率波动较大，曾出现1972年－13.9%的经济增长率，1974年经济增长率为9.6%[①]。

1991年后，经济自由化和贸易自由化改革为孟加拉国带来了巨大的经济效益和外汇收入，GDP增长显著，孟加拉国GDP从1991年的315.98亿美元增至2000年的533.7亿美元，年均增长率为4.7%。进入21世纪，孟加拉国经济继续稳步发展，在2008年经济危机的全球冲击下，发展势头仍然强劲，在2008～2009财年的实际GDP增长率为5.7%，仅比上个财政年度下降0.5%，2017年，GDP达2 497.24亿美元，人均GDP达1 093美元，经济增长速度保持在5%～7%。2018～2019财年的GDP总量为3 024亿美元，人均GDP为1 827美元，GDP增长率为5.24%[②]。国际援助是孟外汇储备的重要来源，也是孟投资发展项目的主要资金来源。日本、美国、加拿大和世界银行、亚洲开发银行等国际机构是主要提供者，2020年2月，孟外汇储备总额约为330亿美元，随着经济状况的好转，外援在逐渐减少。孟加拉国同时与130多个国家和地区有贸易关系，主要出口市场有美国、德国、英国、法国、荷兰、意大利、比利时、西班牙、加拿大和中国香港，其中美国为第一出口市场。主要出口产品包括：黄麻及其制品、皮革、茶叶、水产、服装等。

孟加拉国第一产业占GDP比重较高，第二、第三产业占GDP比重较低。近年来，孟加拉国不断调整产业结构，大力发展服装加工等劳动密集型产业，降低第一产业的比重，提高第二、第三产业比重，农业占GDP比重从20世纪70年代初期的50%以上下降到2015～2016财年的15.35%；工业占GDP比重从20世纪70年代初期的不足10%上升到2015～2016财年的31.54%；第三产业从独立初期的不足20%上升到2015～2016财年的53.12%，逐渐上升为比重最高的产业。孟加拉国雇佣劳动力价格低廉，2012年，平均雇佣价格为11 493塔卡（约为人民币964元）。劳动力以低技能劳动力为主，接受初级教育的劳动力比例较高，接受高等教育比例较低，现政府重视教育，规定8年级以下女生享受免费和义务教育。

总体来说，在过去20年间，孟加拉国处于经济调整和转型时期，虽然如今已经走上了稳步发展的道路，但仍存在贫富差距大、产业结构不完善等种种问题亟待解决。

① 李向阳．“一带一路”国别概览　孟加拉国［M］．大连：大连海事大学出版社，2019：112－115.

② 刘建．列国志　孟加拉国［M］．北京：社会科学文献出版社，2010：117－118.

二、孟加拉国税收制度概述①

（一）孟加拉国税制体系

孟加拉国的税收体系以所得税和增值税为核心。孟加拉国现行的税种包括增值税、关税、消费税以及所得税。主要税收法律法规包括《关税法》《所得税法案》《财政法案》《增值税法案》②《新增值税和附加关税法》《旅行税法案》。

孟加拉国的税收收入在过去 13 年里增长了 5 倍，2008 ~ 2009 财年，孟税收收入为 5 252.7 亿塔卡，2019 ~ 2020 财年前 11 个月孟税收收入为 1.885 万亿塔卡，2020 ~ 2021 财年，孟税收收入已增至 2.59 万亿塔卡③。孟加拉国税收收入从 1981 ~ 1982 财年占 GDP 的 5.47% 上升至 1991 ~ 1992 财年的 6.61%，在 2010 ~ 2011 财年达到 10.04%④，在 2019 ~ 2020 财年达到约 7.22%。近年来，孟加拉国对包括企业所得税、增值税、关税等在内的税种均进行了修订。个人所得税的修订降低了孟加拉国居民和非居民纳税人的个人所得税税率并提高了免税门槛；企业所得税的修订主要是扩大了工业企业税收优惠覆盖面；关税的修订主要是对工业企业使用的部分材料实行关税减免或加征以鼓励和促进国内工业。由于新型冠状肺炎期间纳税人面临的申报困难，孟加拉国国家税务局出台了包括延长纳税申报截止日期且延长期间不收取罚息或罚款等在内的征管政策。

（二）孟加拉国税制特点

孟加拉国国家税务局（National Board of Revenue）是其最高税收管理机构，负责税收法律法规的编制和复核，就双边税收协定与海外政府机构进行协商，以及参与内阁经济财政制度及税收管理的审议，同时还负责征收所有税收收入。孟加拉国的税收收入占政府财政总收入 80% 以上，在 2019 ~ 2020 财年，即使受新冠疫情影响，税收收入仍约占财政收入的 84.3%⑤。孟加拉国的直接

---

① 国家税务总局国际税务司发布的 2021 年版《中国居民赴孟加拉国投资税收指南》，第 11 ~ 14 页。

② 2019 年 7 月 1 日起废止。

③ 中华人民共和国商务部驻孟加拉人民共和国大使馆经济商务处．孟加拉国税收优惠使得税收收入占 GDP 比率低了 8 个百分点［EB/OL］．（2021 - 09 - 09）［2022 - 01 - 03］. http：//bd. mofcom. gov. cn/article/jmxw/202109/20210903196419. shtml.

④ 李建军，杜宏．孟加拉国财政改革及成效［J］．南亚研究季刊，2014（2）：62 - 65 + 5.

⑤ 中华人民共和国商务部驻孟加拉人民共和国大使馆经济商务处．孟加拉国上一财年财政收入、出口收入令人失望［EB/OL］．（2020 - 08 - 25）［2022 - 01 - 03］. http：//bd. mofcom. gov. cn/article/jmxw/202008/20200802996112. shtml.

税包括所得税以及印花税等，间接税包括增值税、消费税和关税，虽然间接税对总税收收入的贡献在逐年下降，但仍然占据着总税收收入的最大份额，而直接税占总税收的比重不足 25%，尽管农业对国家 GDP 有着高达 50% 的贡献率，但农业收入对直接税的贡献却微乎其微，这也是直接税比重如此之低的原因，另外，孟国内各类税收优惠、抵扣和各种偷税漏税使得国家税收收入长期处于低水平状态。

第四节　尼泊尔社会经济及税制概况

一、尼泊尔社会经济①

（一）尼泊尔简况

尼泊尔（Nepal）位于喜马拉雅山南麓，是南亚内陆山国，北邻中国，其余三面与印度接壤，国土面积约 14.7 万平方公里。全国分北部高山、中部温带和南部亚热带三个气候区。

尼泊尔人口约 3 000 万（2020 年），首都加德满都（Kathmandu），海拔约 1 400 米，常住人口约 500 万。尼泊尔国语为尼泊尔语，上层社会通用英语，是个多民族、多宗教、多种姓、多语言的国家，居民 86.2% 信奉印度教，7.8% 信奉佛教，3.8% 信奉伊斯兰教，2.2% 信奉其他宗教。

尼泊尔的主要自然资源有铜、铁、铝、锌、磷、钴、石英、硫黄、褐煤、云母、大理石、石灰石、菱镁矿及木材等，均未大量开采。水力资源丰富，水电蕴藏量为 8 300 万千瓦，约占世界水电蕴藏量的 2.3%。

尼泊尔交通运输以公路和航空为主。截至 2016 年，公路约 29 157 公里，有各类机场 56 个。国内主要城镇有班机通航，除首都有一国际机场外，其余为地区中心或小规模机场。同中国、印度、巴基斯坦、泰国、孟加拉国、文莱、新加坡、阿拉伯联合酋长国、德国和英国等国家和地区通航。

---

① 本节所引数据资料，除非特别说明，均来自中华人民共和国外交部网站“尼泊尔国家概况”相关内容，更新时间为 2023 年 1 月。

（二）尼泊尔的经济发展

尼泊尔是个典型的农业国，经济落后，世界上最不发达国家之一。其农业人口占总人口约70%。耕地面积为325.1万公顷，主要种植大米、甘蔗、茶叶和烟草等农作物，粮食自给率达97%。由于地处喜马拉雅山南麓，自然风光旖旎，气候宜人，徒步旅游和登山业比较发达，是尼泊尔的支柱产业之一。赴尼旅游的主要为亚洲游客，其中以印度、中国游客居多，其次为西欧和北美游客。尼泊尔的工业基础薄弱，规模较小，机械化水平低，发展缓慢，以轻工业和半成品加工为主，主要有制糖、纺织、皮革制鞋、食品加工、香烟和火柴、黄麻加工、砖瓦生产和塑料制品等。20世纪90年代初起，开始实行以市场为导向的自由经济政策，但由于政局多变和基础设施薄弱，收效不彰。严重依赖外援，预算支出1/4来自外国捐赠和贷款。美国、英国、日本、印度、挪威、中国、世界银行、亚洲开发银行、联合国和欧盟等是尼泊尔的援助主体。

尼泊尔与17个国家签署了双边贸易协定，是孟加拉湾多部门技术经济合作计划（BIMSTEC）自由贸易区框架协议签署国，也是南亚自由贸易区（SAFTA）多边协定的成员国，主要贸易伙伴有印度、美国、中国、欧盟等。主要进口商品是煤、石油制品、羊毛、药品、机械、电器、化肥等，主要出口商品是蔬菜油、铜线、羊绒制品、地毯、成衣、皮革、农产品、手工艺品等。

尼泊尔为农业国，经济相对落后，严重依赖外援，预算支出的1/3来自国外捐赠和贷款。根据尼泊尔税务局2021年11月发布的年度报告，2020/2021财年①，政府财政总收入9 383亿尼泊尔卢比。尼泊尔的主要贸易伙伴是印度、中国、阿联酋、美国、印度尼西亚、瑞士、泰国、日本、法国和阿根廷，印度是尼泊尔最大的进口来源地和最大的出口目的地。②

二、尼泊尔税收制度概述

（一）尼泊尔税制体系③

尼泊尔实行属地税制，税收分为直接税和间接税两种类型。直接税分为个人纳税和企业纳税，间接税分为商品生产流通税和商品进口税。税种主要包括

① 尼泊尔财政年度为每年的7月16日至下一年的7月15日。
② 国家税务总局国际税务司发布的2022年版《中国居民赴尼泊尔投资税收指南》，第2页。
③ 国家税务总局国际税务司发布的2022年版《中国居民赴尼泊尔投资税收指南》，第16~17页内容整理所得。

收入所得税、增值税、消费税、车辆税、关税及其他税费（如：房屋地产登记费、地方发展税、旅游服务费、车辆税、道路建设维修费、通信服务费、农业改革费、健康服务税、教育服务税及财产税等）等。在税收征管方面，尼泊尔政府税收管理部门直属财政部管辖，包括尼泊尔国家税务局和海关总署。其中国家税务局负责包括收入所得税、增值税、消费税、车辆税，以及娱乐费（电影发展费）、特殊费和版税等税费的管理，海关总署则主要负责关税的征管。

尼泊尔主要税收法规有：《所得税法（2002）》和《所得税规则（2002）》，《增值税法（1996）》和《增值税规则（1996）》，《消费税法（2001）》和《消费税规则（2001）》，《海关法（1962）》和《海关规则（1962）》，《车辆税法（1974）》《欠税清理委员会法（1976）》，《税务审判法（1974）》等。2018 年，尼泊尔联邦政府提出改革税制和加大征税力度。一方面提高直接税的税率，个人所得税税率由原来的 15%、20% 两档，调整为 10%、20%、30% 和 50% 四档。根据《2019 年财政法》，又将个人所得税最高适用税率调整为 36%，个人或夫妇联合申报的个人所得税免征额分别提升至 40 万尼泊尔卢比和 45 万尼泊尔卢比。在企业所得税方面，将部分行业如电信、互联网的企业所得税提高至 30%。另一方面减少部分进口商品的增值税税收优惠。如取消手机、食用油、酥油等商品进口增值税返还，还提高了机动车的消费税税率，机动车排量越大，消费税提高幅度越大。

（二）尼泊尔税制特点

尼泊尔的税收历史可以追溯到古代，随着民主的建立和 1951 年第一次合并预算的实施，现代税收制度获得了动力。直到 20 世纪 50 年代后期，两个主要收入来源是土地税和外贸关税。所得税首先是通过 1959 年的财政法案通过，并根据 1959 年的商业利润和薪金税条例实施。后来，该条例被 1960 年的商业利润和薪金法案取代。1962 年制定的所得税法引入了销售税、财产税以及其他一些小税种。1974 年的所得税法将不同的收入来源纳入农业手段、报酬收入、工业、贸易、职业或职业收入以及土地和建筑租金收入。2002 年，尼泊尔议会颁布了《2002 年所得税法》，对所得税制度进行了重大改革①。

总体来看，尼泊尔税收收入占 GDP 的比重较低，但仍呈现出不断上升的趋势，1990 年其税收占 GDP 的比重仅有 7%，2000 年税收占 GDP 比重增长至

① 尼泊尔税法的发展历史（Historical Development of Tax Laws in Nepal），尼泊尔税务局（Nepal Inland Revenue Department）。

8.7%，2010 年税收占 GDP 的比重增长至 13.4%，截至 2020 年其税收收入占 GDP 的比重已增至 19.8%[①]。尼泊尔宪法规定征收增值税（VAT）、企业所得税（CIT）、个人所得税（PIT）、关税和消费税等。包括财产税、土地相关税和服务费在内的若干税收工具都移交给省和地方政府。2017～2018 财年，税收收入占总收入的90%，非税收入约占总收入的10%，税收总额为7 322.2 亿卢比，增值税、关税和消费税等间接税占总税收的 69%。同样，所得税和财产相关税等直接税约占总税收的 31%，非税收入以政府财产、政府商品和服务销售、罚款、罚款和没收收入的形式产生。2018 年11 月17 日，尼泊尔财政部发布了《税务管理第二个战略计划》（2018/19～2022/23）。

第五节　斯里兰卡社会经济及税制概况

一、斯里兰卡社会经济[②]

（一）斯里兰卡简况

斯里兰卡民主社会主义共和国（The Democratic Socialist Republic of Sri Lanka）是南亚次大陆以南印度洋上的岛国，西北隔保克海峡与印度相望。总面积 65 610 平方公里，接近赤道，终年如夏，年平均气温 28℃，受印度洋季风影响，西南部沿海地区湿度大。年平均降水量 2 054 毫米（2019 年）。风景秀丽，素有“印度洋上的明珠”之称。

斯里兰卡人口 2 215 万（2021 年）。其中僧伽罗族占 75%，泰米尔族占 16%，摩尔族占 9%。僧伽罗语、泰米尔语同为官方语言和全国语言，上层社会通用英语。全国分为 9 个省和 25 个区。9 个省分别为西方省、中央省、南方省、西北省、北方省、北中省、东方省、乌瓦省和萨巴拉加穆瓦省。首都科伦坡（Colombo），人口 75.3 万。

斯里兰卡矿藏主要有石墨、宝石、钛铁、锆石、云母等。石墨、宝石、云

① 世界发展指标数据库国家概况（World Development Indicators database Country Profile），世界银行数据库（Databank. world bank. org）。

② 本节所引数据资料，除非特别说明，均来自中华人民共和国外交部网站“斯里兰卡国家概况”相关内容，更新时间为 2023 年 1 月。

母等已开采。渔业、林业和水力资源丰富。

斯里兰卡全国有公路12 537公里，铁路1 648公里。主要港口有科伦坡、汉班托塔、高尔和亭可马里。科伦坡机场、汉班托塔（马塔拉）机场为国际机场。斯里兰卡航空公司经营国际航空业务。

（二）斯里兰卡的经济发展

斯里兰卡以种植园经济为主，主要作物有茶叶、橡胶、椰子和稻米。工业基础薄弱，以农产品和服装加工业为主。在南亚国家中率先实行经济自由化政策。1978年开始实行经济开放政策，大力吸引外资，推进私有化，逐步形成市场经济格局。近年来，斯里兰卡经济保持中速增长。2005～2008年，国民经济增长率连续四年达到或超过6%。2008年以来，受国际金融危机影响，外汇储备大量减少，茶叶、橡胶等主要出口商品收入和外国短期投资下降，国内军事冲突结束后，政府采取了一系列积极应对措施。当前斯里兰卡宏观经济逐步回暖，但仍面临外债负担重、出口放缓等困难。

斯里兰卡法定货币是卢比（Rupee），卢比兑美元汇率为1美元≈185.52卢比（2020年平均值）。2020年为149 730亿卢比（807亿美元），与2019年的150 160亿卢比相比下降了0.3%。2020年实际经济增长率为－3.6%，人均国内生产总值683 106卢比（3 682美元），税收收入占GDP比重为9.1%，经常性支出占GDP比重为17%，财政赤字11.1%[①]。2017～2020年斯里兰卡的国内经济情况如表1－1所示。

表1－1　　斯里兰卡国内经济情况（2017～2020年）

指标	2017年	2018年	2019年	2020年
国内生产总值（十亿卢比）	13 328	14 291	15 016	14 973
人均国内生产总值（卢比）	621 531	659 479	688 573	683 106
政府财政（占国内生产总值的百分比）（%）	13.7	13.4	12.6	9.1
经常性支出（占国内生产总值的百分比）（%）	14.5	14.6	16.1	17.0
赤字财政（占国内生产总值的百分比）（%）	5.5	5.3	9.6	11.1

资料来源：笔者根据斯里兰卡中央银行2020年主要经济指标整理所得。

① 国民产出、支出、收入和就业（National Output，Expenditure，Income and Employment），参见斯里兰卡中央银行（Central Bank of SriLanka）2020年年度报告。

二、斯里兰卡税收制度概述[①]

（一）斯里兰卡税制体系

斯里兰卡实行属地税制，税收体系和制度健全，主要税务机关为斯里兰卡税务局（Sri Lanka Inland Revenue Department）、斯里兰卡海关和斯里兰卡消费税局（Excise Department of SriLanka）等，针对各个税种实施征收管理。斯里兰卡税收法律法规所囊括的税费种类范围广泛，大致分为直接税、间接税、进口税和其他税费四大类：直接税的主要税费种类有企业所得税、个人所得税以及预提所得税。间接税的主要税费种类有增值税、国家建设税（于2019年12月废除）、经济服务费（于2020年1月废除）及消费税等。进口税的主要税费种类有进口关税、保护性关税、港口和机场发展税等。其他税费主要有印花税、股票交易税、资产税等。

目前，斯里兰卡税法体系主要由2017年颁布的《国内税收法》（Inland Revenue Act No. 24 2017）构成，每年会根据政策变化以修正案形式对《国内税收法》进行修订以及补充说明。

斯里兰卡纳税年度为当年4月1日至次年3月31日。斯里兰卡税收收入（这里只包括了直接税和间接税）和非税收入占国内生产总值的比重分别为11.55%和1.9%（见表1－2）。

表1－2　斯里兰卡税收收入、非税收入占国内生产总值比例（2019年）

项目	直接税（百万卢比）	间接税（百万卢比）	总额（百万卢比）	国内生产总值（百万卢比）	占国内生产总值比重（%）
税收收入	427 699	1 307 226	1 734 925	15 016 000	11.55
非税收入	—		155 974		1.04

资料来源：笔者根据斯里兰卡中央银行、财政部门及政府收入经济分类相关数据整理所得。

（二）斯里兰卡税制特点

斯里兰卡税收制度比较完备，其主要特点如下。

一是税制结构较复杂。与亚洲其他国家相比，斯里兰卡开征的税种较多，

① 本标题下所引资料，除非特别说明，均来自国家税务总局国际税务司发布的2022年版《中国居民赴斯里兰卡投资税收指南》第15～18页内容的归纳总结。

包括企业所得税、个人所得税、增值税、消费税、进口关税、保护性关税、港口和机场发展税、印花税、股票交易税、资产税等。

二是以间接税为主。从斯里兰卡税制结构看，其以间接税为主，直接税为辅。以2019年斯里兰卡的税收收入为例，主要包括增值税、消费税等在内的间接税占75.3%，包括企业所得税、个人所得税以及预提所得税等在内的直接税约占24.7%。

三是税制变化频繁。斯里兰卡税收监管严格，同时税收政策会随着政权和经济的变动出现经常性变化。税法体系每年会根据政策变化以修正案形式对2017年的《国内税收法》进行修订以及补充说明。

第六节　不丹社会经济及税制概况

一、不丹社会经济①

（一）不丹简况

不丹王国（The Kingdom of Bhutan），位于喜马拉雅山脉东段南坡，其东、北、西三面与中国接壤，南部与印度交界，为内陆国。国土面积3.8万平方公里，人口约73.5万（2022年）。不丹族约占总人口的50%，尼泊尔族约占35%。不丹语“宗卡”为官方语言。首都廷布（Thimphu），人口13.9万（2017年）。

不丹自然资源主要有白云石、石灰石、大理石、石墨、石膏、煤、铅、铜、锌等矿藏。水力资源丰富。水电资源蕴藏量约为3万兆瓦，目前仅约1.5%得到开发利用。森林覆盖率约为70.46%，自然保护区面积占国土面积的51.4%。物种丰富，每万平方公里上有植物3 281种。公路总里程18 264.61公里（2021年），拥有注册机动车辆114 646辆（2021年）。山区仍以马、牛、骡为主要运输工具。河流众多但湍急，无法航行。

（二）不丹的经济发展

不丹是最不发达国家之一。境内货币为努尔特鲁姆（Ngultrum），简称努

① 本节所引数据资料，除非特别说明，均来自中华人民共和国外交部网站“不丹国家概况”相关内容，更新时间为2023年1月。

（NU），与印度卢比等值。2019 年国内生产总值（GDP）为 25.46 亿美元，人均 GDP 约 3 432 美元，GDP 增长率 5.46%。2021 年汇率：1 美元≈72.4 努。2019 年年均通货膨胀率为 2.73%，失业率为 2.7%。受新冠疫情的影响，不丹 2020 年 GDP 为 -6.8%，自 2000 年以来首次出现负增长，其 2020 年年均通货膨胀率也增长至 7.5%[①]。

不丹 1961 年起开始实行经济发展的“五年计划”，并从印度、瑞士、联合国开发计划署等国家和国际组织获得经济援助。2018 ~ 2023 年为不丹第 12 个五年计划，预算总开支约 3 100.16 亿努，较上一个五年计划增长 38%，主要目标是实现社会经济自给自足、包容、绿色发展。主要金融机构有皇家货币局（Royal Monetary Authority）、不丹银行（Bank of Bhutan）等。

农业和林业是不丹的支柱产业。农业人口占总就业人口 63.3%，可耕地面积占国土总面积的 16%，主要农作物有玉米、稻子、小麦、大麦、荞麦、马铃薯和小豆蔻。畜牧养殖较普遍。工业以家庭作坊为主，主要产业有水泥、木材生产、水果加工、酿酒等。旅游业是不丹外汇的重要来源之一，旅游收入比上年减少了 40.8%。2019 年，农业、林业和渔业约占 GDP 的 15.8%，工业占 GDP 的 36.1%，商品服务出口和商品服务进口分别占 GDP 的 34% 和 50.4%。水电资源丰富并向印度出口，水电及相关建筑业已成为拉动经济增长的主要因素[②]。

不丹是南亚区域合作联盟（SAARC）和环孟加拉湾多部门技术经济合作倡议（BIMSTEC）成员国，目前正准备申请加入世贸组织（WTO）。不丹对外贸易主要包括向印度出口电力，出口硅铁合金、火山硅酸盐水泥、铜线、小豆蔻、石膏、木材、手工艺品、水果以及宝石和香料。主要进口产品为燃料、润滑油、谷物、飞机、机械及零部件、汽车、纺织品以及大米。

二、不丹税收制度概述

（一）不丹税制体系[③]

不丹实行古典税收体系。首先对公司的利润在分配环节征税，然后对其股东从公司利润中分配的股息再进行征税，不允许抵扣公司环节已征收的税款。

---

① 世界发展指标数据库国家概况（World Development Indicators Database Country Profile），参见世界银行数据库（Databank World bank. org）。

② 不丹《2019 - 2020 国家收入报告》，参见不丹税务海关总署网站（Portal Department of Revenue and Customs）。

③ 国家税务总局国际税务司发布的 2022 年版《中国居民赴不丹投资税收指南》，第 15 ~ 18 页内容的归纳总结。

不丹的税收收入一般分为三个部分：直接税、间接税和非税收入。不丹以公司所得税（Corporate Income Tax）、营业所得税（Business Income Tax）和个人所得税（Personal Income Tax）的形式征收直接税。公司所得税是对上市公司征收的，而其他非上市公司的企业纳税人，都要缴纳营业所得税。个人所得税的征收对象是个人对从商业以外的6个特定来源获得的收入进行征税的，即个人性质的收入。除此之外，直接税还包括农村税，主要由土地税、房屋税和牛税组成。间接税一般包括销售税、消费税、关税等。无论是直接税还是间接税，都由财政部的收入和关税局管理。不丹税收法律主要有：2000年颁布的《不丹王国公司法》，2001年实施的《不丹王国所得税法案》《销售税法》，2017年实施的《不丹王国所得税规则》以及《不丹2020年所得税（修订）法》，2020年颁布的《不丹王国商品和服务税法》《财产所有权转让税法》等。同时，不丹政府一直在修订这些税收法规。

（二）不丹税制特点

不丹在1960年之前税收以实物和劳动贡献的形式征收。后实物税逐步淘汰，取而代之的是名义货币化税，主要是对土地、财产、营业收入和商品和服务的消费征税。不丹税收由四个税目组成，主要是收入税、利润税和资本利得税、财产税、商品和服务税、国际贸易和交易税以及其他税。税收收入占GDP比重总体较低，2014～2018年税收占GDP的比重分别为13.7%、13.3%、13.0%、12.5%、16.0%[①]，2019～2020财年税收收入比上年减少16%，占GDP的12.7%。这是由于将企业所得税和营业所得税推迟到2020年6月30日，作为应对疫情的财政措施的一部分。不丹税收收入占总收入的63%（2019～2020财年），其非税收入主要是来自大型水电企业、德鲁克电力公司和德鲁控股和投资公司的股息收入。另外，政府还征收汽车税、外国旅游税、特许权使用费、市税、商业和专业许可费以及健康基金。社会保障费（健康基金）缴入国家健康卫生局[②]。

不丹在1989年和1992年实行了两次税制改革，主要内容是对净利润征收营业所得税，从而替代原先对流转额征收2%的税收模式；对出口实行免税、对工厂机器设备免征销售税和进口关税以及废除其他一些杂税。通过税改，不丹扩大了税基，税制结构趋于合理，征管程序得到简化，也提高了税收透明

---

① 世界发展指标数据库国家概况（World Development Indicators database Country Profile）参见世界银行数据库（Databank World Bank. org）。

② 不丹《2019－2020国家收入报告》，参见不丹税务海关总署网站（Portal Department of Revenue and Customs）。

度，基本建立起一个连贯和合理的税收制度。2020年颁布了《不丹2020年所得税（修订）法》，以减轻税收负担，缩小该国日益扩大的收入不平等差距。随着《不丹2020年商品和服务税法》的实施，现代销售税将被现代商品及服务税所取代，将现有的11种多重税率结构（从0%～100%）纳入7%的单一标准税率。《不丹2020年财产税法案》将土地和建筑物的产权转让税率从5%调整至3%，机动车产权转让税率从5%调整至1%[①]。

第七节　马尔代夫社会经济及税制概况

一、马尔代夫社会经济[②]

（一）马尔代夫简况

马尔代夫共和国（The Republic of Maldives），是印度洋上的群岛国家。总面积11.53万平方公里（含领海面积），陆地面积298平方公里。人口为55.7万（其中马尔代夫籍公民为37.9万，均为马尔代夫族）。民族语言和官方语言为迪维希语，上层社会通用英语。首都是马累（Malé），人口23.4万，面积1.96平方公里。距离印度南部约600公里，距离斯里兰卡西南部约750公里。南北长820公里，东西宽130公里。由26组自然环礁、1 192个珊瑚岛组成，分布在9万平方公里的海域内，其中约187个岛屿有人居住。岛屿平均面积为1～2平方公里，地势低平，平均海拔1.2米。位于赤道附近，具有明显的热带气候特征，无四季之分。年降水量2 143毫米，年平均气温28℃。日平均最高温度31℃，最低温度26℃。拥有丰富的海洋资源，有各种热带鱼类及海龟、玳瑁和珊瑚、贝壳之类的海产品。

马尔代夫渔业资源丰富，盛产金枪鱼、鲣鱼、鲛鱼、龙虾、海参、石斑鱼、鲨鱼、海龟和玳瑁等。鱼类主要出口到中国香港、日本、斯里兰卡、新加坡和中国台湾。

① 不丹《2019－2020国家收入报告》，参见不丹税务海关总署网站（Portal Department of Revenue and Customs）。

② 本节所引数据资料，除非特别说明，均来源于中华人民共和国外交部网站“马尔代夫国家概况”相关内容，更新时间为2023年1月。

马尔代夫主要交通工具为船舶。汽车、摩托车为主要陆上交通工具。海运业主要经营香港到波斯湾和红海地区及国内诸岛间的运输业务，中国、斯里兰卡、印度、新加坡、阿联酋、南非及一些欧洲国家有定期航班往返马累。

（二）马尔代夫的经济发展

马尔代夫的主要经济支柱是旅游业、船运业，其经济结构单一、资源贫乏、严重依赖进口，经济基础较为薄弱。2011 年以前，曾被列为世界最不发达国家。通过多年努力，马尔代夫的经济发展取得一定成就，成为南亚地区人均 GDP 最高的国家，基础设施和互联互通水平也有较大提升。马尔代夫国内生产能力有限，所需物资几乎完全依靠进口，主要进口产品包括食品、建筑材料、石油产品、机械产品、电子及家用电器等。

近年来，马尔代夫以发展旅游业为重点，经济一直保持稳定增长，年 GDP 增速稳中有升，通货膨胀率维持在较低水平，各行各业发展总体平衡。根据马尔代夫货币局数据，2022 年马尔代夫国内生产总值 59 亿美元，GDP 增长率 18.1%，人均名义 GDP 为 1.06 万美元（测算含在马常住外国居民）。其中，旅游收入对 GDP 的贡献率多年保持在 25% 左右。马尔代夫现有 145 个旅游岛，4.73 万张床位，入住率 62.3%，人均在马停留时间为 6.3 天。受新冠疫情影响，2020 年国外赴马游客仅 55.5 万人次，同比下降 67.4%。

近年来，马尔代夫强调发展经济，实行小规模开放型经济政策，坚持在保护环境的基础上发挥自身优势，积极吸收国外资金与援助，加快经济发展，且马尔代夫市场开放度较高，经济政策自由开放，坚持在保护环境的基础上发挥自身资源优势，积极吸收国外资金与援助。马尔代夫企业可以自由聘用外国管理、技术人员和劳工，投资利润和所得可自由汇出。但马尔代夫营商环境一般，世界银行发布的《2020 年营商环境报告》显示，马尔代夫在 190 个经济体中，排名第 147 位①。

二、马尔代夫税收制度概述

（一）马尔代夫税制体系②

马尔代夫税收体制相对简单，但近年来有复杂化的趋势。当前主要税种包

① 国家税务总局国际税务司发布的 2022 年版《中国居民赴马尔代夫投资税收指南》，第 3 页。

② 国家税务总局国际税务司发布的 2022 年版《中国居民赴马尔代夫投资税收指南》，第 13 ~ 16 页内容的归纳总结。

括：所得税（包括企业所得税和个人所得税）、商品及服务税（GST）、旅游商品及服务税（TGST）、进口关税、环保税（2015 年 11 月起实行）、机场服务费、电信税（2013 年实行）等。除税收外，旅游地租也是马尔代夫财政收入的一项重要来源。此外，马尔代夫政府也征收其他名目的税费，如公司年费、特许权经营费、印花税和机动车船管理费等。

根据马尔代夫政府发布的统计数据，马尔代夫 2021 年的国家税收收入总额为 119.2 亿卢菲亚，比 2020 年增长 50.3%。增长主要来自进口关税、营业税、旅游业相关的商品及服务税、机场服务费及环境税。

马尔代夫的税法体系主要包括《所得税法》、《所得税规定》、《商品及服务税法》和《商品及服务税规定》等。针对各主要税务法律，马尔代夫还颁布了具体的税收规章、税收裁定和税收政策，共同构成马尔代夫的税法体系。

（二）马尔代夫税制特点

1988 年以前，马尔代夫针对贸易和工资采取了少量的税额限制，1989 年，政府取消了有关税收，并调低了相当一部分进口产品的关税，2000 年，马尔代夫政府再次对进口关税进行了调整。目前，马尔代夫对货物进口实行较为严格的许可证管理制度，区分了禁止进口商品、限制进口商品和需提供有关证明（许可）可进口的商品，并根据各商品目的不同，按进口货物的到岸价分别征收 5% ~200% 的关税①。

过去，马尔代夫国家预算中的收入主要来自关税，关税采取一种征收实物的形式，比如，每进口 12 袋稻米，政府要征收一袋；同样，每进口 12 吨煤油，政府也要征收一听。此外，国营贸易公司的利润、国有土地出卖和出租的收入以及印花税等，也是收入的重要来源。政府没有直接向人民征税的规定，但每个强壮的男子，每年要为国家从事一定时间的义务劳动②。

2011 年以前，银行利润所得税是马尔代夫唯一的直接税，即银行应当按其利润的 25% 缴纳该税。该税种收入约占马年财政收入的 2%。马尔代夫的间接税种曾经主要包括旅游税和进口关税。旅游税是指各旅游度假酒店按每个床位向马政府缴纳 6 美元的床位税，这一种税收收入约占马年财政收入的 13%。此外，马尔代夫政府也征收少量的印花税、机动车、船税。同时，在马尔代夫，本土企业必须交纳的税曾经主要包括财产税和所得税。财产税的法定税率

① 国家税务总局国际税务司发布的 2022 年版《中国居民赴马尔代夫投资税收指南》，第 34 页。
② 朱在明．列国志马尔代夫［M］．北京：社会科学文献出版社，2004：230.

为 15%，所得税的法定税率为 9.1%。其中所得税包括一般意义上的所得税、利润税和公司税[①]。此外政府还征收其他名目的税费，如土地租赁费、公司管理费、印花税以及工作许可费、利息费等。

2011 年，马尔代夫引入了营业利润税、商品及服务税。2019 年末，营业利润税和银行利润税被废除，并被所得税取代。《所得税法》中适用于营业所得的规定于 2020 年 1 月 1 日生效，适用于雇员所得的规定于 2020 年 4 月 1 日生效[②]。

① 王义明，夏忠．马尔代夫共和国经济贸易法律指南和法律汇编［M］．北京：法律出版社，2014：48.

② 国家税务总局国际税务司发布的 2022 年版《中国居民赴马尔代夫投资税收指南》，第 13 页。

第二章

增值税的比较

中国增值税是以商品和劳务在流转过程中产生的增值额作为征税对象而征收的一种流转税。按照我国增值税法的规定，增值税是对在我国境内销售货物或者加工、修理修配劳务，销售服务、无形资产、不动产以及进口货物的单位和个人，就其销售货物、劳务、服务、无形资产、不动产的增值额和货物进口金额为计税依据而课征的一种流转税。

第一节　纳税义务人比较

一、中国

在中华人民共和国境内销售货物或者加工、修理修配劳务（以下简称劳务），销售服务、无形资产、不动产以及进口货物的单位和个人，为增值税的纳税人。单位是指企业、行政单位、事业单位、军事单位、社会团体及其他单位。个人是指个体工商户和其他个人。单位租赁或者承包给其他单位或者个人经营的，以承租人或者承包人为纳税人。单位以承包、承租、挂靠方式经营的，承包人、承租人、挂靠人（以下称承包人）以发包人、出租人、被挂靠人（以下称发包人）名义对外经营并由发包人承担相关法律责任的，以该发包人为纳税人。否则，以承包人为纳税人。纳税人应当按照国家统一的会计制度进行增值税会计核算。资管产品运营过程中发生的增值税应税销售行为，以资管产品管理人为增值税纳税人。

中国增值税纳税人按经营规模和会计核算水平分为一般纳税人和小规模纳税人。小规模纳税人是指年销售额在500万元以下且会计核算不健全，不能按规定报送税务资料的纳税人。年应税销售额超过500万元的纳税人应当向主管税务机关办理一般纳税人登记。

二、印度

印度货物与劳务税（GST）分为四个子税，即中央货物与劳务税（CGST）、邦货物与劳务税（SGST）、综合货物与劳务税（IGST）和中央直辖区货物与劳务税（UTGST）。GST实行“双轨制”，中央和邦政府作为征税人同时征收各自的GST。对于邦际交易，则由中央征收综合货物与劳务税（IGST）。印度GST把纳税人划分为一般纳税人和小规模纳税人，对小规模纳税人实行简易征收制度。印度规定年营业额200万卢比（起征点）以上、750万卢比（9个特定邦为500卢比）以下的企业可以申请成为小规模纳税人，还规定从事跨邦交易的纳税人以及通过电子商务运营商平台提供产品的纳税人不能成为小规模纳税人。①

中、印两国都将增值税纳税义务人分为一般纳税人和小规模纳税人，但二者对其认定金额存在差异。

三、巴基斯坦

巴基斯坦的销售税具有增值税性质，其进项税允许抵扣，是流转税制中的主要税种，因为该税种不能抵扣购入固定资产的价值和折旧，所以属于价外税，亦属于生产型增值税。无论是在巴基斯坦境内销售货物的个人、单位或者进口货物的进口商都属于销售税的纳税义务人。

中国税法规定将增值税纳税人按会计核算水平和经营规模分为一般纳税人和小规模纳税人，分别采取不同的登记管理办法。而巴基斯坦不区分一般纳税人和小规模纳税人，一律按照相同的标准和税率缴纳销售税。

四、孟加拉国

孟加拉国增值税纳税人分为法定认定和自愿登记两种。如果纳税人年销售

① 陈琍．印度GST：世界上最复杂的增值税制度安排［N］．中国财经报，2017-09-19（006）．

额或提供服务金额超过3 000万塔卡，或即使没有超过3 000万塔卡，但从事进出口贸易及服务的，均须进行增值税纳税注册登记。如果纳税人的年销售额或提供服务金额没有超过3 000万塔卡，且未从事进口贸易业务，增值税注册属于自愿行为。进出口商、在附加关税应税范围的扣缴企业和供应商属于被强制性要求登记增值税。若联营企业被同一母公司所拥有，可共享同一增值税注册信息以便对会计账目及记录进行集中保管；此外，若企业的经营业务包括在两个及其以上不同的地方制造、或提供增值税应税货物及服务、经营进口或出口业务，则亦可共享同一增值税注册信息。若企业注册地址、业务模式或法人代表（股东除外）等发生变更的情况下，须先缴清所有递延增值税，补缴关税、消费税等税金，并在变更完成后的14日内向当地税务主管机关提交300塔卡的非司法文书的申报表。

中国对增值税纳税人的规定具有统一性，无论销售数额多少或是从事任何行业都属于增值税的纳税人，对于不同类型的纳税人实行不同的登记管理。而孟加拉国对不同销售额的纳税人以及对从事特定业务的纳税人有特殊的规定，未达标准的纳税人甚至可以无须登记为增值税纳税人。

五、尼泊尔

依照尼泊尔《增值税法案（1996）》，任何已经登记或需要登记的纳税人为增值税的纳税义务人。一般而言，如果纳税人每财政年度提供应税货物超过500万尼泊尔卢比或服务、货物混合交易的营业额超过或预计超过200万尼泊尔卢比，那么纳税人需要进行登记。一次性进口价值超过1万尼泊尔卢比的商业货物的纳税人同样需要登记。

中、尼两国都以销售额作为评判不同类别增值税纳税义务人的标准。不同的是，中国以纳税人销售货物和提供服务取得的销售额的总额作为衡量标准，而尼泊尔则根据纳税人销售应税货物和提供服务、货物混合交易的销售额分别划分了衡量标准。此外，除了应税销售额的标准外，为了有利于合理利用征管资源，节约征管成本，中国还将纳税人会计核算水平纳入纳税义务人的分类标准中。

六、斯里兰卡

斯里兰卡增值税是对在国内消费的货物和服务所征收的税。进口到斯里兰卡的货物以及在斯里兰卡领土范围内供应的货物和服务是增值税的征税对象。

根据斯里兰卡税务局于2020年4月颁布的《国内税收法》修正案，从2020年1月起，从事应税活动的个人或企业（包括从事批发或零售业务的个人或合伙企业），其销售货物或提供服务的营业额每季度超过7 500万卢比或每年超过3亿卢比；或预计在未来一季度超过7 500万卢比，12个月内超过3亿卢比。[①]

由于中、斯两国在政策、国情等方面的差异，两国对于增值税纳税人的判定标准存在明显不同。中国对在其境内销售或者进口货物、销售劳务等的单位和个人都判定为增值税纳税人，并以年应税500万元（含）为界点将其分为一般纳税人和小规模纳税人。而斯里兰卡则是根据其营业额每季度或每年达到一定金额来判定其为增值税纳税人，对于不同行业被判定为增值税纳税人的金额标准也不一致，未达标准的不需要缴纳增值税。中国纳税义务人的界定涉及的单位、个人更多，更有利于保证财政收入。

七、不丹

不丹没有增值税，但对商品和服务征收销售税。销售税原受《不丹王国2000年销售税、关税和消费税法》管辖，但《不丹2020年商品和服务税法》规定，自2020年7月1日起废除原销售税和消费税的规定，对商品和服务改征货物与劳务税（GST）。商品和服务税的纳税义务人为，在不丹境内进口、生产提供、销售应税商品和服务的个人、企业法人、公共团体和政府机构。

中国税法规定将增值税纳税人按会计核算水平和经营规模分为一般纳税人和小规模纳税人，分别适用不同的税率或征收率。而不丹并未进行区分，纳税人一律按照相同的标准和税率缴纳商品和服务税。

八、马尔代夫

根据马尔代夫《商品及服务税法》，马尔代夫自2011年10月2日起，对在马尔代夫境内销售和提供的商品和服务征收商品及服务税。在马尔代夫境内销售和提供商品和服务的单位和个人都属于商品及服务税纳税人。

中国税法将增值税纳税人按会计核算水平和经营规模分为一般纳税人和小规模纳税人，分别采取不同的登记管理办法。但马尔代夫不区分一般纳税人和小规模纳税人。

---

① 国家税务总局国际税务司发布的2022年版《中国居民赴斯里兰卡投资税收指南》，第40页。

第二节　征税范围比较

一、中国

中国增值税的征税范围包括在境内发生应税销售行为以及进口货物等。根据《中华人民共和国增值税暂行条例》（以下简称《增值税暂行条例》）、《中华人民共和国增值税暂行条例实施细则》（以下简称《增值税暂行条例实施细则》）以及国务院、国家税务总局《关于做好全面推开营业税改征增值税试点的通知》的规定，我们将增值税的征税范围分为一般规定和特殊规定。

（一）征税范围的一般规定

现行增值税征税范围的一般规定包括应税销售行为和进口的货物。具体规定如下。

（1）销售或者进口的货物。货物是指有形动产，包括电力、热力、气体在内。销售货物是指有偿转让货物的所有权。进口货物是指申报进入中国海关境内的货物。

（2）销售劳务。"劳务"是指纳税人提供的加工、修理修配劳务。加工是指受托加工货物，即委托方提供原料及主要材料，受托方按照委托方的要求制造货物并收取加工费的业务；修理修配是指受托对损伤和丧失功能的货物进行修复，使其恢复原状和功能的业务。销售劳务也称为提供劳务，是指有偿提供劳务。单位或者个体工商户聘用的员工为本单位或者雇主提供劳务不包括在内。

（3）销售服务。服务包括交通运输服务、邮政服务、电信服务、建筑服务、金融服务、现代服务、生活服务。交通运输服务，包括陆路运输服务、水路运输服务、航空运输服务和管道运输服务；邮政服务，包括邮政普遍服务、邮政特殊服务和其他邮政服务；电信服务，包括基础电信服务和增值电信服务；建筑服务，包括工程服务、安装服务、修缮服务、装饰服务和其他建筑服务；金融服务，包括贷款服务、直接收费金融服务、保险服务和金融商品转让；现代服务，包括研发和技术服务、信息技术服务、文化创意服务、物流辅助服务、租赁服务、鉴证咨询服务、广播影视服务、商务辅助服务和其他现代服务；生活服务，包括文化体育服务、教育医疗服务、旅游娱乐服务、餐饮住宿服务、居民日常服务和其他生活服务。

（4）销售无形资产。销售无形资产是指转让无形资产所有权或者使用权的业务活动。无形资产包括技术、商标、著作权、商誉、自然资源使用权和其他权益性无形资产。

（5）销售不动产。销售不动产是指转让不动产所有权的业务活动。不动产包括建筑物、构筑物等。

（二）征税范围的特殊规定

（1）视同销售行为：将货物交付其他单位或者个人代销；销售代销货物；设有两个以上机构并实行统一核算的纳税人，将货物从一个机构移送至其他机构用于销售，但相关机构设在同一县（市）的除外；将自产或者委托加工的货物用于非应税项目；将自产、委托加工的货物用于集体福利或者个人消费；将自产、委托加工或者购进的货物作为投资，提供给其他单位或者个体工商户；将自产、委托加工或者购进的货物分配给股东或者投资者；将自产、委托加工或者购进的货物无偿赠送其他单位或者个人；单位或者个体工商户向其他单位或者个人无偿销售应税服务、无偿转让无形资产或者不动产，但用于公益事业或者以社会公众为对象的除外；财政部、国家税务总局规定的其他情形。

（2）混合销售。一项销售行为如果既涉及货物又涉及服务，称为混合销售。从事货物的生产、批发或者零售的单位和个体工商户的混合销售，按照销售货物缴纳增值税；其他单位和个体工商户的混合销售，按照销售服务缴纳增值税。上述从事货物的生产、批发或者零售的单位和个体工商户，包括以从事货物的生产、批发或者零售为主，并兼营销售服务的单位和个体工商户在内。混合销售行为成立的行为标准有两点：一是其销售行为必须是一项；二是该项行为必须既涉及货物销售又涉及应税行为。我们在确定混合销售是否成立时，其行为标准中的上述两点必须是同时存在的，如果一项销售行为只涉及销售服务，不涉及货物，这种行为就不是混合销售行为；反之，如果涉及销售服务和涉及货物的行为，不是存在于一项销售行为之中，这种行为也不是混合销售行为。

二、印度

印度 GST 改革以后，原则上将所有货物和劳务都纳入 GST 征收范围，目前，征税货物有一千余项，免税货物有一百余项，征税劳务和免税劳务各数十项，但目前以下几例除外：一是饮用白酒。新修正的宪法和各 GST 法都明确规定，饮用白酒不纳入 GST 征收范围。换言之，GST 改革后饮用白酒仍按原制度征税，即征收邦增值税（或邦销售税）和酒消费税。二是原油、高速柴油、汽油、航空燃油和天然气这 5 种石油产品以及电力、能源产品（暂时不纳入 GST，仍按原制度征税，何时纳入 GST 由 GST 委员会决定）①。三是劳动雇佣服务、各级法院法庭的服务，政府部门和公职人员的服务、丧葬殡葬服务、不动产销售（但不动产的建筑施工是适用的）等②。

中国增值税的征收范围广泛，印度 GST 征收范围偏窄。为保持增值税的中性，其征收范围尽可能广泛。从目前情况看，世界主要国家增值税的征收范围都比较广泛③。我国“营改增”后，基本实现了增值税征收范围全覆盖，对于一些特殊项目及行为都给出了明确规定其是否属于增值税征税范围。而印度目前 GST 改革并不彻底，GST 还未完全覆盖所有的领域（如酒精、电力、石油等能源产品），这在一定程度上破坏了增值税中性。印度 GST 改革时间较短，并还处于不断调整完善阶段。

三、巴基斯坦

巴基斯坦销售税的征税范围包括：第一，在巴基斯坦境内销售货物，应缴纳销售税；第二，从巴基斯坦境外进口货物入境的进口商应缴纳销售税。此外还将范围扩大到了多项服务业，主要为提供酒店、婚礼礼堂、草坪、俱乐部和宴会的服务，还有授权代理服务等④。

中国的增值税与巴基斯坦的销售税在性质上是相同的，但征收范围上存在一些差异，中国增值税的征税范围比巴基斯坦的更广，而巴基斯坦销售税的征税范围主要包括货物和部分服务业。

四、孟加拉国

孟加拉国增值税的征税范围包括在孟加拉国境内销售货物、提供服务以及进口货物，同时境内纳税人接受境外服务提供商所提供的增值税应税服务时，需要就进口服务金额缴纳增值税。

中国对增值税征税范围的规定比孟加拉国的更加详细，对于各类项目是否

① 国家税务总局国际税务司发布的 2022 年版《中国居民赴印度投资税收指南》，第 45 页。
② 樊桂东．透视印度 GST 税改［J］．中国外汇，2017（16）：20－21.
③ 陈琍．中印增值税改革比较［J］．税务研究，2018（5）：86－90.
④ 张珂．中国与巴基斯坦贸易关系中的税收协调［D］．昆明：云南财经大学，2011：27.

属于增值税都有明确的界定，既有一般项目，又有特殊项目，没有对增值税纳税人登记管理规定最低水平的销售额与服务金额。

五、尼泊尔

尼泊尔增值税征税范围包括在尼泊尔境内提供的、进口到尼泊尔的以及从尼泊尔出口的货物和服务。增值税征收环节涵盖了包括商品或服务的销售、分配、交付、进口和出口等。建设房屋、公寓或商场的增值税起征点为500万尼泊尔卢比。[①]

增值税作为流转税具备税收中性、普遍征收、征税范围广泛等特点，中、尼两国的增值税征收范围也很好地诠释了这一点。不同的是，中国在进一步说明增值税的征税范围时采用了列举法，将征税范围划分为五大类别。而尼泊尔在说明征税范围时则采用了排除法，即除了列明的增值税免税项目外，皆为增值税的征税范围。

六、斯里兰卡

在斯里兰卡开展应税行为，或从斯里兰卡进口货物的过程中，增值税登记人需要对每项应税货物和服务在纳税期内缴纳增值税。应税行为包括：贸易活动、商业活动、以劳动雇佣关系以外的形式开展的专业或职业活动，以及包括带有贸易性质的活动；俱乐部、协会和组织以收取对价和征收会员费的形式提供设备给会员或者其他人；与前所述应税行为的发生或终止相关联的任何事项；租用或租赁动产、不动产，以及管理任何财产；使用在斯里兰卡注册的无形资产，或者不在斯里兰卡注册但其所有者为斯里兰卡居民的无形资产，如专利、版权或其他类似资产。

由于增值税征收管理制度、水平等差异，各国征税范围可分为全面征收和部分征收两种类型。全面征收增值税，覆盖范围十分广泛，不仅包括货物、劳务和服务等各个领域，还涉及生产、批发、零售以及进口环节。全面征收增值税有效地避免了重复征税[②]。中、斯两国在征税范围上都属于全面征收，征收范围广泛。增值税征收范围广泛，不仅可以推动构建统一简洁税制和消除重复征税，拉长产业链条扩大税基，增加财政收入，也在落实创新驱动发展战略、

① 国家税务总局国际税务司发布的2022年版《中国居民赴尼泊尔投资税收指南》，第41页。

② 李永海，钟铭．“一带一路”沿线国家增值税制比较分析与启示［J］．西部财会，2020（9）：14–18.

促进产业升级，增加就业方面，起到了一举多得的重要作用。

七、不丹

不丹商品和服务税的征税范围包括，货物、服务和不动产的供应。货物供应包括但不限于作为所有者出售、交换或转让货物处置权，包括根据分期付款购买协议；与货物有关的租赁、租用或使用权，包括融资租赁下的货物供应。GST 覆盖范围较广，涉及电信、旅游、保险、金融、零售、批发等多个行业。

中国增值税和不丹的商品和服务税性质相同，在征税范围上也都比较广泛，这种广泛的征收有利于发挥出流转税税收中性的作用。

八、马尔代夫

马尔代夫对在境内销售和提供的商品和服务征收商品及服务税。中国的增值税与马尔代夫的商品及服务税在性质上是相同的，征收范围也大致相同。

第三节 税率比较

一、中国

中国增值税的税率分别为 13%、9%、6% 和零税率。每种税率适用的应税销售行为具体情况如下。

（一）适用 13% 税率的项目

除有特殊规定外，纳税人销售或者进口货物（除适用低税率、征收率和零税率的外）；纳税人提供加工、修理修配劳务；有形动产租赁服务。

（二）适用 9% 税率的项目

（1）货物类：①粮食等农产品（含动物骨粒、干姜、姜黄；不含麦芽、复合胶、人发、淀粉）、食用植物油（含棕榈油、棉籽油、茴油、毛椰子油、核桃油、橄榄油、花椒油、杏仁油、葡萄籽油、牡丹籽油；不含环氧大豆油、氢化植物油、肉桂油、桉油、香茅油）、鲜奶（含按规定标准生产的巴氏杀菌乳、灭菌乳；不含调制乳）。②自来水、暖气、冷气、热水、煤气、石油液化气、天然气、沼气、居民用煤炭制品，二甲醚。③图书、报纸、杂志；音像制品；电子出版物。④饲料、化肥、农药、农机（含密集型烤房设备、频振式杀虫灯、自动虫情测报灯、粘虫板、农用挖掘机、养鸡设备系列产品、养猪设备系列产品、动物尸体降解处理机、蔬菜清洗机）、农膜。⑤食用盐。

（2）服务、无形资产、不动产类：交通运输服务、邮政服务、基础电信服务、建筑服务、不动产租赁服务、销售不动产、转让土地使用权（不含转让补充耕地指标）。

（三）适用6%税率的项目

现代服务（租赁服务除外）、增值电信服务、金融服务、生活服务、销售无形资产（含转让补充耕地指标，不含转让土地使用权）。

（四）适用零税率的项目

（1）纳税人出口货物，税率为零；但是，国务院另有规定的除外。

（2）境内单位和个人跨境销售国务院规定范围内的服务、无形资产，税率为零。主要包括国际运输服务；航天运输服务（参照国际运输服务）；向境外单位提供的完全在境外消费的下列服务：研发服务、合同能源管理服务、设计服务、广播影视节目（作品）制作和发行服务、软件服务、电路设计及测试服务、信息系统服务、业务流程管理服务、离岸服务外包业务、转让技术。

（3）其他零税率政策：按照国家有关规定应取得相关资质的国际运输服务项目，纳税人取得相关资质的适用零税率政策，未取得的，适用增值税免税政策。境内单位和个人以无运输工具承运方式提供的国际运输服务，由境内实际承运人适用增值税零税率；无运输工具承运业务的经营者适用增值税免税政策。

增值税的征收率分别为5%、3%和2%。每种征收率适用的具体情况如下。

①法定征收率3%。增值税小规模纳税人；增值税一般纳税人（适用简易征收办法时）。

②特殊征收率5%。全面“营改增”后的特殊项目。

③减按2%的征收率。适用3%征收率的一般纳税人和小规模纳税人，其某些特殊销售项目按照3%征收率减按2%征收增值税。

二、印度

印度 GST 基本税率分别为 28%、18%、12%、5%，此外在一般情况下，对外出口税率为零；低税率为适用钻石、未经加工的宝石以及金、银等少量货物的 0.25% 和 3% 两档税率。小规模纳税人适用征收率，征收率因行业而异：制造业 2%；餐饮服务业 5%；其他行业 1%（即 CGST、SGST 的征收率分别减半，为 1%、2.5% 和 0.5%）。该简易征收方式不适用于跨邦交易的商品和服务提供商（饭店服务除外）以及特殊类别的生产制造商。此外，印度还规定了补偿附加税，为保障邦政府收入，减少 GST 改革阻力，印度在 GST 改革方案的设计过程中，通过《第 101 次宪法修正法》和《货物与劳务税（对各邦补偿）法》，建立了 GST 改革利益补偿机制，即因 GST 改革造成的邦政府收入损失 5 年内由中央政府补偿。为此，设立"GST 补偿基金"（goods and services tax compensation fund），并由中央政府临时开征"补偿附加税"（compensation cess）作为基金的资金来源。对适用 28% 高税率的一些特殊应税项目，主要包括烟草产品、奢侈品和对社会有害的"不健康"产品，除征收 GST 以外，还征收"补偿附加税"，税率 1%～204% 不等，烟草产品实行"比例税率＋定额税率"的复合税率①。2017 年 7 月 17 日和 9 月 21 日，GST 委员会又对香烟和中排量、大排量以及 SUV 轿车的附加税作了最新的上调②。

中国税率设置适中，而印度税率档级过多。印度 GST 的基本税率有 4 档，低税率有两档。因此，如果不包括对出口实行的零税率，印度 GST 实际上有 6 档税率。印度绝大部分商品的税率都在 18% 以下，特定奢侈品和有害商品在适用 28% 税率的同时，还需征收补偿附加税，其补偿附加税具有特别消费税性质。目前，OECD 和欧盟大多数成员国都实行不超过 3 档的税率③。中国从 2017 年 7 月 1 日开始，将四档税率简并为 17%、11% 和 6% 三档税率（2019 年 4 月 1 日之后为 13%、9% 和 6%，并计划减为两档），税率档次适中。印度的 6 档税率加大了征纳双方的遵从负担。在征收率上，中、印两国都根据行业不同规定了不同的征收率。

三、巴基斯坦

巴基斯坦的销售税通常按货物价值的 17% 征收，由联邦税务局（FBR）

① 国家税务总局国际税务司发布的 2022 年版《中国居民赴印度投资税收指南》，第 45～48 页。
② 商务部：《对外投资合作国别（地区）指南，印度篇》，2020 年版：第 56 页。
③ 陈琍．中印增值税改革比较［J］．税务研究，2018（5）：86－90.

统一征管，联邦政府可在官方公报上发布通知，对任何供应、任何类别的供应或任何货物、任何类别的货物征收其认为合适的税额，还可指明缴税形式、方式和时间。此外各省还征收独立的服务业销售税，通过省级服务销售税法及规则的相应规定对本省范围内的应税服务征收销售税，如：开伯尔—普什图赫瓦省应税服务有四档税率，分别为5%、10%、15%及19.5%，具体税率因省而异①。

中国增值税税率规定对全国是统一的，而巴基斯坦除了统一的联邦销售税率外，各省应税服务对应的销售税税率的具体规定则有可能不同，这源于两国不同的基本国情。另外，中国对小规模纳税人或者符合规定可按简易计税方法计税的一般纳税人发生的应税销售行为实行增值税征收率制度，除了销售自建或者取得的不动产等适用5%征收率的14类特定项目外，其他应税销售行为均适用统一的征收率3%。此外，适用3%征收率的小规模纳税人销售自己使用过的固定资产，或者一般纳税人销售旧货、符合规定的固定资产，可以减按2%计征增值税。而巴基斯坦销售税并没有划分不同种类的纳税义务人，所以不存在特殊纳税办法。

四、孟加拉国

孟加拉国增值税的征税范围包括在孟加拉国境内销售货物、提供服务以及进口货物，同时境内纳税人接受境外服务提供商所提供的增值税应税服务时，需要就进口服务金额缴纳增值税。

中国对增值税征税范围的规定比孟加拉国的更加详细，对于各类项目是否属于增值税都有明确的界定，既有一般项目，又有特殊项目，没有对增值税纳税人登记管理规定最低水平的销售额与服务金额。

五、尼泊尔

尼泊尔增值税税率有两档，分别为13%和零税率。以下两种情形适用零税率：一是从尼泊尔出口的货物；二是向尼泊尔境外提供服务。

中、尼两国增值税税率的基本税率相同，对于纳税人出口货物以及跨境提供增值税应税货物、服务两国均使用了零税率。相比于尼泊尔来说，中国的增

---

① 会计基础设施助推“一带一路”——“一带一路”沿线国家税制与税负差异（五）[J]. 中国注册会计师，2018（10）：123－125.

值税税率档次较多，增值税的计算相对比较复杂。从税收中性的角度来说，完全中性的增值税应该是只有一档税率、征税范围广泛、没有税收优惠，但各国实际经济情况复杂，很难做到增值税的完全中性，相较而言，尼泊尔的增值税税率设计可能更能体现税收中性。

六、斯里兰卡

斯里兰卡的增值税税率分两档：一般税率和零税率，其中一般税率为8%。根据斯里兰卡税务局颁布的《增值税法及国家建设税法》修正案，2019年12月1日至2021年12月31日，金融服务的增值税税率为15%。斯里兰卡适用零税率的货物和服务包括：出口。与以下所提供的服务相关：斯里兰卡境外的任何动产或不动产；完全在斯里兰卡境外使用的版权、专利、许可、商标或类似的知识产权；完全在斯里兰卡境外使用的计算机软件开发；主营业务为通过电话和互联网，向境外客户提供支持服务的企业；根据纺织配额管理委员会颁布的1996年第33号法案，向境外客户提供服务的企业，须是斯里兰卡纺织品配额委员会注册的服装采购办事处，并经委员会认证该服务促进服装出口海外。第二点未提及的其他服务，须由斯里兰卡人提供给境外个人并在境外完全消费或消耗。①

增值税税率是决定纳税人纳税多少的关键，税率的合理设置，可以促进经济的发展，合理配置市场资源，同时可以降低税收征管成本，提高纳税人的纳税遵从度②。由于中、斯两国的经济发展水平、政策方针不同，所以在增值税税率的设置上存在着一定差异。近年来，中国增值税税率（零税率除外），经历了四档到三档的变化，且税率不断下调，到目前有三档基本税率，分别为13%、9%、6%。中国深化增值税改革政策执行平稳，达到了优化完善税制的目的，整体降低了纳税人和消费者的税收负担。斯里兰卡增值税税率（零税率除外），经历了从一档变两档的变化，除金融服务外，税率从15%到8%，下调约一半，减轻了纳税人税负。税率从单项变两档，逐渐优化税制。目前，OECD和欧盟大多数成员国都实行不超过3档的税率，中、斯两国在增值税税率不断调整后，设置档数都比较合理。总体上来看，斯里兰卡税率比中国的要低。

---

① 国家税务总局国际税务司发布的2022年版《中国居民赴斯里兰卡投资税收指南》，第48页。

② 王红晓，杨热清．印度尼西亚与中国增值税制度变迁的比较研究［J］．广西财经学院学报，2019，32（2）：12－21.

七、不丹

不丹除规定的适用零税率外的项目，应税供应品和应税货物及服务进口的适用 GST 税率应为 7%。中、不两国都对出口货物征收零税率，但中国国内增值税税率的档次更多，不同货物或服务适用税率的分类更细。

八、马尔代夫

根据马尔代夫《商品及服务税法》，马尔代夫的商品及服务税按照普通商品和服务以及旅游商品和服务的分类征收，普通商品和服务的税率为 6%，旅游商品和服务的税率为 12%。根据马尔代夫《商品及服务税法》第 3 章第 15 节，马尔代夫旅游商品及服务包括：旅游局认定的度假村、游客酒店、招待所、野餐岛、游船和邮轮；潜水学校、商店、按摩、水上运动机构和其他位于前述场所的机构，但不包括仅允许机构员工使用的商店；旅游局认定的旅行社；向外国游船提供进入马尔代夫服务的代理机构；向非马尔代夫居民公民提供服务的本地航空公司；上述商品和服务以外的都被认定为普通商品和服务①。

适用零税率的商品和服务包括大米、糖、面粉、盐、牛奶、食用油、鸡蛋、茶叶、深海鱼、岩礁鱼、马尔代夫包装的各种鱼和吞拿鱼骨酱、土豆、洋葱、用于制作咖喱酱的原料、棕榈糖浆、椰子、椰青、棕榈酒和椰干、蔬菜品类中的胡萝卜、甘蓝、豆子和西红柿、所有水果、面包、小圆面包和面包干、婴儿尿布、婴儿食品、烹饪气体、柴油、汽油、成人尿布，从马尔代夫出口的商品和服务，以及出售持续经营业务三大类商品及服务。

中国增值税税率规定与马尔代夫的商品及服务税的税率都是全国统一，但税率适用的范围不同，在中国不同的应税销售行为适用不同的税率，例如，绝大部分情况下中国增值税适用税率为 13%，农产品、食用植物油、饲料等适用税率为 9%，除适用税率为 13%、9% 的行为外，纳税人销售服务、无形资产，税率为 6%，以及纳税人出口货物，税率为零。而马尔代夫商品及服务税的适用税率是根据是否是旅游商品及服务来划分。

① 国家税务总局国际税务司发布的 2022 年版《中国居民赴马尔代夫投资税收指南》，第 30 ~ 31 页。

第四节　计税方法及计税依据比较

一、中国

中国增值税的计税方法，包括一般计税方法、简易计税方法和扣缴计税方法等。

（一）一般计税方法

一般纳税人发生应税销售行为适用一般计税方法计税。其计算公式为：当期应纳增值税额 = 当期销项税额 - 当期进项税额。销项税额是指纳税人发生应税销售行为时，按照销售额与规定税率计算并向购买方收取的增值税税额。销项税额的计算公式为：销项税额 = 销售额 × 适用税率。从销售额的定义和公式中我们可以知道，它是由购买方在购买货物、劳务、服务、无形资产、不动产时，一并向销售方支付的税额。对于属于一般纳税人的销售方来说，在没有抵扣其进项税额前，销售方收取的销项税额还不是其应纳增值税税额。进项税额是指纳税人购进货物、劳务、服务、无形资产、不动产所支付或者负担的增值税税额。然而，并不是纳税人支付的所有进项税额都可以从销项税额中抵扣。为体现增值税的配比原则，即购进项目金额与发生应税销售行为的销售额之间应有配比性，当纳税人购进的货物、劳务、服务、无形资产、不动产行为不是用于增值税应税项目，而是用于简易计税方法计税项目、免税项目或用于集体福利、个人消费等情况时，其支付的进项税额就不能从销项税额中抵扣。增值税法律法规对不能抵扣进项税额的项目作了严格的规定，如果违反规定，随意抵扣进项税额就将以逃避缴纳税款论处。

（二）简易计税方法

小规模纳税人发生应税销售行为适用简易计税方法计税。简易计税方法的公式为：当期应纳增值税税额 = 当期销售额（不含增值税）× 征收率。一般纳税人发生财政部和国家税务总局规定的特定应税销售行为，也可以选择适用简易计税方法计税，但是不得抵扣进项税额。

（三）扣缴计税方法

境外单位或者个人在境内发生应税行为，在境内未设有经营机构的，以购买方为增值税扣缴义务人。财政部和国家税务局另有规定的除外。扣缴义务人应扣缴税额：应扣缴税额 = 接受方支付的价款 ÷（1 + 税率）× 税率。

二、印度

印度 GST 的应纳税额与中国增值税应纳税额规定基本一致。印度当期应纳 GST 税额 = 当期销项税额 - 当期进项税额，销项税额 = 销售额 × 税率；针对小规模纳税人的简易征收，其应纳税额 = 销售额 × 征收率。在进项抵扣方面，印度实行分级征收分类抵扣。缴纳中央货物与劳务税时可抵扣上一环节的中央货物与劳务税。同样，邦货物与劳务税抵扣规定也是如此。具体抵扣原则：一是中央货物与劳务税（CGST）和邦货物与劳务税（SGST）不允许交叉抵扣；二是综合货物与劳务税 IGST 可以和 CGST 及 SGST 交叉抵扣；三是同一种税优先抵扣，具体顺序是：CGST 首先用 CGST 抵扣，然后用 IGST 抵扣，不能用 SGST 抵扣；SGST 首先用 SGST 抵扣，然后用 IGST 抵扣，不能用 CGST 抵扣；IGST 首先用 IGST 抵扣，然后用 CGST 抵扣，最后用 SGST 抵扣①。其进项抵扣与中国存在显著差异，中国进项抵扣不分级不分类抵扣，只要符合抵扣规定即可进行抵扣。

三、巴基斯坦

巴基斯坦规定对于有多种品牌及多个制造商的商品，以最高零售价格计征销售税，即以零售价格作为计税依据，联邦税收委员会（FBR）被授权指定最高零售价格，并解决关于制造商按最高零售价支付销售税而不考虑地理经济因素的长期未决的申诉。此外，由于销售税对各类服务的定义比较模糊且存在交叉的情况，可能存在重复征税的问题。

四、孟加拉国

孟加拉国应纳增值税额为应税销售额及进口金额乘以增值税税率，再减去

① 国家税务总局国际税务司发布的 2022 年版《中国居民赴印度投资税收指南》，第 44 ~ 45 页。

纳税人所取得的增值税进项税额的余额。通常情况下，产品及服务的销售收入为增值税的计税基础，其中：销售货物的计税基础为销售价格总额加上销售费用及佣金；提供劳务的计税基础为提供服务所收到的劳务费总额；进口货物的增值税计税基础包括产品的海关完税价格及进口环节所需承担的关税，补充关税和进口调节税；进口服务的计税基础为：应税服务的对价或市场公允价值（若买卖双方为关联方）。根据《新增值税和附加关税法》，纳税人将按公开交易价格缴纳增值税，原申报价格制度将废止。新闻报刊产品、砖块、微软产品以及 SIM 卡仍将根据关税价值缴纳增值税。孟加拉国允许下列产品作为进项税额抵扣：各类型原材料、实验室相关的器材试剂等、用作燃料的材料、机械和备件、包装材料、服务项目等，不得抵扣的项目覆盖较多，有劳务、土地、各类固定资产、车辆租赁等。

中国实行的是消费型增值税，有利于鼓励投资并消除重复征税，而孟加拉国实行的是生产型增值税，不能抵扣购入固定资产的价值和折旧，虽然短期增加了国家财政收入，但加重了企业的负担，不利于社会经济的长期发展。除此之外，中国允许抵扣的进项税项目较多，取得的增值税专用发票上的税额均可抵扣，以及购进的农产品也允许按规定抵扣，而孟加拉国并没有体现购进农产品税额的抵扣，抵扣项目也相对较少。

五、尼泊尔

尼泊尔纳税人发生的增值税应税行为，如果以货币为对价，应纳税价值为供货方收取的价格。货物的应税价值包括运输成本，消费税和其他税款，但不包括提供货物或服务时按价值给予的折扣、佣金或其他类似商业回扣。进口商品应税价值包括运输费、保险费、佣金、进口关税以及进口环节缴纳的其他任何税款（增值税除外）。

中、尼两国均采用从价计税的方法，实行增值税进销项抵扣制，对于进口环节的增值税计税依据的规定也有异曲同工之处。但关于折扣销售方式下的应纳税销售额的确定存在差异。尼泊尔的增值税应纳税销售额，为供货方给予折扣之后所收取的价格，而中国规定通常不能扣除收货方提供的折扣销售，除非纳税人将应税货物的价款和折扣额在同一发票的金额栏分别注明。

六、斯里兰卡

中、斯两国增值税计税依据基本一致。斯里兰卡增值税是针对服务生产和分销链条中，每个阶段的增量价值征收的多阶段税收，税负由货物或服务的最终消费者承担①。当期增值税应纳税额 = 对应应税货物和服务的销售额 × 适用的增值税税率 – 购入货物和接受服务时取得的符合条件的进项税额。其中销售额/营业额的确认为应税货物或服务价值减去增值税法规定的任何相关税费，但该税前价值不得低于公允价值。进项税额可用于抵扣销项税额，但仅限于与应税行为相关且满足特定条件的进项税额。如果经营活动既包含应税行为又包含增值税免税行为，则允许抵扣的进项税额仅限于与应税行为相关的部分。如果无法直接确定相关部分，则在合理基础上对进项税额进行分摊。增值税进项税额抵扣需要增值税纳税人取得合规发票作为凭证。

七、不丹

中国的增值税和不丹的商品服务税的计税依据均为商品消费者和劳务提供者向购买者、顾客和第三方已经收取和将要收取的所有报酬，其计税方法为按当前销售额和适用税率确定销项税额，然后将当期准予抵扣的进项税额进行抵扣，最终确定应纳税额，计税依据是商品和应税劳务在流转过程产生的增值额。

但中国的增值税的应纳税额的计算比不丹更复杂。中国一般纳税人的部分业务也可适用征收率，若一般纳税人既有适用税率又有适用征收率的业务，则应纳税额的计算会有些繁杂。而不丹只有零税率和基本税率，所有纳税人适用税率相同，计算简单。

八、马尔代夫

根据《商品及服务税法》规定，马尔代夫纳税人在申报缴纳商品及服务税时，销售和提供商品和服务的销项税额可以抵减进项税额，但免税商品和服务对应的进项税额不能用来抵扣②。鉴于马尔代夫在征收商品及服务税时不区分一般纳税人和小规模纳税人，因此其计税依据也就是纳税人当期应按税额的多少，与中国一般纳税人普遍采用的计税方法相同，均采取购进扣税法。而小规模纳税人及部分适用情况的一般纳税人采用简易计税方法，这一点与马尔代夫的计税依据不同。

---

① 国家税务总局国际税务司发布的 2022 年版《中国居民赴斯里兰卡投资税收指南》，第 40 页。
② 国家税务总局国际税务司发布的 2022 年版《中国居民赴马尔代夫投资税收指南》，第 33 页。

第五节　税收优惠比较

一、中国

中国增值税的优惠政策繁多，这里只列举主要的增值税税收优惠政策。

（一）《增值税暂行条例》规定的免税项目

（1）农业生产者销售的自产农产品。

（2）避孕药品和用具。

（3）古旧图书，是指向社会收购的古书和旧书。

（4）直接用于科学研究、科学试验和教学的进口仪器、设备。

（5）外国政府、国际资助无偿援助的进口物资和设备。

（6）由残疾人的组织直接进口供残疾人专用的物品。

（7）销售自己使用过的物品。自己使用过的物品，是指其他个人自己使用过的物品。

（二）“营改增”及有关部门规定的税收优惠政策

1. 免征增值税的项目

（1）托儿所、幼儿园提供的保育和教育服务。

（2）养老机构提供的养老服务。

（3）残疾人福利机构提供的养老服务。

（4）婚姻介绍服务。

（5）殡葬服务。

（6）残疾人员本人为社会提供的服务。

（7）医疗机构提供的医疗服务。

（8）从事学历教育的学校提供的教育服务。

（9）学生勤工俭学提供的服务。

（10）农业机耕、排灌、病虫害防治、植物保护、农牧保险以及相关技术培训业务，家禽、牲畜、水生动物的配种和疾病防治。

（11）纪念馆、博物馆、文化馆、文物保护单位管理机构、美术馆、展览馆、书画院、图书馆在自己的场所提供文化体育服务取得的第一道门票收入。

（12）寺院、宫观、清真寺和教堂举办的文化、宗教活动的门票收入。

（13）行政单位之外的其他单位收取的符合规定条件的政府性基金和行政事业性收费。

（14）个人转让著作权。

（15）个人销售自建自用住房。

（16）台湾航运公司、航空公司从事海峡两岸海上直航、空中直航业务在大陆取得的运输收入。

（17）纳税人提供的直接或者间接国际货物运输的代理服务。

（18）利息收入免征增值税的有：国家助学贷款；国债、地方政府债；人民银行对金融机构的贷款；住房公积金管理中心用住房公积金在指定的委托银行发放的个人住房贷款；外汇管理部门在从事国家外汇储备经营过程中，委托金融机构发放的外汇贷款；统借统还业务中，企业集团或企业集团中核心企业以及集团所属财务公司按不高于支付给金融机构的借款利率水平或者支付的债券票面利率水平，向企业集团或者集团内下属单位收取的利息。统借方向资金使用单位收取的利息，高于支付给金融机构借款利率水平或者支付的债券票面利率水平的，应全额缴纳增值税；自 2018 年 11 月 7 日起至 2021 年 11 月 6 日止，对境外机构投资境内债券市场取得的债券利息收入暂免征收增值税。

（19）被撤销金融机构以货物、不动产、无形资产、有价证券、票据等财产清偿债务，除另有规定外，被撤销金融机构所属、附属企业，不享受被撤销金融机构增值税免税政策。

（20）保险公司开办的一年期以上人身保险产品取得的保费收入。

（21）再保险服务。

（22）以下金融商品转让收入：合格境外投资者（QFII）委托境内公司在我国从事证券买卖业务。香港市场投资者（包括单位和个人）通沪港通和深港通买卖上海证券交易所和深圳证券交易所上市 A 股；内地投资者（包括单位和个人）通过沪港通买卖香港联交所上市股票。对香港市场投资者（包括单位和个人）通过基金互认买卖内地基金份额。证券投资基金（封闭式证券投资基金和开放式证券投资基金）管理人运用基金买卖股票、债券。个人从事金融商品转让业务。

（23）金融同业往来利息收入，包括金融机构与人民银行所发生的资金往来业务、银行联行往来业务、和金融机构间的资金往来业务、同业存款、同业借款、同业代付、买断式买入返售金融商品、持有金融债券和同业存单产生的利息收入。但是，自 2018 年 1 月 1 日起，金融机构开展贴现、转贴现业务，以其实际持有票据期间取得的利息收入作为贷款服务销售额计算缴纳增值税。此前贴现机构已就贴现利息收入全额缴纳增值税的票据，转贴现机构转贴现利息收入继续免征增值税。

（24）同时符合规定条件的担保机构从事中小企业信用担保或者再担保业务取得的收入（不含信用评级、咨询、培训等收入）3 年内免征增值税。

（25）国家商品储备管理单位及其直属企业承担商品储备任务，从中央或者地方财政取得的利息补贴收入和价差补贴收入。

（26）纳税人提供技术转让、技术开发和与之相关的技术咨询、技术服务。

（27）同时符合以下条件的合同能源管理服务：节能服务公司实施合同能源管理项目相关技术，应当符合国家质量监督检验检疫总局和国家标准化管理委员会发布的《合同能源管理技术通则》（GB/T24915－2010）规定的技术要求；节能服务公司与用能企业签订节能效益分享型合同，其合同格式和内容，符合《中华人民共和国合同法》和《合同能源管理技术通则》（GB/T24915－2010）等规定。

（28）政府举办的从事学历教育的高等、中等和初等学校（不含下属单位），举办进修班、培训班取得的全部归该学校所有的收入。

（29）政府举办的职业学校设立的主要为在校学生提供实习场所，并由学校出资自办、由学校负责经营管理、经营收入归学校所有的企业，从事“现代服务”（不含融资租赁服务、广告服务和其他现代服务）、“生活服务”（不含文化体育服务、其他生活服务和桑拿、氧吧）业务活动取得的收入。

（30）家政服务企业由员工制家政服务员提供家政服务取得的收入。

（31）福利彩票、体育彩票的发行收入。

（32）军队空余房产租赁收入。

（33）企业、行政事业单位按房改成本价、标准价出售住房取得的收入。

（34）将土地使用权转让给农业生产者用于农业生产。

（35）涉及家庭财产分割的个人无偿转让不动产、土地使用权。

（36）土地所有者出让土地使用权和土地使用者将土地使用权归还给土地所有者。

（37）县级以上地方人民政府或自然资源行政主管部门出让、转让或收回自然资源使用权（不含土地使用权）。

（38）随军家属就业。

（39）军队转业干部就业。

（40）各党派、工会、共青团、妇联、中科协、青联、台联、侨联收取党费、团费、会费，以及政府间国际组织收取会费，属于非经营活动，不征收增值税。

（41）青藏铁路公司提供的铁路运输服务免征增值税。

（42）中国邮政集团公司及其所属邮政企业提供的邮政普遍服务和邮政特殊服务，免征增值税。

（43）中国邮政集团公司及其所属邮政企业为金融机构代办金融保险业务取得的代理收入免征增值税。

（44）全国社会保障基金理事会、全国社会保障基金投资管理人运用全国社会保障基金买卖证券投资基金、股票、债券取得的金融商品转让收入，免征增值税。

（45）对以下国际航运保险业务免征增值税：注册在上海、天津的保险企业从事国际航运保险业务；注册在深圳市保险企业向注册在前海深港现代服务业合作区的企业提供国际航运保险业务。注册在平潭的保险企业向注册在平潭的企业提供国际航运保险业务。

（46）对社保基金会、社保基金投资管理人在运用社保基金投资过程中，提供贷款服务取得的全部利息及利息性质的收入和金融商品转让收入，免征增值税。

（47）境外教育机构与境内从事学历教育的学校开展中外合作办学，提供学历教育服务取得的收入免征增值税。

（48）自2019年1月1日至2021年12月31日，对国家级、省级科技企业孵化器、大学科技园和国家备案众创空间向在孵对象提供孵化服务取得的收入，免征增值税。

（49）纳税人取得的财政补贴收入，与其销货物、劳务、服务、无形资产、不动产的收入或者数量直接挂钩的，应按规定计算缴纳增值税。纳税人取得的其他情形的财政补贴收入，不属于增值税应税收入，不征收增值税。

2. 增值税即征即退

纳税人享受增值税即征即退政策的主要规定如下。

（1）增值税一般纳税人销售其自行开发生产的软件产品，按13%税率征收增值税后，对其增值税实际税负超过3%的部分实行即征即退政策。

（2）一般纳税人提供管道运输服务，对其增值税实际税负超过3%的部分实行增值税即征即退政策。

（3）经人民银行、中国银行监督管理委员会或者商务部批准从事融资租赁业务的纳税人中的一般纳税人，提供有形动产融资租赁服务和有形动产融资性售后回租服务，对其增值税实际税负超过3%的部分实行增值税即征即退政策。

（4）纳税人享受安置残疾人增值税即征即退优惠政策。

3. 扣减增值税规定

纳税人享受扣减增值税的主要规定如下。

（1）退役士兵创业就业。对自主就业退役士兵从事个体经营的，自办理个体工商户登记当月起，在 3 年（36 个月）内按每户每年 12 000 元为限额依次扣减其当年实际应缴纳的增值税、城市维护建设税、教育费附加、地方教育附加和个人所得税。限额标准最高可上浮 20%，各省、自治区、直辖市人民政府可根据本地区实际情况在此幅度内确定具体限额标准。

（2）重点群体创业就业。建档立卡贫困人口、持《就业创业证》（注明“自主创业税收政策”或“毕业年度内自主创业税收政策”）或《就业失业登记证》（注明“自主创业税收政策”）的人员，从事个体经营的，自办理个体工商户登记当月起，在 3 年（36 个月）内按每户每年 12 000 元为限额依次扣减其当年实际应缴纳的增值税、城市维护建设税、教育费附加、地方教育附加和个人所得税。限额标准最高可上浮 20%，各省、自治区、直辖市人民政府可根据本地区实际情况在此幅度内确定具体限额标准。

4. 金融企业发放贷款后应收未收利息的增值税处理

金融企业发放贷款后，自结息日起 90 天内发生的应收未收利息按现行规定缴纳增值税，自结息日起 90 天后发生的应收未收利息暂不缴纳增值税，待实际收到利息时按规定缴纳增值税。

5. 个人销售自购住房的征免增值税处理

个人将购买不足 2 年的住房对外销售的，按照 5% 的征收率全额缴纳增值税；个人将购买 2 年以上（含 2 年）的住房对外销售的，免征增值税。上述政策适用于北京市、上海市、广州市和深圳市之外的地区。个人将购买 2 年以上（含 2 年）的非普通住房对外销售的，以销售收入减去购买住房价款后的差额按照 5% 的征收率缴纳增值税；个人将购买 2 年以上（含 2 年）的普通住房对外销售的，免征增值税。上述政策仅适用于北京市、上海市、广州市和深圳市。

二、印度

印度 GST 委员会明确提出要尽可能减少 GST 免税项目，但实际免税项目广泛，免税项目多达 149 种货物和 97 种服务①。服务免税项目实际是原“服务税”免税项目的保留。需要说明的是，这里的免税项目，即销项适用零税

① 陈琍．中印增值税改革比较［J］．税务研究，2018（5）：86－90.

率、进项税不允许抵扣的应税项目，在公布的税率表或税率手册中，表示为“税率为零”的项目，与出口适用的“零税率”不同。此外，对年度营业额未超过200万卢比（特定邦是超过100万卢比）的企业免征GST。[①] 由政府批准和认可的（初创）在孵企业在批准之日起三年内，一个纳税年度内的总营业额不超过500万卢比的服务免征GST。货物类的食粮、谷物、牛奶、粗糖、鸡蛋、新鲜水果、蔬菜和食盐等以及劳务类的教育、保健、住宿、低于1 000卢比的旅馆酒店服务等免税。[②]

印度免税项目过多，为了避免免税项目过多对增值税中性的破坏，中国和世界主要国家一样，尽量限制免税项目的范围。中国现行免税项目约为80项，相比之下，印度GST免税项目则过于宽泛，多达149种货物和97种服务，严重破坏了增值税链条的完整性。

三、巴基斯坦

巴基斯坦的销售税的税收优惠政策主要是对特定产品实行零税率和免税政策，销售税中重要的零税率物品：某些船舶和飞机的供应和维修保养；向外交使团和外交官提供的用品；向出口加工区供应的原料、零部件和货物；向勘探和生产部门供应的规定的机器和用于出口加工区的当地制造的设备和机械；供应给出口商。主要的豁免如下：活的动物和活家禽；新鲜植物；蔬菜、豆类、可食用水果（不包括进口水果）、某些香料、甘蔗、食用油等；新闻出版物、报纸、期刊、书籍；未加工的农产品[③]。总体来看，巴基斯坦销售税优惠方式单一，而且覆盖范围较小，税收优惠政策也是巴基斯坦销售税制度中亟待完善的方面。

四、孟加拉国

孟加拉国免征增值税的商品主要为农产品及其附属品，对提供社会、文化及个人服务的收入免征增值税。此外，对部分进口货物及服务、进口加工货品等也免征增值税：如进口用于冰箱及冷藏机制造的设备和零部件免征增值税及其附加税。在特定条件下，进口航运船只（载重最低超过5 000吨）免征增值税。免缴关税的进口货物亦可同时享受免征增值税。家禽、未加工的水果及蔬

①② 国家税务总局国际税务司发布的2022年版《中国居民赴印度投资税收指南》，第46页。
③ 国家税务总局国际税务司发布的2022年版《中国居民赴巴基斯坦投资税收指南》，第64～65页。

菜、动物制品及消费商品不属于增值税征收范围。①

根据孟加拉国2018年和2019年新修订的《财政法案》，新增了免征增值税的项目，包括销售农业用地、本地制造的移动电话和摩托车、达到一定价格标准的面包或蛋糕、保险代理人佣金、经济区企业和公私合营合伙企业、特定重工业产品等共十二类项目。此外，根据《财政法案》（2018年），网上贸易（“虚拟贸易”）需要缴纳7.5%的增值税。② 其中，“网上销售商品”（此前已经纳入应税服务范畴）仍然免征增值税。网上销售货物是指通过电子网络销售及购买任意货物和服务并且线上销售方不拥有任何销售。

相比来看，中、孟都旨在通过增值税税收优惠政策促进特定产业发展，不同之处在于孟加拉国优惠方式比较单一，主要是对特定商品或服务实行免税政策。

五、尼泊尔

尼泊尔税收优惠政策繁多，但与中国相比，尼泊尔的税收优惠的方式较单一，主要以免税和低税率为主。其税收优惠项目大致可以分为以下几类：一是与居民生活息息相关的必需品，如食品、药品、初级农产品等；二是公共事业性货物或服务，如公共交通、通信、邮政、水利等；三是有一定正外部性效应的货物和服务，如教育、科研、体育、文化服务等；四是有利于保障民生、稳定就业的货物或服务，如对个人或残疾人提供的服务所得免税；五是对经济具有调节作用的过渡性、阶段性优惠政策，如针对重大自然灾害、重大疫情等情况颁布的优惠政策③。其增值税法定免税项目主要包括：初级农产品和基础必备品；药品、医疗卫生服务；书籍、报纸、杂志和其他印刷材料等；广播和电视传输服务以及文化项目；非专业体育赛事、教育招生和文化设施；艺术文化产品及服务；社会福利服务；运输和航空服务；指定的个人和专业服务（不包括律师、会计师、工程师和私人医生提供的服务）；其他的商品和服务，如政府邮政服务、金融和保险服务、邮票和邮资收入、银行票据、支票、金银、电力、土地和建筑、原毛、黄麻产品、赌场、博彩、彩票等；水力发电项目等④。

六、斯里兰卡

斯里兰卡税收优惠仅对满足一定条件的与货物买卖相关的本地贸易免征增

①② 国家税务总局国际税务司发布的2022年版《中国居民赴孟加拉国投资税收指南》，第55页。

③ 赵书博，张书慧，张雪．“一带一路”沿线国家增值税比较研究［J］．管理世界，2019，35（7）：104－115.

④ 国家税务总局国际税务司发布的2022年版《中国居民赴尼泊尔投资税收指南》，第41～42页。

值税。此外，对于《增值税法》（*Value-Added Tax Act*）第一附表中，纳税人进口或销售下列货物以及服务的，免征增值税。进口或销售环节均免税项目包括：小麦和小麦粉；医药产品和药品（化妆品除外），包括由化妆品、设备和药品管理局（Cosmetics，Devices and Drugs Authority）认证的此类产品和药品，以及生产或制造此类产品或药品的原料；书籍（支票簿、期刊、杂志、报纸、日记、分类账簿和练习册除外），以及由政府或省议会印制的邮票和印花税票；农业机械和化肥。仅限销售环节免税项目包括：公共教育服务，公共客运交通服务，特定的金融服务；境内生产的干椰子、橡胶、乳胶、茶（包括生叶）、大米、米粉、面包、鸡蛋和牛奶；境内生产的用于茶叶或橡胶工业的机器或设备，和用于半挂车的农用拖拉机或公路拖拉机；住宅。仅限进口环节免税项目包括：进口残疾人汽车；经主管高等教育及培训的政府部门部长批准，接受国家资助或非营利性的就业培训、职业培训项目中进口的必要物品①。相较中国而言，斯里兰卡增值税税收优惠方式较单一，税收优惠覆盖面较窄。

七、不丹

不丹销售和服务税减免税项目主要包括：水电项目、农业和再生资源项目、旅游业项目、教育服务、医疗服务、金融服务、公共交通服务、非营利组织的捐赠以及依照国际、双边协定或义务，对外国外交使团、国际组织和机构免征等。不丹的商品和服务税的免税项目部分在中国增值税中不予免税，如金融服务、旅游服务、保健服务、用于农业目的不动产等，这些项目多与不丹的支柱产业发展密切相关。

八、马尔代夫

对于马尔代夫，商品及服务税的税收优惠主要集中在与国计民生息息相关的部分商品和服务上，这些商品和服务或可免税或可享受零税率，例如在有关国家政府部门或机构登记的电力服务、供水设施、邮政服务、排水设施、医疗服务及与前述服务必不可少的相关服务、日间托儿服务、国际运输服务等均可免税；部分货物物品如大米、糖、面粉、盐、牛奶、食用油、鸡蛋等、从马尔代夫出口的商品和服务以及出售持续经营业务均可适用零税率。总的来说，与中国相比，马尔代夫商品及服务税的优惠政策较单一，主要是免税政策或是零税率政策，并且覆盖的范围较小。

① 国家税务总局国际税务司发布的2022年版《中国居民赴斯里兰卡投资税收指南》，第42页。

第三章

消费税的比较

中国消费税是指对消费品和特定的消费行为按流转额征收的一种商品税。广义上看，消费税应对所有消费品包括生活必需品和日用品普遍课税。但从征收实践上看，消费税主要指对特定消费品或特定消费行为等课税。消费税主要以消费品为课税对象，属于间接税，税收随价格转嫁给消费者负担，消费者是税款的实际负担者。消费税的征收具有较强的选择性，是国家贯彻消费政策、引导消费结构从而引导产业结构的重要手段，因而在保证国家财政收入、体现国家经济政策等方面具有十分重要的意义。

印度消费税被 GST 取代，马尔代夫没有开征消费税。

第一节　纳税义务人比较

一、中国

在中华人民共和国境内生产、委托加工和进口《消费税暂行条例》规定的消费品的单位和个人，以及国务院确定的销售《消费税暂行条例》规定的消费品的其他单位和个人，为消费税的纳税人，应当按照《消费税暂行条例》缴纳消费税。单位，是指企业、行政单位、事业单位、军事单位、社会团体及其他单位。个人，是指个体工商户及其他个人。在中华人民共和国境内，是指生产、委托加工和进口属于应当缴纳消费税的消费品的起运地或者所在地在境内。

二、巴基斯坦

依据《2005 年联邦消费税法案》，巴基斯坦消费税全称为联邦消费税，是指对某些类型的制造业、进口货物和提供的劳务收入征收的税，属于联邦税种，但通信服务消费税是由各省征收①。

中、巴界定的消费税纳税人具有一定的共性，差异在于，巴基斯坦对消费税纳税义务人的定义更加宽泛，对某些特定制造业以及提供劳务的收入征收消费税。此外，巴基斯坦单独地将通信服务消费税划分为省级税收，这有利于提高各省的财政收入。

三、孟加拉国

孟加拉国仅对提供银行服务及航空运输服务征收消费税，所以消费税的纳税义务人主要指银行单位与国家航空公司。

中、孟界定的消费税纳税人有很大的差异，源于两国对消费税的定义的不同，中国定义的消费税纳税义务人范围远大于孟加拉国。

四、尼泊尔

尼泊尔消费税纳税义务人是生产、进口、消费和储藏烟草、白酒、啤酒、软饮料等的个人和企业。所有应征消费税产品的生产和经营须办理许可证，并缴纳许可证费用，法律禁止在没有许可证的情况下生产、进口、销售和储藏应征消费税的商品。

中、尼两国的消费税纳税义务人，因消费税的征收环节不同而有所差别。中国消费税的征税环节具有单一性，而尼泊尔不仅在生产销售和进口环节征收消费税，还在消费储藏环节征收，消费税征收环节具有多样性。此外，中国还有一些应税消费品数量在特殊环节征税，如在零售环节征税的金银首饰，在生产（进口）和零售环节实行双环节征税的超豪华小汽车，在生产和批发环节实行双环节征税的卷烟。

五、斯里兰卡

斯里兰卡消费税主要由消费税部（Department of Excise）和海关，分别向

① 国家税务总局国际税务司发布的 2022 年版《中国居民赴巴基斯坦投资税收指南》，第 72 页。

应税消费品的生产企业和进口企业征收。斯里兰卡消费税纳税义务人认定范围比中国略窄，中国纳税义务人包括生产、委托加工和进口的单位及个人，而斯里拉卡仅针对生产企业和进口企业征收消费税。

六、不丹

依据不丹《商品与服务税法（2020）》的规定，消费税的纳税义务人为生产、进口应税消费品的制造商和进口商，当制造商提供在不丹制造的可免税商品时，个人应承担消费税均衡税（EET）。中、不两国均对生产、进口应税消费品的纳税人征税，差异在于，中国除了对前述两类纳税人征税外，还另对零售超豪华小汽车、金银首饰的纳税人和批发卷烟的纳税人征收消费税。

第二节　税目比较

一、中国

中国消费税的征收范围比较狭窄，同时也会根据经济发展、环境保护等国家大政方针进行修订，依据《消费税暂行条例》及相关法规规定，目前消费税税目包括烟、酒、化妆品等15个税目，部分税目还进一步划分了若干子目。

（1）烟。凡是以烟叶为原料加工生产的产品，不论使用何种辅料，均属于本税目的征收范围。包括卷烟（进口卷烟、白包卷烟、手工卷烟和未经国务院批准纳入计划的企业及个人生产的卷烟）、雪茄烟和烟丝。在“烟”税目下分“卷烟”等子目，“卷烟”又分“甲类卷烟”和“乙类卷烟”。其中，甲类卷烟是指每标准条（200支，下同）调拨价格在70元（不含增值税）以上（含70元）的卷烟；乙类卷烟是指每标准条调拨价格在70元（不含增值税）以下的卷烟。

（2）酒。酒是酒精度在1度以上的各种酒类饮料，包括白酒、黄酒、啤酒和其他酒。啤酒每吨出厂价（含包装物及包装物押金）在3 000元（含3 000元，不含增值税）以上的是甲类啤酒，每吨出厂价（含包装物及包装物押金）在3 000元（不含增值税）以下的是乙类啤酒。包装物押金不包括重复使用的塑料周转箱的押金。对饮食业、商业、娱乐业举办的啤酒屋（啤酒坊）利用啤酒生产设备生产的啤酒，应当征收消费税。果啤属于啤酒，按啤酒征收消费税。

（3）高档化妆品。包括高档美容、修饰类化妆品、高档护肤类化妆品和成套化妆品。

（4）贵重首饰及珠宝玉石。贵重首饰及珠宝玉石包括以金、银、白金、宝石、珍珠、钻石、翡翠、珊瑚、玛瑙等高贵稀有物质以及其他金属、人造宝石等制作的各种纯金银首饰及镶嵌首饰和经采掘、打磨、加工的各种珠宝玉石。对出国人员免税商店销售的金银首饰征收消费税。

（5）鞭炮、焰火。鞭炮、焰火包括各种鞭炮、焰火。体育上用的发令纸、鞭炮药引线，不按本税目征收。

（6）成品油。成品油包括汽油、柴油、石脑油、溶剂油、航空煤油、润滑油、燃料油 7 个子目。航空煤油暂缓征收。

（7）小汽车。小汽车是指由动力驱动，具有 4 个或 4 个以上车轮的非轨道承载的车辆。本税目征收范围包括：①乘用车。②中轻型商用客车。③超豪华小汽车。沙滩车、雪地车、卡丁车、高尔夫车不属于消费税征收范围，不征收消费税。

（8）摩托车。摩托车包括轻便摩托车和摩托车两种。气缸容量 250 毫升（不含）以下的小排量摩托车不征收消费税。

（9）高尔夫球及球具。包括高尔夫球、高尔夫球杆、高尔夫球包（袋）。高尔夫球杆的杆头、杆身和握把属于本税目的征收范围。

（10）高档手表。高档手表是指销售价格（不含增值税）每只在 10 000 元（含）以上的各类手表。

（11）游艇。包括艇身长度大于 8 米（含）小于 90 米（含），内置发动机，可在水上移动，一般为私人或团体购置，主要用于水上运动和休闲娱乐等非谋利活动的各类机动艇。

（12）木制一次性筷子。包括各种规格的木制一次性筷子。未经打磨、倒角的木制一次性筷子属于本税目征税范围。

（13）实木地板。包括各类规格的实木地板、实木指接地板、实木复合地板及用于装饰墙壁、天棚的侧端面为榫、槽的实木装饰板。未经涂饰的素板也属于本税目征税范围。

（14）电池。包括原电池、蓄电池、燃料电池、太阳能电池和其他电池。

（15）涂料。

二、巴基斯坦

不同于中国，巴基斯坦于2005年实施联邦消费税，不仅对大多数本国生产、制造的商品与进口商品征收消费税，还对在巴基斯坦境内提供的部分服务征收消费税，如广告、保险、股票经纪、电信、邮件快递、会计、特许经营等服务均需要缴纳消费税，部分商品免征联邦消费税，税目繁多，主要目的为增加联邦税收收入，其作用与增值税有一定的相似之处。

中国与巴基斯坦的消费税制度税目设计差异较大，原因主要在于两国处于不同的发展阶段，所以在消费税立法上有明显不同的倾向，中国通过对一些特定货物征收消费税来实现引导人们的消费习惯与加强环境保护的政策目的，另外由于中国消费税是建立在增值税基础上的税种，是在增值税普遍征收的基础上选择部分商品征税的税种，目前不涉及劳务或行为，“营改增”之后，服务行业纳入增值税范围，因此中国未来消费税税目改革或将涉及劳务或行为。而巴基斯坦不仅对货物征收消费税，还对特定服务及行为征收消费税，广增税源，这更多是为了获得财政收入，削减赤字，偿还政府债务[①]。

三、孟加拉国

孟加拉国消费税的税目只针对特定服务，即对于提供的银行服务和航空运输服务。中国与孟加拉国的消费税税目设计差异较大，中国通过对一些特定货物征收消费税来实现引导人们的消费习惯与加强环境保护的政策目的，说明消费税是中国的主体税种之一，而孟加拉国仅对特定服务征收消费税，可见消费税并非孟加拉国税收制度中的主要税种。

四、尼泊尔

尼泊尔消费税应税产品主要包括：酒，包括啤酒、白酒、药酒、葡萄酒和其他酒；烟，包括雪茄、未加工的烟草和包含烟草的各种香烟；饮料，包括果汁饮料、苹果汁、鸡尾酒饮料等；糖，包括蜜糖、未加工的糖和白糖等；砖，包括各种砖；各种结合剂；各种聚乙烯（塑料）袋子；车辆，包括汽车、巴士、货车、摩托车等。

---

① 王晓玲. 中美税制比较［M］. 上海：立信会计出版社，2015：49－52.

消费税不仅对调节和引导消费者的行为有重要作用，也能增加政府的财政收入。中、尼两国都选择对烟草制品、酒类产品进行征税，一方面是因为此类消费品过度消费的确不利于生态环境的保护和人们的身体健康，需要合理的引导，另一方面是因为这两类消费品的消费群体巨大，对其征税能获得相对稳定的税收收入。从两国消费税的税目范围来看，中国的范围远大于尼泊尔。尼泊尔消费税税目中并未包括我国已征税的奢侈品和非生活必需品，如高档手表、高档化妆品等，这可能和尼泊尔是一个经济落后的农业国的基本国情密切相关。另外，尼泊尔还对饮料、糖等副食品征收消费税，这表明尼泊尔的消费税扩充财政收入的功能也比较突出。

五、斯里兰卡

中国消费税的征收范围比较狭窄，同时也会根据经济发展、环境保护等国家大政方针进行修订，依据《消费税暂行条例》及相关法规规定，目前消费税税目包括烟、酒、化妆品等 15 种商品。斯里兰卡应税消费品范围包括香烟、酒、含糖饮料、机动车辆、冰箱、棕榈油脂肪酸等。

六、不丹

不丹消费税税目较少，主要包括糖类、醋、槟榔、意大利面、果汁饮料、酒类、烟草类、塑料制品、汽车、摩托车等。从税目来看，中国消费税的税目相比不丹范围更广，中国将金银首饰、高档化妆品、高档手表、游艇等奢侈消费品纳入征税范围，而不丹则将糖、醋、饮料等生活必需品纳入征税范围。这种税目的差异很大程度上是由两国悬殊的经济发展水平引起的。

第三节　税 率 比 较

一、中国

中国消费税采用比例税率和定额税率两种形式，以适应不同应税消费品的实际情况。消费税根据不同的税目或子目确定相应的税率或单位税额。大部分应税消费品适用比例税率，例如，烟丝税率为 30%，部分摩托车税率为 3%等；黄酒、啤酒、成品油按单位重量或单位体积确定单位税额；卷烟、白酒采用比例税率和定额税率双重征收形式，具体规定如表 3－1 所示。

表 3－1　　消费税税目、税率（额）

税目	税率（额）
一、烟	
1. 卷烟	
（1）甲类卷烟（生产或进口环节）	56% 加 0.003 元/支（生产环节）
（2）乙类卷烟（生产或进口环节）	36% 加 0.003 元/支（生产环节）
（3）批发环节	11% 加 0.005 元/支
2. 雪茄烟	36%
3. 烟丝	30%
二、酒	
1. 白酒	20% 加 0.5 元/500 克（或者 500 毫升）
2. 黄酒	240 元/吨
3. 啤酒	
（1）甲类啤酒	250 元/吨
（2）乙类啤酒	220 元/吨
4. 其他酒	10%
三、高档化妆品	15%
四、贵重首饰及珠宝玉石	
1. 金银首饰、铂金首饰和钻石及钻石饰品	5%
2. 其他贵重首饰和珠宝玉石	10%
五、鞭炮、焰火	15%
六、成品油	
1. 汽油	1.52 元/升
2. 柴油	1.20 元/升
3. 航空煤油	1.20 元/升
4. 石脑油	1.52 元/升
5. 溶剂油	1.52 元/升
6. 润滑油	1.52 元/升
7. 燃料油	1.20 元/升
七、小汽车	
1. 乘用车	

续表

税目	税率（额）
(1) 气缸容量（排气量，下同）在1.0升（含1.0升）以下的	1%
(2) 气缸容量在1.0升以上至1.5升（含1.5升）的	3%
(3) 气缸容量在1.5升以上至2.0升（含2.0升）的	5%
(4) 气缸容量在2.0升以上至2.5升（含2.5升）的	9%
(5) 气缸容量在2.5升以上至3.0升（含3.0升）的	12%
(6) 气缸容量在3.0升以上至4.0升（含4.0升）的	25%
(7) 气缸容量在4.0升以上的	40%
2. 中轻型商用客车	5%
3. 超豪华小汽车	10%（零售环节）
八、摩托车	
1. 气缸容量为250毫升的	3%
2. 气缸容量为250毫升以上的	10%
九、高尔夫球及球具	10%
十、高档手表	20%
十一、游艇	10%
十二、木制一次性筷子	5%
十三、实木地板	5%
十四、电池	4%
十五、涂料	4%

纳税人兼营不同税率的应税消费品，应当分别核算不同税率应税消费品的销售额、销售数量。未分别核算销售额、销售数量，或者将不同税率的应税消费品组成成套消费品销售的，从高适用税率。

二、巴基斯坦

中国消费税采用从价计征的比例税率、从量计征的定额税率以及比例税率、定额税相结合的复合税率，消费税根据不同的税目或子目确定相应的税率或单位税额，比例税率主要适用于价格差别较大，计量单位不规范的应税消费品，如烟丝税率为30%。定额税率则针对价格差别不大，计量单位规范的消费品，如啤酒、成品油等产品按单位重量或单位体积确定单位税额。对卷烟、白酒等产品采用从价从量复合计征方法。

巴基斯坦的税率结构则相当复杂，同时税基宽广，对应税率为5%～100%，目前巴基斯坦消费税税率一般为15%，对于通信服务，如果各省的联邦消费税没有规定特别税率，税率则为19.5%，其他还有银行、保险等服务的税率为15%，部分商品和服务免征联邦消费税，如节能灯、化肥等。所以为了实现增加财政收入的目的，巴基斯坦对应特定商品与特定服务的税率相当繁杂，这与其政策目标是一致的。

三、孟加拉国

中国消费税主要采用从价计征的比例税率和从量计征的定额税率两种形式，消费税根据不同的税目或子目确定相应的税率或单位税额。比例税率主要适用于价格差别较大，计量单位不规范的应税消费品；定额税率则针对价格，差别不大，计量单位规范的消费品，产品按单位重量或单位体积确定单位税额。现行消费税征税仅对卷烟、白酒等产品采用从价从量复合计征方法，既有定额税率又有比例税率。这与中国对不同类型消费品的消费税实行的计征方法是相关的。

孟加拉国消费税只规定了定额税率，对于纳税人提供银行服务，服务金额不超过10万塔卡免税，此外存在五个档位，对应税率分别每年150塔卡、每年500塔卡、每年2 500塔卡、每年12 000塔卡以及每年2.5万塔卡；对于提供航空运输服务，国内航空为每座次300塔卡，国际航空，飞往不同地区对应不同税率，目的地为南亚区域合作联盟内的国家的每座次500塔卡，目的地为亚洲其他国家的为每座次2 000塔卡，目的地为其他国家地区的均为每座次3 000塔卡，外籍外交舱位免税（见表3－2）。

表3－2　孟加拉国消费税税目税率

服务类型	定额税率
提供银行服务，如储蓄卡或信用卡余额	
不超过10万塔卡	免税
超过10万塔卡至50万塔卡	150塔卡/年
超过50万塔卡至100万塔卡	500塔卡/年
超过100万塔卡至1 000万塔卡	2 500塔卡/年
超过1 000万塔卡至5 000万塔卡	12 000塔卡/年

续表

服务类型	定额税率
超过 5 000 万塔卡	25 000 塔卡/年
提供航空运输服务	
1. 国内单程航线（同一目的地中间经停视为一个航线）	500 塔卡/座次
2. 国际单程航线（同一目的地中间经停视为一个航线）	
目的地为南亚区域合作联盟内的国家（地区）	500 塔卡/座次
亚洲其他国家（地区）	2 000 塔卡/座次
欧洲国家、美国以及其他国家（地区）	3 000 塔卡/座次
3. 外籍外交舱位，并且在办理值机时出示有效外交护照	免税

资料来源：国家税务总局国际税务司发布的 2022 年版《中国居民赴孟加拉国投资税收指南》，第 77 ~ 78 页。

四、尼泊尔

尼泊尔消费税主要是定额税率和比例税率，应税消费品中只有车辆适用比例税率，而适用定额税率的主要纳税人共有六类（见表 3 - 3）。

表 3 - 3　尼泊尔消费税税率

纳税义务人	税目	定额税率（卢比）
酒类商品生产	按生产酒的类别不同	40 000 ~ 80 000
酒类商品销售	星级宾馆、旅游标准饭店	5 000 ~ 30 000
	普通宾馆、饭店、酒吧和旅馆	3 000
	销售商、批发商、零售商（本国和外国酒）和百货商场	3 000 ~ 20 000
酒类商品进出口商	外国酒类商品进口商、酒类商品出口商	3 500 ~ 20 000
外国商品进口营销商	进口外国香烟、雪茄、烟草和烟草制品	10 000
	进口外国嚼烟、鼻烟、槟榔粉和槟榔香料	25 000
	批发销售外国槟榔粉、槟榔香料、香烟、嚼烟、咀嚼的烟草和烟草制品	3 000
	零售外国香烟、嚼烟、鼻烟、槟榔粉和槟榔香料	500
	进口外国糖蜜	8 000
	销售外国糖蜜	3 500

续表

纳税义务人	税目	定额税率（卢比）
砖厂	未使用先进技术、对自然环境有破坏的砖厂	1 500（中西部地区在此费用基础上降低 20%，西部地区降低 25%）
	使用先进技术、环保的砖厂	免税
白糖粗加工或蜜糖生产的工厂	应用垂直滚轴的工厂（≤10 马力）	20 000
	应用水平滚轴的工厂（>10 马力）	40 000

资料来源：笔者根据国家税务总局国际税务司发布的 2022 年版《中国居民赴尼泊尔投资税收指南》第 44～45 页内容整理所得。

从制度设计初衷看，比例税率主要适用于价格差别大，计量单位不规范的应税消费品。定额税率主要适用于价格差别不大，计量单位较为规范的消费品。尼泊尔对烟草类产品、酒类产品和制砖等实行从量定额税率也体现税制设计的宗旨，因为强调以上产品的限制性使用，故税率设计上注重量的限制而不是仅关注价格。与中国不同的是，尼泊尔在消费环节征税时，根据不同的销售者和场合规定了不同的定额税率，如对酒类产品，星级宾馆的适用税率比普通宾馆高，对于进出口的消费品在税率上也有所差别。除此之外，中国对纳税人出口应税消费品免征消费税，而尼泊尔对酒类产品和烟草的出口商征收消费税。

五、斯里兰卡

斯里兰卡《消费税条例》（*Excise Ordinance*）对各类应税消费品，按照其具体特性，如香烟长度、酒的种类及酒精浓度、饮料含糖量、机动车排放量及用途等，制定了极为详细的分级征税制度，包含了从量定额和比例税率两种计税方法。[①] 中、斯两国都根据消费税征收对象的特性进行了较为详细的划分并制定具体的征收标准，差异在于中国在税率规定上对卷烟和白酒两类产品采用从价和从量相结合的复合税率，斯里兰卡则没有复合税率规定。

六、不丹

从税率来看，中国的税率形式多样，不丹仅有比例税率。对于应限制消费

① 国家税务总局国际税务司发布的 2022 年版《中国居民赴斯里兰卡投资税收指南》，第 52 页。

量的酒类、烟草类的消费品，两国均对其征收了相对较高的消费税，不丹对酒类、烟草类消费品征收50%～100%的消费税，而中国则对啤酒、卷烟规定了复合税率。

第四节　计税依据比较

一、中国

根据中国《消费税暂行条例》的规定，消费税应纳税额的计算分为从价计征、从量计征和从价从量复合计征三种方法。

（1）从价计征。在从价定率计算方法下，应纳税额等于应税消费品的销售额乘以适用税率，应纳税额的多少取决于应税消费品的销售额和使用税率两个因素。基本计税依据为销售额，在不同情况下可以是销售额、同类消费品售价、组成计税价格。

（2）从量定额。在从量定额计算方法下，应纳税额等于应税消费品的销售数量乘以单位税额，应纳税额的多少取决于应税消费品的销售数量和单位税额两个因素。基本计税依据为销售数量，在不同情况下可以是销售数量、移送使用数量、委托加工收回的应税消费品数量、进口征税数量。

（3）从价从量复合计税。现行消费税的征税范围中，只有卷烟、白酒采用复合计征方法。应纳税额等于应税销售数量乘以定额税率再加上应税销售额乘以比例税率。生产销售卷烟、白酒从量定额计税依据为实际销售数量。进口、委托加工、自产自用卷烟、白酒从量定额计税依据分别为海关核定的进口征税数量、委托方收回数量、移送使用数量。基本计税依据为销售数量和销售额。

二、巴基斯坦

中国消费税主要是对生产或进口的特定货物征税，实行价内税的征收方法，消费税和增值税为同一税基，从价计征时，应纳税额取决于应税消费品的销售额和适用税率两个因素，从量计价时，应纳税额取决于应税消费品的销售数量和单位税额两个因素。巴基斯坦联邦消费税既对货物征税，也对劳务征税，消费税应纳税额为商品价值乘相应的税率，也属于价内税，巴基斯坦出口应税消费品，免税并全额退还联邦消费税。

三、孟加拉国

中国消费税主要是对生产或进口的特定货物征税，实行价内税的征收方法，消费税和增值税为同一税基，对不同的消费品采用从价计征、从量计征和从价从量复合计征三种方法。孟加拉国消费税的计税依据为银行服务金额以及不同航空运输航线，实行的计征方法仅有从量计征一种。

四、尼泊尔

尼泊尔消费税计税依据比较简单，定额纳税的消费品，其应纳税额为纳税人生产、销售、进口应税消费品的数量乘以定额税率。适用比例税率的消费品，其应纳税额为应税销售品的销售额乘以适用税率。

中、尼两国消费税适用定额税率和比例税率的消费品的计税依据没有太大差别。但与尼泊尔不同的是，中国的卷烟、白酒适用从价和从量复合计征。

五、斯里兰卡

斯里兰卡消费税适用比例税率时，其计税基础为应税商品的交易价格，主要由下列方式确定：一般价格，指在批发环节应税消费品向非关联方，按公允价值进行销售的价格；预估价格，在应税消费品因故不对外出售时适用；申报价格；未送达货运价，应排除货物实际交卸地址与原计划不同所引起的交易价格变化；由斯里兰卡消费税局（Excise Department of Sri Lanka）核定的价格。斯里兰卡生产商从上一环节生产商购入货物，且上一环节生产商已就销售的货物缴纳消费税的，可凭有效凭证抵扣自身应付消费税。下列情况，购进已税消费品的消费税不可抵扣自身应付消费税：该已税消费品用于投资；该已税消费品用于免税项目；该已税消费品为进口原材料；不能提供有效凭证①。

中、斯两国对于消费税适用比例税率时的销售额确定存在一定差异，在消费税进项税额的抵扣上也存在一定差异，斯里兰卡可抵扣范围更加广泛，抵扣方式与我国增值税一样可凭有效凭证进行抵扣，中国抵扣范围限于同一税目（可跨子目但不可跨税目）中列举可抵扣税目，且仅在生产环节自行计算抵扣。

① 国家税务总局国际税务司发布的2022年版《中国居民赴斯里兰卡投资税收指南》，第52页。

六、不丹

中国消费税应纳税额的计算有从价计征、从量计征和从价从量复合计征三种方法，不同计算方法下的计税依据也不同。不丹消费税只有从价计征一种，应纳税额取决于应税消费品的销售额和适用税率，消费税的税基和商品和服务税一致。税法规定，对于客户退回给供应商的货物无须支付消费税（EET），对于丢失或被盗的货物，进口商或制造商向海关出示证明文件可免征消费税，对于损毁的货物，经海关核定后可相应减征消费税。

第四章

企业所得税的比较

中国企业所得税是对中国境内的企业和其他取得收入的组织的生产经营所得和其他所得征收的一种税。企业所得税的作用主要有：一是促进企业改善经营管理活动，提升企业的盈利能力。二是调节产业结构，促进经济发展。三是为国家建设筹集财政资金。

第一节　纳税义务人比较

一、中国

中国企业所得税的纳税义务人，是指在中华人民共和国境内的企业和其他取得收入的组织。《企业所得税法》第一条规定，除个人独资企业、合伙企业不适用《企业所得税法》外，凡在中国境内，企业和其他取得收入的组织（以下统称企业）为企业所得税的纳税人，依照《企业所得税法》规定缴纳企业所得税。企业所得税的纳税人分为居民企业和非居民企业，这是根据企业纳税义务范围的宽窄进行的分类，不同的企业在向中国政府缴纳所得税时，纳税义务不同。把企业分为居民企业和非居民企业，是为了更好地保障中国税收管辖权的有效行使。税收管辖权是一国政府在征税方面的主权，是国家主权的重要组成部分。根据国际上的通行做法，中国选择了地域管辖权和居民管辖权的双重管辖权标准，最大限度地维护中国的税收利益。

（一）居民企业

居民企业，是指依法在中国境内成立，或者依照外国（地区）法律成立但实际管理机构在中国境内的企业。这里的企业包括国有企业、集体企业、私营企业、联营企业、股份制企业、外商投资企业、外国企业以及有生产、经营所得和其他所得的其他组织。其中，有生产、经营所得和其他所得的其他组织，是指经国家有关部门批准，依法注册、登记的事业单位、社会团体等组织，是指经国家有关部门批准，依法注册、登记的事业单位、社会团体等组织。由于中国的一些社会团体组织、事业单位在完成国家事业计划的过程中，开展多种经营和有偿服务活动，取得除财政部门各项拨款、财政部和国家物价部门批准的各项规费收入以外的经营收入，具有了经营的特点，应当视同企业纳入征税范围。其中，实际管理机构，是指对企业的生产经营、人员、财务、财产等实质性全面管理和控制的机构。

（二）非居民企业

非居民企业，是指依照外国（地区）法律成立且实际管理机构不在中国境内，但在中国境内设立机构、场所的，或者在中国境内设立机构、场所，但有来源于中国境内所得的企业。本处所称的机构、场所，是指在中国境内从事生产经营活动的机构、场所，包括项目如下。

（1）管理机构、营业机构、办事机构。

（2）工厂、农场、开采自然资源的场所。

（3）提供劳务的场所。

（4）从事建筑、安装、装配、修理、勘探等工程作业的场所。

（5）其他从事生产经营活动的机构、场所。

非居民企业委托营业代理人在中国境内从事生产经营活动的，包括委托单位或者个人经常代其签订合同，或者储存、交付货物等，该营业代理人视为非居民企业在中国境内设立的机构、场所。

二、印度

印度企业所得税的纳税人同样分为居民企业和非居民企业。居民企业是指自 2016 年 4 月 1 日起在印度注册成立的企业或以往任意一个年度实际管理机构所在地位于印度的企业，其就世界范围的收入均要纳税。印度中央直接税局（CBDT）发布的 2007 年 6 号公告对实际管理地在股东股份控制、管理控制和经营控制等方面做了明确界定。非居民企业是印度《所得税法》第 6 条规定，达不到居民企业标准的公司就属于非居民企业。从税收角度考虑，外国公司在印度的分公司（Branch Office）会被视作外国公司的延伸，因此在征税时也会被认定为非居民企业①。

中、印两国对于居民企业和非居民企业的划分标准基本相似，都是按照企业注册地标准和实际管理机构标准来划分。中国的实际管理机构是指对企业的生产经营、人员、账务、财产等实施实质性全面管理和控制的机构，而印度的实际管理机构所在地是企业经营管理活动的总机构所在地。

三、巴基斯坦

巴基斯坦企业所得税的纳税义务人同样分为居民企业和非居民企业，居民企业有以下三种：第一，在巴基斯坦现行法律下成立或者合并的；第二，公司全年事务的控制和管理在巴基斯坦境内；第三，根据所得税法规定，巴基斯坦的省政府或者地方政府所属企业被视为居民企业。根据《2001 年所得税条例》，非居民企业是指在某一纳税年度内任何时候其控制和管理地不完全位于巴基斯坦境内的企业，非居民企业仅限来源于巴基斯坦的收入征税。

中、巴对居民企业和非居民企业的划分标准具有较多相似之处，都是依据企业注册成立地和实际管理机构的标准。

四、孟加拉国

孟加拉国企业所得税的纳税义务人同样分为居民企业和非居民企业，孟加拉国居民企业是指按照孟加拉国现行法规注册或成立的，且在纳税年度内其实际控制和管理活动均在孟加拉国境内进行的企业，包括公司、协会、家族企业、信托、基金、地方主管机构、普通企业等。而根据《财政法案》（2019 年），居民企业已扩大到以下情形：第一，在纳税年度内其管理和运营活动均在孟加拉国境内进行的信托、基金或实体；第二，地方当局和其他机构判定的居民企业。非居民企业是指孟加拉国居民企业以外的企业，仅对其取得来源于孟加拉国的收入在孟加拉国缴纳所得税。构成常设机构的非居民企业取得的所得适用与居民企业相同的企业所得税政策。

中、孟两国对于居民企业和非居民企业的划分标准具有相似之处，都是依

① 国家税务总局国际税务司发布的 2022 年版《中国居民赴印度投资税收指南》，第 24 页。

据企业注册成立地和实际管理活动区域的标准，但也有一些差异，即使是按照外国（地区）成立的企业，只要实际管理活动在境内，中国都认定为居民企业，而孟加拉国会认定为非居民企业。此外，中国的规定相对更加详细，认定实际管理机构指对企业的生产经营、人员、账务、财产等实施实质性全面管理和控制的机构，对居民企业和非居民企业也有明确的划分。而孟加拉国认定实际管理机构为执行管理和运营活动的机构，没有对实际管理机构应负责的具体事务做出划分，标准定义比较模糊，同时地方当局和其他机构可以凭借自定的标准判断是否为居民企业，而中国则不存在这样的情况。

五、尼泊尔

尼泊尔企业所得税的纳税人为公司或境外公司在尼泊尔境内的常设机构。公司是指依《尼泊尔公司法（2006）》成立的企业。下列机构在税收上也被视为公司：（1）根据现行法律设立的法人团体；（2）除合伙企业、独资公司（注册或未注册的）或基金之外的任何非法人团体、委员会、机构、社会群体；（3）拥有20个及以上合伙人的合伙公司（无论是否在现行法律下注册的）、退休基金、合作社、单位信托基金、合伙企业；（4）境外公司；（5）以及由尼泊尔国家税务局规定的境外机构。[①] 居民企业是指依法在尼泊尔境内成立或注册，或者其实际管理机构位于尼泊尔境内的公司。非居民企业在尼泊尔境内设立的常设机构被视为税收居民企业缴税。

中、尼两国在判定居民企业和非居民企业时，均按国际惯例采用了注册地和实际管理机构的标准。征税国境内的居民企业就其来源于全球的所得征税，而非居民企业就其来源于征税国的所得征税。不同的是，尼泊尔对于境内设立的常设机构视为税收居民纳税，对其来源于尼泊尔境内外的所有所得征税，而中国对于境内常设机构，仅对其来源于境内以及与常设机构有实际联系的所得征税。

六、斯里兰卡

斯里兰卡居民企业，是指根据斯里兰卡法律成立，其注册地或主要办公场所位于斯里兰卡，或在纳税年度内实际管理机构和控制中心位于斯里兰卡境内的法人实体。非居民企业，是指不在斯里兰卡成立，其注册地或主要办公场所

① 国家税务总局国际税务司发布的2022年版《中国居民赴尼泊尔投资税收指南》，第17～18页。

不在斯里兰卡国境之内，且在纳税年度内实际管理机构和控制中心均不位于斯里兰卡境内的法人实体。即不满足斯里兰卡居民企业定义的企业，均视为斯里兰卡的非居民企业①。

认定公司是否为该国的居民纳税人，一般有四种判断标准：公司注册登记所在地、公司管理控制机构所在地、公司实际经营场所所在地、公司主要机构所在地②。中、斯两国都采取了企业注册地标准和实际管理机构地标准来划分企业所得税纳税人，只要达到任一标准就是本国的居民企业。区别在于斯里兰卡还多了主要机构地（主要办公场所和控制中心）标准来判定是否为居民企业，对承包商或分包商签订相关协议的法人实体，在该协议规定的承包或分包期间也被视为斯里兰卡居民企业。

七、不丹

2001 年颁布的《不丹王国所得税法案》（以下简称《所得税法（2001）》）将企业所得税的纳税义务人分为上市公司和其他非上市公司两类，上市公司缴纳公司所得税，适用《所得税法（2001）》第一部分规定。而其他非上市公司须缴纳营业所得税，根据《所得税法（2001）》之营业所得税规定，除根据本部分制定的规则外，为《所得税法（2001）》第一部分（即公司所得税部分）制定的规则也应适用于营业所得税部分，另有明确规定的除外。

从纳税义务人的判定来看，中国和不丹均采用了注册地和实际管理机构作为判定居民企业和非居民企业的标准，规定居民企业就其全球所得缴纳所得税，而非居民企业仅就其来源于境内的所得纳税。差异在于，不丹对上市公司和非上市公司进行了分类管理。

八、马尔代夫

马尔代夫企业所得税的纳税义务人分为居民企业和非居民企业，其中居民企业是指在马尔代夫注册成立或不在马尔代夫注册成立，但实质管理和控制机构在马尔代夫境内的企业；非居民企业是指不在马尔代夫注册成立且实质管理和控制机构也不在马国境内，但有来源于马尔代夫的所得的企业。

中国与马尔代夫对于居民企业和非居民企业的划分标准具有一致性，均是

① 国家税务总局国际税务司发布的 2022 年版《中国居民赴斯里兰卡投资税收指南》，第 30 页。
② 刘鹏．“一带一路”沿线国家的公司税制比较［J］．上海经济研究，2016（1）：52－60.

依据企业是否在境内注册成立以及实际管理机构是否在境内来划分。

第二节　征税范围比较

一、中国

中国企业所得税的征税对象，是指企业的生产经营所得、其他所得和清算所得。居民企业就来源于中国境内、境外的所得作为征税对象。所得包括销售货物所得，提供劳务所得，转让财产所得，股息、红利等权益性投资所得，利息所得，租金所得，特许权使用费所得，接受捐赠所得和其他所得。非居民企业在中国境内设立机构、场所的，应当就其所设机构、场所取得的来源于中国境内的所得，以及发生在中国境外但与其所设机构、场所有实际联系的所得，缴纳企业所得税。非居民企业在中国境内未设立机构、场所的，或者虽设立机构、场所但取得的所得与其所设机构、场所没有实际联系的，应当就其来源于中国境内的所得缴纳企业所得税。上述所称实际联系，是指非居民企业在中国境内设立的机构、场所拥有的据以取得所得的股权、债权以及拥有、管理、控制据以取得所得的财产。

二、印度

印度居民企业就其全球收入在印度缴纳企业所得税（除非有特定豁免）。如果外国公司实际管理机构地点位于印度，则应就其全球收入在印度缴纳企业所得税。将征收范围分为应税所得和免税所得。

（1）应税所得。所得税的应税所得分为 4 类：①经营利润或收益。②财产收入，包括自用、出租居住房、商业用房，如果该财产用于公司的业务运营，则不属于这个范畴。③资本利得。④其他所得，包括彩票奖金，比赛奖金和证券利息。

（2）免税所得。免税所得包括：①合伙企业的股份收益。②长期资本利得。③境外劳务所得。④政府债券收入。⑤救济基金收入。[①] 非居民企业仅就

① 国家税务总局国际税务司发布的 2022 年版《中国居民赴印度投资税收指南》，第 22 页。

来源于印度的所得以及在印度取得的所得在印度缴纳企业所得税。根据具体情况，某些所得可能被视为来源于印度的所得。

中、印两国企业所得税居民企业和非居民企业承担的纳税义务相似，与印度划分的征税范围相比，中国较印度多规定了不征税收入，包括财政拨款；依法收取并纳入财政管理的行政事业性收费、政府性基金；国务院规定的其他不征税收入，是指企业取得的，由国务院财政、税务主管部门规定专项用途并经国务院批准的财政性资金。中国免税收入有四项：国债利息收入；居民企业直接投资于其他居民企业取得的投资收益；在中国境内设立机构、场所的非居民企业从居民企业取得与该机构、场所有实际联系的股息、红利等权益性投资收益；符合条件的非营利组织收入，印度规定了 5 项免税所得。此外，印度对于非居民所得征税范围比我国略窄一些。

三、巴基斯坦

巴基斯坦居民企业应当就其来源于全世界的所得纳税，非居民企业仅就其来源于巴基斯坦的所得纳税，任何纳税人在纳税年度有应税所得的，均应当根据针对个人和组织的税率及针对公司的税率中规定的一个或多个税率，缴纳该纳税年度的所得税。

此外，征税范围还有特别规定：第一，对股息征税，在符合《2001 年所得税条例》规定的前提下，任何人获得的公司股息，或者作为股息处理的所得，均应当按照规定缴纳股息税，第二，对未分配储备金征税，在符合《2001 年所得税条例》规定的前提下，任何公司（部分银行和盈利分享实体除外）在纳税年度获得利润，在该纳税年度结束后六个月内未分配现金股息，或者在分配了股息之后，储备金超过其缴清股本 100% 的，应当缴纳未分配储备金税；第三，对居民的海运收入征税；第四，对债务利息征税，纳税人按照规定取得债务利息的，均应当按照指定的税率缴纳相应税款[①]。

巴基斯坦居民企业支付给非居民企业的相关收入应缴纳预提所得税，每笔收入均需要提前预扣所得税，到年终汇算清缴的时候，多退少补，具体是比较当年企业所得税额已缴纳的预扣所得税，前者大则按差额补缴所得税，后者大则用于以后年度企业所得税抵减或者申请退税，但在实际操作中，申请退税非常困难。

中、巴的征税范围规定相似，居民企业和非居民企业承担不同的纳税义

① 笔者根据国家税务总局国际税务司发布的 2022 年版《中国居民赴巴基斯坦投资税收指南》第 26 ~ 27 页内容整理所得。

务。两国差异是双方对居民企业征税范围的具体规定方法不同，中国采用列举法，将所得划分为销售货物所得等六类所得项目，而巴基斯坦未列举具体应税项目，除了几类特定的所得，剩余的所得全部归于应纳税所得。

四、孟加拉国

孟加拉国居民企业应就其来源于孟加拉国境内、境外所得缴纳企业所得税，且境外产生的亏损可用于抵扣境内所得收入。若孟加拉国居民就其取得的境外收入通过官方途径汇入境内，可免征企业所得税。此外，居民企业出口经营所得可减按50%缴纳企业所得税。非居民企业仅对其取得来源于孟加拉国的收入在孟加拉国缴纳所得税。具体应征收企业所得税的所得类型包括销售货物收入、提供劳务或专业服务收入、资本利得收入、财产利得收入、证券利息收入、转让房产收入、其他形式的所得。而对于非居民企业，除了上述所得，还应当考虑对以下所得计征所得税：来源于常设机构的所得、取得转让位于孟加拉国财产的所得、取得来源于包括无形资产在内的资产或权利的所得、取得来源于在孟加拉国使用无形资产的所得、通过互联网向孟加拉国的消费者出售商品或服务的所得等。

中、孟都规定对居民企业与非居民企业的征税项目有所差异。两国差异是双方对居民企业征税范围的具体规定，中国将所得划分为销售货物所得等六类所得项目，而孟加拉国居民企业境内境外所得统一分类为应纳税所得，而且对非居民企业规定了额外的应纳税所得。

五、尼泊尔

尼泊尔企业收入年度的应纳税所得主要来源于商业经营和投资两方面。营业收入，是指任何人在任何年度从任何业务中获得的利润和利益。投资所得，是指由投资所产生的利润与利得，以及公司下述所得：由投资所产生的任何股息、红利、自然资源费、租金、特许权使用费、投资保险利得、未经审批的退休基金利得或获批退休基金的退休金；处置投资用可折旧资产的收入扣除其资产净值后的所得；投资所得的赠与；作为接受投资能力受限的报酬；法律规定的其他所得。尼泊尔对非居民企业来源于境内的相关收入应缴纳预提所得税，每笔收入均需要提前预扣所得税。

中、尼两国企业所得税征税范围中有关经营收入和投资收入的规定基本一致。与尼泊尔不同的是，中国税法规定企业发生将资产用于市场推广或销售、交际应酬、职工奖励或福利、股息分配、对外捐赠以及其他改变资产所有权属的用途的情形，应视同销售确认收入。

六、斯里兰卡

斯里兰卡居民企业就其在全球范围内的活动产生的所得缴纳企业所得税。包括：来源于经营活动或商业安排的经营收入；来源于持有资产或博弈项目（包括彩票、投注或赌博）的投资收入；除偶然所得和非经常性收入以外的其他收入[①]。非居民企业的纳税义务仅限于来源于斯里兰卡境内的所得。

中、斯两国企业所得税的征税范围在规定内容上区别不大，但在空间上有一定差别。中国的非居民企业发生来源于境内的所得应缴纳企业所得税，对境外的所得是否构成中国企业所得税的征税对象，关键在于识别该所得与其设在境内的机构、场所是否存在着“实际联系”，有则需要纳税。而斯里兰卡非居民企业仅对来源于境内的所得征税，对于境外所得与境内机构、场所有关联的所得不征税。对于非居民企业的征税范围中国比斯里兰卡广。

七、不丹

不丹公司所得税和营业所得税的征收范围包括所有类型的现金或现金等价物所得，具体包括利息、股息、合同所得（建筑、伐木工作、运输、管理合同、咨询以及专业服务及供货）、国家旅游经营所得、租金、使用车辆、厂房、机器的租赁费或支付的知识产权使用费等。

中、不两国企业所得税的征税范围大致相同，居民企业和非居民企业承担不同的纳税义务。不同的是，中国还对企业改变资产所有权属的某些行为视为销售确定收入，如企业将资产用于市场推广或销售、交际应酬、职工奖励或福利、股息分配、对外捐赠等行为应按照资产的销售价格或公允价值确定收入照章纳税。

八、马尔代夫

根据马尔代夫《所得税法》规定，马尔代夫居民企业需就其全球所得缴纳企业所得税，包括境内所得和境外开展业务所取得的利润，非居民企业仅需

① 国家税务总局国际税务司发布的2022年版《中国居民赴斯里兰卡投资税收指南》，第19页。

就其来源于马尔代夫的所得缴纳企业所得税，包括在马尔代夫从事租赁土地或建筑取得的所得、扣除可抵扣成本及费用后，企业通过设置在马尔代夫的常设机构进行的全部或部分商业活动产生的所得、任何从居民或拥有常设机构的非居民处收取（或可收取）的特许权使用费或管理费三项所得。

此外，针对非居民企业，当企业向员工支付现金或非现金的报酬时，该企业（或者代表该企业行事的人）应当每个月从每笔给员工的付款总额中扣除雇员预提税；同时，非居民企业来源于马尔代夫的利息、股息、特许权使用费以及其他款项也需要征收预提税。

中、马的征税范围规定相似，均是不同性质的企业负有不同的纳税义务，区别在于中国详细划分了所得来源，将所得来源分为销售货物所得、提供劳务所得等六大项所得项目，根据所得性质不同，所得来源的确定也不一致，而马尔代夫针对非居民企业具体规定了三项境内开展业务所取得的所得，对于非居民企业向员工支付现金或非现金的报酬、非居民企业来源于马尔代夫的利息、股息、特许权使用费以及其他款项则规定了预提税。

第三节　税 率 比 较

一、中国

中国企业所得税税率是体现国家与企业分配关系的核心要素。税率设计的原则是兼顾国家、企业、职工个人三者利益。既要保证财政收入的稳定增长，又要使企业在发展生产、经营方面有一定的财力保证；既要考虑到企业的实际情况和负担能力，又要维护税率的统一性。中国企业所得税实行比例税率。比例税率简便易行，透明度高，不会因征税而改变企业间收入分配比例，有利于促进效率的提高。现行规定如下。

（1）基本税率为25%，适用于居民企业和在中国境内设有机构、场所且所得与机构、场所有关联的非居民企业。现行企业所得税基本税率设定为25%，既考虑了我国财政承受能力，又考虑了企业负担水平。

（2）低税率20%，适用于在中国境内未设立机构、场所的，或者虽设立机构、场所但取得的所得与其所设机构、场所没有实际联系的非居民企业，但实际征税时适用10%的税率。

二、印度

印度居民企业的企业所得税基本税率为30%。此外，企业还应根据企业所得税额缴纳相应的附加税和附加教育税。2019年9月20日颁布的2019年税收法律条例（修订案）对企业所得税税率进行了一些调整。

（1）自2019/20财年开始，境内企业在不享受税收豁免或激励的情况下可选择按22%的税率缴纳所得税，加10%的附加税和地方税后，实际税率为25.17%。行使此选择权的企业无须缴纳最低替代税。此选择权一旦行使即不可撤销。享受税收豁免或激励的境内企业可在税收优惠期结束后行使此选择权。

（2）自2019/20财年开始，在2019年10月1日或之后注册成立且在2023年3月31日或之前开始生产并首次投资制造业的新设境内制造业企业在不享受税收豁免或激励的情况下可选择15%的企业所得税税率，加10%的附加税和地方税后，实际税率为17.16%。行使此选择权的企业无须缴纳最低替代税。

（3）选择享受税收豁免或激励的企业按照修订前的30%所得税税率缴纳企业所得税，税收豁免或激励到期后企业可以选择22%的税率缴纳企业所得税，并且之后不能更改。对于继续申请税收豁免或激励的企业，最低替代税率由18.5%下降至15%，有效最低替代税率为17.47%①。

印度居民企业还需缴纳预提所得税，预提所得税是指居民企业支付给非居民，包括雇员、商业伙伴及海外代理商时所应缴纳的税，预提所得税采用分类比例税率，根据收入类型适用不同的税率（见表4-1）。

表4-1　　居民企业缴纳预提所得税税率

收入类型		预提税税率（%）
利息		10
股息	认定的股息	10
	其他股息，超过5 000卢比	10
特许权使用费和专业费用		10
电影销售、发行、展览的技术服务（非专业服务）或版权费		2
从事呼叫中心业务取得的技术服务和专业费用		2
个人或家庭支付给承包商的服务费		5
博彩和赛马收入		30

① 国家税务总局国际税务司发布的2022年版《中国居民赴印度投资税收指南》，第23页。

续表

收入类型		预提税税率（%）
合同款项	支付给个人或家庭	1
	支付给其他人员	2
保险佣金（2016 年 6 月 1 日生效）		5
代理费或经纪人佣金（2016 年 6 月 1 日生效）		5
租金	工厂、机械或设备	2
	土地、建筑或家具	10
强制征用某些不动产取得的补偿		10
个人租赁用于非营业性质的租金每月超过 5 000 卢比		5
2019 年 9 月 1 日起未豁免的人寿保险费用		5
2019 年 9 月 1 日起，除政府、上市银行、ATM 运营商等，自取现金累计超过 1 000 万卢比		2
过去 3 年未申报且申报期已过，自取现金累计超过 200 万卢比且不超过 1 000 万卢比		2
过去 3 年未申报且申报期已过，自取现金累计超过 1 000 万卢比		5
转让不动产支付的对价（农业用地除外）		1
短期资本利得	2008 年 3 月 31 日以前	10
	2008 年 3 月 31 日以后	15
长期资本利得		20

资料来源：国家税务总局国际税务司发布的 2020 年版《中国居民赴印度投资税收指南》，第 26 ~ 27 页。

中、印两国居民企业的名义税率差异较大，中国在税率规定上具有统一性，中国企业所得税基本税率是 25%，同时实行两档优惠税率 15% 和 20%。印度的税率比较复杂，居民企业所得税基本税率是 30%、非居民企业是 40%，印度企业还根据企业所得税额缴纳相应的附加税和附加教育税，但大多数企业实际适用的优惠税率水平为 25. 17%，符合条件的制造业企业可享受 17. 16% 的实际税率，整体税负水平和中国差异不大。

除了一般规定的税率外，印度还规定了以下几项特殊税率①。

（1）股息，自 2003 年 4 月 1 日起，境内公司在宣告、分配或支付股息时，对应付股息总额需缴纳股息分配税（Dividend Distribution Tax，DDT），综合税率为 17. 304%（基础税率为 15%，再加上 12% 的附加税和 3% 的附加教育

① 国家税务总局国际税务司发布的 2020 年版《中国居民赴印度投资税收指南》，第 31 ~ 35 页。

税）。所缴股息分配税不能在企业所得税前列支。此外，自 2014 年 10 月 1 日起，在计算股息分配税时，需要将股息分配额换算成含税金额再计算税额。因此，股息分配税的实际税率变为 20.37%。

（2）最低替代税（Alternate Minimum Tax，AMT），根据所得税法，若在所有符合条件的扣除扣减后，公司的应纳税额低于其账面利润的 15%，则应缴纳最低替代税。最低替代税税率为 15%，另外加收适用的附加税和附加教育税（境内公司视情况按 7% 或 12% 的税率缴纳附加税，国外公司视情况按 2% 或 5% 的税率缴纳附加税；附加教育税税率为 4%）。最低替代税仅对公司征收，事务所或其他个人等非公司组织不适用此税，但另需按 15% 的税率单独缴纳最低替代税，最低替代税有法定扣除，并需征收适用的附加税和附加教育税。

（3）回购税（Buyback Tax），境内公司回购其非上市股票应按 20% 的税率缴纳回购税，另外加收 12% 的附加税和 3% 的附加教育税，从而实际税率为 23.072%。回购税按股票回购价格和公司发行股票取得的对价之间的差额进行计算。原股东取得回购价款无须缴税。

（4）资本利得税，总体而言，所得税法就资本利得适用的特别税率做出了规定（见表 4－2）。源自“资本资产”的“转让”产生收益应作为资本利得缴纳税款，并应归属于转让年度的收入。“转让”和“资本资产”在所得税法中的定义范围很广。此外，外国实体的股份或权益，若价值大多直接或间接源自位于印度的资本资产，则被视作位于印度的资本资产。从该类视同资本资产的转让中获取的收益应视为转让年度的收入。

表 4－2　　　　资本利得税税率

纳税人类型	短期资本利得税税率（%）	长期资本利得税税率（%）
境内公司	30	20
外国机构投资者	30	10
非外国机构投资者的非居民	40	20

资料来源：国家税务总局国际税务司发布的 2020 年版《中国居民赴印度投资税收指南》，第 35 页。

资本利得在印度适用的税率，取决于转让的资本资产是短期资本资产还是长期资本资产。短期资本资产的定义是，持有时间少于 36 个月的资本资产。然而，若资本资产是印度公认证券交易所上市的证券、股票型共同基金或特定零利息债券，则持有时间可少于 12 个月（而非 36 个月）。非短期资本资产的资本资产即为长期资本资产。

除该税率外，还需缴纳2%～12%的附加税和3%的附加教育税。

和中国非居民企业适用的较为单一的税率不同，印度非居民企业及其分支机构适用的税率规定较为复杂，通常适用40%的企业所得税税率，加收2%（如果净收入超过1 000万卢比但不超过1亿卢比）或5%（如果净收入超过1亿卢比）的附加税以及4%的附加教育税，非居民企业对资本利得、预提所得的股息、利息、特许权使用费、技术服务费等规定了不同标准的税率（见表4－3）。此外，还规定了非居民企业预提税税率（见表4－4）。

表4－3　　非居民企业税率

<table>
<tr><th colspan="2">类型</th><th>税率（%）</th></tr>
<tr><td colspan="2">企业所得税税率</td><td>40</td></tr>
<tr><td colspan="2">资本利得税税率</td><td>20</td></tr>
<tr><td colspan="3">预提所得税税率</td></tr>
<tr><td colspan="2">股息</td><td>20</td></tr>
<tr><td rowspan="2">利息</td><td>支付给境内企业的利息</td><td>10</td></tr>
<tr><td>支付给外国企业的利息</td><td>20</td></tr>
<tr><td colspan="2">专利、专门技术等的特许权使用费</td><td>10</td></tr>
<tr><td colspan="2">技术服务费</td><td>10</td></tr>
<tr><td rowspan="2">净营业亏损（年）</td><td>向以前年度结转年限</td><td>不适用</td></tr>
<tr><td>向以后年度结转年限</td><td>8年</td></tr>
</table>

资料来源：国家税务总局国际税务司发布的2020年版《中国居民赴印度投资税收指南》，第29页。

除该税率外，对于净收入超过一定标准的，还需要加收2%～12%的附加税和3%或4%的附加教育税。

表4－4　　非居民企业预提税税率

类型	税率（%）
股息	20
外币贷款利息	20
特许权使用费和技术服务费	10
租金	40
博彩和赛马收入	30
免税收益之外的长期资本利得	20
其他所得	10

资料来源：国家税务总局国际税务司发布的2020年版《中国居民赴印度投资税收指南》，第30页。

除该税率外，对于支付给外国公司的款项超过一定标准的，还需要加收2% ~5%的附加税和3%的附加教育税。

三、巴基斯坦

巴基斯坦自2018年起，对公司（非小型公司）的应纳税所得额适用税率为30%，如果纳税人是小型公司，则应当按25%的税率缴纳税款，小型公司是指根据巴基斯坦《1984年公司条例》，实缴资本不超过5 000亿卢比、年均职工人数不超过250人、年销售额不超过2.5万亿卢比，且不是由其他非小型公司分设或重组而成的公司。[①] 此外，对股息、利息、租金等一些特定所得规定了不同标准的税率。而预提所得税采用分类比例税率，根据购买方的类别及交易类型适用不同的税率。

中、巴的税率差异较大，中国在税率规定上具有统一性，而巴基斯坦对特定所得规定了不同标准的税率，这与两国不同的计税方式是相关的，中国是将所有收入减去扣除项目后统一计税，而巴基斯坦对股息红利所得等特定税目实行单独征税。

四、孟加拉国

孟加拉国对不同类型的企业规定不同的税率，企业所得税的具体适用税率如表4-5所示。此外，居民企业出口经营所得减按50%计征所得税。根据最新的财政法案规定，纳税人因一些项目支付费用给居民纳税人时，应预提所得税，其税率不超过10%。若纳税人在支付费用时，尚未完成网上纳税人身份识别号的注册登记，则预提所得税税率将在原税率基础上提高50%。具体项目包括履行合约（包括分包合同、任何书面或非书面形式的续约合同或协议等）、销售货物，还有制造、加工和改造，最后是印刷、包装或装订业务。另外，特定业务费用支付适用特殊的税率。

表4-5　　孟加拉国企业所得税适用税率

企业类型	税率（%）
一般行业（除特殊行业中列明的行业外）	
（1）上市公司	22.5

① 国家税务总局国际税务司发布的2022年版《中国居民赴巴基斯坦投资税收指南》，第29页。

续表

企业类型	税率（%）
（2）非上市公司（包括以营利为目的的法人团体）	30
特殊行业	
（1）商业银行	37.5
（2）除商业银行以外的金融机构，如其他银行、保险机构	
①上市公司	37.5
②非上市公司	40
（3）烟草公司	45
（4）社会合作社（非农产业及家庭手工业）	15
（5）移动电话运营商	
①上市移动电话运营商	37.5
②非上市移动电话运营商	40
（6）服装制造商	
①持有环保认证	10
②未持有环保认证	12
（7）个人独资企业	25

资料来源：国家税务总局国际税务司发布的2022年版《中国居民赴孟加拉国投资税收指南》，第15页。

中、孟的税率差异较大，虽然两国在税率规定对居民企业与非居民企业上具有统一性，但是中国的税率结构更为简单，只有两种税率25%与20%，而孟加拉国则是对不同类型的企业规定了不同的税率，还对不同业务的不同金额规定了不同的预提所得税税率，税制结构相对比较复杂。

五、尼泊尔

尼泊尔目前的企业所得税税率根据行业特征适用不同的税率（见表4-6），非居民所得税率为25%。非居民从事旅客运输、海运、空运按5%征税。资本利得税的税率为10%。

表 4－6　　尼泊尔行业企业所得税率

行业	业务性质	税率（%）
特殊行业、出口行业	符合《2019 年工业企业法》的特殊行业/出口业务	20
金融	银行及其他金融机构	30
石化	根据《1983 年尼泊尔石油法》从事石油业务	30
烟草相关	从事烟草、雪茄、咀嚼烟草、酒类和啤酒等贸易	30
其他	电信、网络服务、货物期货、证券交易	30
合作社	直辖市	5
	次都市区	7
	都市区	10
信托	已故和残疾人士设立的信托	适用自然人税率
上述行业之外	从事路桥、缆车电车、水电站等公共基础设施的修建和运营的企业，信息科技企业等	25
汇出所得	常设机构汇至非居民	5

注：“特殊行业”指《2019 年工业企业法》第 15 节中分类的烟草，雪茄的生产，酒类，制造业，农林业，矿业等。

资料来源：国家税务总局国际税务司发布的 2022 年版《中国居民赴尼泊尔投资税收指南》，第 18 ~ 19 页。

中、尼两国均对从事公共基础设施建设、信息科技企业、制造业、农林矿业等行业企业所得税给予了低税率税收优惠。如尼泊尔对上述行业企业按 20% 或 25% 的低税率征税。中国则规定对特定的符合国家优惠标准的高新技术企业和技术先进型服务企业，减按 15% 的税率征收企业所得税；对企业从事农、林、牧、渔业的所得免税等。这些行业与公共利益和经济稳定发展密切相关，给予其税收优惠符合税收宗旨。不过中、尼两国企业所得税也存在差异。从税率的档次和高低来看，尼泊尔的企业所得税的税率档次比中国要多，最高税率要比中国高。中国企业所得税基本税率只有两档，除特殊税收优惠政策外，所有行业企业的适用税率相同，最高税率为 25%。而尼泊尔企业所得税基本税率有四档，根据行业特征不同适用税率也不同，最高税率为 30%。从非居民企业的适用税率来看，尼泊尔对于境内设有常设机构、场所的非居民企业适用税率比中国要高，对于从事运输行业的非居民企业还有优惠税率。

六、斯里兰卡

根据斯里兰卡税务局于 2020 年 4 月颁布的《国内税收法》修正案，自

2020年1月1日起，斯里兰卡的企业所得税率分为四个档次，分别为40%、24%、18%和14%。其中，企业所得税一般税率为24%。除资本利得（缴纳资本利得税，税率为10%）外，斯里兰卡不同的居民企业的应税所得适用不同的企业所得税税率（见表4－7）。

表4－7　企业所得税税率

<table>
<tr><th>企业/经营类型</th><th>税率（%）</th></tr>
<tr><td>一般税率</td><td>24</td></tr>
<tr><td>一般中小企业*</td><td rowspan="14">14</td></tr>
<tr><td>货物和服务出口</td></tr>
<tr><td>农业加工</td></tr>
<tr><td>教育服务</td></tr>
<tr><td>旅游推广服务</td></tr>
<tr><td>建筑服务</td></tr>
<tr><td>医疗健康服务</td></tr>
<tr><td>从居民企业收到的股息</td></tr>
<tr><td>注册于斯里兰卡投资委员会的出口公司收到有关健康防护的设备及产品，并供应给卫生部、卫生服务部、斯里兰卡陆军、斯里兰卡海军、斯里兰卡空军、斯里兰卡警察等</td></tr>
<tr><td>销售宝石和珠宝</td></tr>
<tr><td>2021年1月1日或之后但2021年12月31日之前在斯里兰卡证券交易委员会许可的科伦坡证券交易所上市的公司</td></tr>
<tr><td>自2021年4月1日起，使用可再生能源向国家电网供电</td></tr>
<tr><td>其他特定行业**</td></tr>
<tr><td>制造业</td><td>18</td></tr>
<tr><td>收入来源于博彩、烟草和酒类业务的企业（该类收入为其他业务所带来的附属收入除外）</td><td>40</td></tr>
</table>

注：*根据斯里兰卡《国内税收法》，一般中小企业是指同时满足下列条件的企业：（1）股东不存在法人实体；（2）年收入额不超过500 000 000卢比。

**其他行业特定行业包括：（1）再出口、轻加工、转口贸易；（2）未进入斯里兰卡境内的海外跨国贸易；（3）海外前端服务；（4）与资金融通、收款相关的总部运营管理服务；（5）如保税仓、在斯里兰卡境内跨国合营等形式的物流服务；（6）转运服务；（7）货运代理；（8）向出口商提供的、与出口业务直接关联的服务；（9）生产用于出口的非传统商品；（10）船只修理服务；（11）软件研发、系统集成等计算机相关服务；（12）斯里兰卡中央银行授权下的外汇买卖业务。

资料来源：国家税务总局国际税务司发布的2022年版《中国居民赴斯里兰卡投资税收指南》，第19～20页。

斯里兰卡居民企业向非居民企业支付相关费用时需为非居民企业代扣代缴

预提所得税，具体情况如表 4 –8 所示。

表 4 –8　　　　　　　　非居民企业预提所得税率

项目	2020 年 4 月 1 日前适用税率（%）	2020 年 4 月 1 日后适用税率（%）
经营所得	14	14
博彩所得	14	14
资本利得	10	10
股息红利	14	免征
利息	14（支付方为非金融机构）	5
	5（支付方为金融机构）	
特许权使用费	14	14
服务费/保险费	14	14
租赁费	14	14
运输/电信费	2	2

资料来源：国家税务总局国际税务司发布的 2022 年版《中国居民赴斯里兰卡投资税收指南》，第 31 页。

如果税收协定税率低于《国内税收法》规定的预提所得税税率，可向税务局提出申请，允许扣缴义务人适用税收协定税率。

中、斯两国都将企业所得税税率结构设置为比例税率。中国的企业所得税基本税率是 25%，同时实行了两档优惠税率 20% 和 15%，针对未设立机构、场所的，或者虽设立机构、场所但取得的所得与其所设机构、场所没有实际联系的非居民企业设置了 10% 的税率。斯里兰卡的企业所得税基本税率是 24%，同时实行两档优惠税率 18% 和 14%，一档控制特定行业发展的高税率 40%，斯里兰卡将资本利得所得单独作为资本利得税计征，税率为 10%，非居民企业则需要对不同来源的所得缴纳预提税，税率有 14%、10%、5% 三档。从税率设置上看，斯里兰卡比中国税率档次多得多，且规定复杂。其基本税率比我国低，较低的比例税率更能吸引国际投资，增强税制竞争力，促进经济发展。斯里兰卡设置税率不仅有优惠税率，还有限制税率，通过不同的税率规定对不同企业的发展进行控制。其优惠税率比我国的低，更能体现其优惠力度，更好地支持相关企业的发展。针对非居民企业也是根据不同的来源收入设置不同的预提税率。整体来看，我国税率设置略显单一化，在调节产业结构上作用不足斯里兰卡，但斯里兰卡设置税率过多，征收管理难度较大。

七、不丹

不丹 2001 年《所得税法》规定，对于公司所得税，承担全额纳税义务的国有企业的所得税税率应为净利润的 30%，除国有企业外，承担全部纳税义务的公司的所得税税率应为净利润的 25%。对于营业所得税，负有完全纳税义务的公司按 30% 的税率缴纳所得税。负有有限纳税义务的公司（即非居民企业），其所得税税率为：常设机构，净利润的 25%；承包商和咨询，合同总价的 3%；利息和特许权使用费，总额的 5%；股息收入，总额的 10%。其他收入应按不同的税率缴纳预提所得税。

中、不两国均对居民企业和负有有限纳税义务的非居民企业设定了不同的税率，不同的是，不丹公司所得税根据产权结构划分了不同的税率，国有企业适用更低的税率。此外，不丹还对非居民企业的不同类型的收入分别规定了不同的税率。

八、马尔代夫

马尔代夫企业所得税税率不区分居民企业和非居民企业，所有的企业所得税纳税义务人均采用相同的税率，即在一个纳税年度内，企业的应税利润在 50 万卢菲亚及以下，适用零税率；应税利润超过 50 万卢菲亚的部分，适用 15% 的税率（见表 4－9）。

表 4－9　　企业所得税税率

利润总额（卢菲亚）	税率（%）
≤500 000	0
>500 000	15

资料来源：国家税务总局国际税务司发布的 2022 年版《中国居民赴马尔代夫投资税收指南》，第 16 页。

马尔代夫对非居民企业征收预提税的税率根据应税所得的性质不同而税率不同，其中雇员预提税的税率根据每月员工税前薪酬分为五个级距，当税前薪酬不超过 6 万卢菲亚时，税率为 0%；超过 6 万卢菲亚但不超过 10 万卢菲亚，税率为5.5%；超过10万卢菲亚但不超过15万卢菲亚，税率为8%；超过15万卢菲亚但不超过20万卢菲亚，税率为12%；超过20万卢菲亚，税率为15%。并且员工的总收入应在扣除已支付的养老金之后计算而得，相关税款应按每个收入等级分别计算（见表4－10）。

表4－10　　雇员预提税税率

员工税前薪酬（卢菲亚/月）	税率（%）
≤60 000	0
60 001～100 000	5.5
100 001～150 000	8
150 001～200 000	12
>200 000	15

资料来源：国家税务总局国际税务司发布的2022年版《中国居民赴马尔代夫投资税收指南》，第25页。

此外，非居民预提税针对非居民企业的不同收入来源采取不同的适用税率，其中，马尔代夫对特许权使用费、用于研发活动的费用、使用电脑软件而支付的费用以及对某些特定的支付款项给非居民企业的款项按总金额的10%征收预提税，这里的特定款项支付包括与马尔代夫境内不动产有关的租金或其他因使用厂房、机器、设备和其他财产从事商业活动而支付的类似款项等七个项目支付。

资本利得的税率与企业所得税相同。但是当前马尔代夫的《所得税法》和《所得税规定》中没有对资本利得的税率另行规定。

第四节　应纳税所得额比较

一、中国

中国应纳税所得额是企业所得税的计税依据，按照《企业所得税法》的规定，应纳税所得额为企业每一个纳税年度（1月1日至12月31日）的收入总额，减除不征税收入、免税收入、各项扣除以及允许弥补的以前年度亏损后的余额。其基本公式为：应纳税所得额 = 收入总额 − 不征税收入 − 免税收入 − 各项扣除 − 允许弥补的以前年度亏损。中国企业应纳税所得额的计算以权责发生制为原则，属于当期的收入和费用，不论款项是否收付，均作为当期的收入和费用；不属于当期的收入和费用，即使款项已经在当期收付，均不作为当期的收入和费用。应纳税所得额的正确计算直接关系到国家财政收入和企业的税收负担，并且同成本、费用核算关系密切。因此，《企业所得税法》对应纳税所得额计算作出了明确规定，主要内容包括收入总额、扣除范围和标准、资产的税务处理、亏损弥补等。

企业的收入总额包括以货币形式和非货币形式从各种来源取得的收入，具体有：销售货物收入，提供劳务收入，转让财产收入，股息、红利等权益性投资收益，利息收入，租金收入，特许权使用费收入，接受捐赠收入，其他收入。企业取得收入的货币形式，包括现金、存款、应收账款、应收票据、准备持有至到期的债券投资以及债务的豁免等；纳税人以非货币形式取得的收入，包括固定资产、生物资产、无形资产、股权投资、存货、不准备持有至到期的债券投资、劳务以及有关权益等，这些非货币资产应当按照公允价值确定收入额，公允价值是指按照市场价格确定的价值。

企业的不征税收入和免税收入是国家为了扶持和鼓励某些特殊的纳税人和特定的项目，或者避免因征税影响企业的正常经营，对企业取得的某些收入予以不征税或免税的特殊政策，或准予抵扣应纳税所得额，或者是对专项用途的资金作为非税收入处理，减轻企业的税负，增加企业可用资金，促进经济的协调发展。

1. 不征税收入

（1）财政拨款，是指各级人民政府对纳入预算管理的事业单位、社会团体等组织拨付的财政资金，但国务院和国务院财政、税务主管部门另有规定的除外。

（2）依法收取并纳入财政管理的行政事业性收费、政府性基金。行政事业性收费是指依照法律法规等有关规定，按照国务院规定程序批准，在实施社会公共管理，以及在向公民、法人或者其他组织提供特定公共服务过程中，向特定对象收取并纳入财政管理的费用。政府性基金，是指企业依照法律、行政法规等有关规定，代政府收取的具有专项用途的财政资金。

（3）国务院规定的其他不征税收入，是指企业取得的，由国务院财政、税务主管部门规定专项用途并经国务院批准的财政性资金以及其他规定专项用途并经批准的财政性资金以及全国社会保障基金及基本养老保险基金管理机构在国务院批准的范围内取得的收益。

2. **免税收入**

免税收入包括如下。

（1）国债利息收入。为鼓励企业积极购买国债，支援国家建设，税法规定，企业因购买国债所得的利息收入，免征企业所得税。

（2）符合条件的居民企业之间的股息、红利等权益性收益，是指居民企业直接投资于其他居民企业取得的投资收益。

（3）在中国境内设立机构、场所的非居民企业从居民企业取得与该机构、场所有实际联系的股息、红利等权益性投资收益。该收益不包括连续持有居民企业公开发行并上市流通的股票不足12个月取得的投资收益。

（4）符合条件的非营利组织的收入。

《企业所得税法》规定，企业实际发生的与取得收入有关的、合理的支出，包括成本、费用、税金、损失和其他支出，准予在计算应纳税所得额时扣除。

（1）成本，是指企业在生产经营活动中发生的销售成本、销货成本、业务支出以及其他耗费，即企业销售商品（产品、材料、下脚料、废料、废旧物资等）、提供劳务、转让固定资产、无形资产（包括技术转让）的成本。

（2）费用，是指企业每一个纳税年度为生产、经营商品和提供劳务等所发生的销售（经营）费用、管理费用和财务费用。已经计入成本的费用除外。

（3）税金，是指企业发生的除企业所得税和允许抵扣的增值税以外的各项税金及其附加，即企业按照规定缴纳的消费税、城市维护建设税、关税、资源税、土地增值税、房产税、车船税、城镇土地使用税、印花税、教育费附加等产品销售税金及附加。这些已纳税金准予在税前扣除，准予扣除的方式有两种：一是在发生当期扣除；二是在发生当期计入相关资产的成本，在以后各期分摊扣除。

（4）损失，是指企业在生产经营活动中发生的固定资产和存货的盘亏、毁损、报废损失，转让财产损失，呆账损失，坏账损失，自然灾害等不可抗力因素造成的损失以及其他损失。

（5）其他支出，是指除成本、费用、税金、损失外，企业在生产经营活动中发生的与生产经营活动有关的、合理的支出。

在计算应纳税所得额时，下列项目可按照实际发生额或规定的标准扣除。

（1）工资、薪金支出。

（2）职工福利费、工会经费、职工教育经费。

（3）社会保险费。

（4）利息费用。

（5）借款费用。

（6）汇兑损失。

（7）业务招待费。

（8）广告费和业务宣传费。

（9）环境保护专项资金。

（10）保险费。

（11）租赁费。

（12）劳动保护费。

（13）公益性捐赠支出。

（14）有关资产的费用。

（15）总机构分摊的费用。

（16）资产损失。

（17）依照有关法律、行政法规和国家有关税法规定的准予扣除的其他项目。如会员费、合理的会议费、差旅费、违约金、诉讼费用等。

（18）手续费及佣金支出。

（19）根据《企业所得税法》第二十一条规定，对企业依据财务会计制度规定，并实际在财务会计处理上已确认的支出，凡没有超过《企业所得税法》和有关税收法规规定的税前扣除范围和标准的，可按企业实际会计处理确认的支出，在企业所得税税前扣除，计算其应纳税所得额。

（20）企业维简费支出。

（21）企业参与政府统一组织的棚户区改造支出。

（22）根据《财政部 税务总局关于金融企业贷款损失准备金企业所得税税前扣除有关政策的公告》中规定的项目不得扣除。

在计算应纳税所得额时，以下支出不得扣除。

（1）向投资者支付的股息、红利等权益性投资收益款项。

（2）企业所得税税款。

（3）税收滞纳金，是指纳税人违反税收法规，被税务机关处以的滞纳金。

（4）罚金、罚款和被没收财物的损失，是指纳税人违反国家有关法律、法规规定，被有关部门处以的罚款，以及被司法机关处以的罚金和被没收财物。

（5）超过标准的捐赠支出。

（6）赞助支出，是指企业发生的与生产经营活动无关的各种非广告性质支出。

（7）未经核定的准备金支出，是指不符合国务院财政、税务主管部门规定的各项资产减值准备、风险准备等准备金支出。

（8）企业之间支付的管理费、企业内营业机构之间支付的租金和特许权使用费，以及非银行企业内营业机构之间支付的利息。

（9）与取得收入无关的其他支出。亏损，是指企业按照《企业所得税法》及其《实施条例》的规定，将每一纳税年度的收入总额减除不征税收入、免税收入和各项扣除后小于零的数额。

二、印度

印度的应纳税所得额等于公司的收入总额，减除不征税收入、免税收入、成本费用和各项扣除及允许弥补的以前年度亏损后的余额为应税所得。应税所得乘以适用税率后为所得税的应纳税额，在此基础上，再计算出附加税、地方税、附加教育税，为所得税的应纳税总额①。印度没有专门的企业所得税法，只有一部囊括各类纳税人、各种所得的所得税法，该法将所得分为工薪所得、房产收入、商业或职业的利润和收益、资本利得和其他来源收入，并分别规定了各类所得的纳税义务、扣除项目及减免等内容。对企业来说，除了工薪所得，其他各类所得都要缴纳企业所得税。但是，税法规定，如果房产用于商业或职业，则在“商业或职业的利润和收益”项纳税。因此，印度企业的收入总额仅包括商业或职业的利润和收益、资本利得和其他来源收入。其中，商业或职业的利润和收益指的是任何商业或职业上的所得，主要包括销售货物所得和提供劳务所得；资本利得是指从转让资本资产中得到的利润或利得，资本资产是指纳税人拥有的任何动产、不动产、无形资产、无形权利等，不管是否与其营业或职业相关联；其他来源所得涵盖了很多内容，包括了股息，红利，利息，机器、厂房或家具的租赁所得，特许权使用费等②。

印度所得税法中规定的一些免税收入，包括合伙企业的股份收益、长期资本利得、境外劳务所得、政府债券收入、救济基金收入、农业所得。印度税法的扣除项目没有一个集中的规定，而是在不同类别的所得项下规定了各自的扣除项目，而绝大多数都集中在“商业或职业利润和收益”项下。因此，这里仅介绍该项下的扣除项目，具体如下：（1）用于商业或职业目的的房屋的租金、维修费和保险。允许下列扣除：被纳税人占用的房屋：作为承租人所支付的租金和相关维修费用，准予扣除；为防范房屋损坏或被破坏的风险而支付的任何保险金额，准予扣除。（2）可以税前扣除的税费包括土地收益税、地方收费或市政税、印花税等。（3）用于商业或职业目的的机械、厂房或家具的

---

① 国家税务总局国际税务司发布的2022年版《中国居民赴印度投资税收指南》，第24页。

② 引自印度政府所得税部门（Income Tax Department Government of India）《1961年所得税法》第28部分。

修理和保险。允许下列扣减：当前维修而支付的金额，因保险而支付的任何保险费金额，以防范其损害或破坏风险①等。

根据以上内容，中、印两国应纳税所得额比较分析如下：一是中、印两国的收入总额在分类上存在很大差异，但是所包含的具体内容基本相同。印度所得税法对收入的分类没有中国的那么细致，显得比较粗略，这跟印度所得税法本身的体系有很大关系。二是在免税收入和扣除项目上，中、印两国对于具体的免税收入与扣除项目上存在一定差异，且印度的免税收入与扣除项目没像中国那样作出集中规定，而是在不同所得项下分别进行规定。

三、巴基斯坦

在符合巴基斯坦《2001 年所得税条例》规定的前提下，任何纳税人在纳税年度有应税所得的，均应当根据针对个人和组织的税率及针对公司的税率中规定的一个或多个税率，缴纳该纳税年度的所得税。纳税人在某个纳税年度应缴纳的所得税的计算方法：将纳税人在该年的应纳税所得额减去该纳税人在该年度享受的税收抵免的余额，乘《2001 年所得税条例》规定的适用于该纳税人的一个或多个税率，再扣除税收优惠的减免税额即为应纳税额。如果纳税人在某个纳税年度享有多项税收抵免，则应当按照有关顺序使用这些抵免。特定类别的收入（包括特定类型纳税人的收入）可以享受规定的优惠。如果根据其法令的规定，所得税应当在源泉扣缴或者应当提前征收或缴纳的，则应按照规定进行扣缴、征收或缴纳。在巴基斯坦之外成立的公司的分公司的税率，与公众公司和银行公司以外的居民公司的税率相同。除了从事石油和天然气勘探生产业务的公司外，向总公司转移利润征收 12.5% 的税款。非居民企业向居民企业出售货物、提供专业服务和与其签订合同时，居民企业应进行源泉扣缴。在其他情况下，按 0% 的税率缴纳预提所得税。

中、巴的应纳税所得额的计算存在广泛的差异，这同样与两国的不同计税方式有关，巴基斯坦的一些特定税目并不纳入一般的应纳税所得额，而是单独征税。此外，对一些资产的税务处理也有不同，以存货计价与固定资产折旧计提为例，中国的企业对存货成本的计算方式有先进先出法、加权平均法、个别计价法，一经选用就不得随意变更，企业转让存货时，存货的净值可以从应纳税所得额中扣除；企业的固定资产从投入使用月份的次月起计算折旧，停止使

① 引自印度政府所得税部门（Income Tax Department Government of India）《1961 年所得税法》第 30 部分。

用的固定资产在停止使用月份的次月停止计提折旧，固定资产按照直线法计算的折旧准予扣除。而巴基斯坦规定存货应当按成本或者市场价格孰低的原则进行列示，可采用先进先出法和平均成本法，记账和纳税申报的计价方法应当具有一致性，并且存货的计价方法应当被持续地使用；固定资产折旧则一般使用余额递减法计提税务折旧费用，纳税人在拥有应计折旧资产期间可扣除的总额不得超出该资产的成本。如果在某个纳税年度，纳税人处置了某项应计折旧的资产，则该资产在该年度不得扣除任何折旧，而如果所获得的对价超出了该资产在被处置之时的账面净值，则超出的部分应当在该年度的“业务收入”科目下进行征税；如果所获得的对价低于该资产在被处置之时的账面净值，则在计算纳税人在该年度的“业务收入”科目的应纳税所得额时，可以扣除此差额；如果某资产部分用于获取应纳税所得，部分用于其他用途，那么该资产的账面净值应加上不允许扣除的部分。

四、孟加拉国

孟加拉国除了规定对应征收所得税的所得类型外，还详细地规定了免税收入、其他形式的所得以及允许税前扣除的项目，纳税人取得经营收入而产生的支出，若不属于资本性支出或个人消费，则可以在所得税税前全额扣除，但是海外差旅费、业务招待费等十类项目只能在规定范围内扣除。除此之外，纳税人向员工支付的工资或报酬，若员工的月工资超过 1.5 万塔卡，则应通过支票或银行转账的方式支付，否则不得在企业所得税税前扣除。企业在企业所得税年度纳税截止日后向员工支付的工资薪金，如若员工未能在申报期限内就该部分申报纳税或未报批延期申报，则该部分工资薪金不得在企业所得税税前扣除。未向税务机关提交员工个人所得税申报信息的员工薪金，不得在企业所得税税前扣除。集团总部及集团内部公司间发生的管理费用不得税前扣除。向员工支付的任何薪资要求获取电子纳税人身份识别号。若纳税人向员工支付工资或报酬时未取得纳税人身份识别号，则支付给员工的薪资将不能在税前进行抵扣。此外，纳税人支付以下款项时，若收款人未取得电子纳税人身份识别号，相关费用不得税前扣除。

中、孟的应纳税所得额规定存在广泛的差异，尤其体现在一些特定政策与扣除项目上，中国为了减少企业的负担以及促进经济发展，规定了不征税收入，这部分收入主要来自财政拨款、纳入财政管理的行政性收费、政府性基金以及其他财政性资金，孟加拉国没有类似的规定。其次，中国对于支出是否作为费用或者资本化由税法明确规定，而孟加拉国并没有对企业支出资本化或费用化有明确的划分规定。最后，孟加拉国不仅在免税收入规定的具体项目与中国不同，对一些资产的税务处理也有所不同，以固定资产折旧计提为例，中国规定企业会在固定资产投入使用月份的次月起计算折旧，停止使用的固定资产在停止使用月份的次月停止计提折旧，固定资产按照直线法计算的折旧准予扣除。而孟加拉国固定资产折旧对各类不同类别的资产规定了不同的折旧率计提税务折旧费用，这部分费用允许税前扣除。两国对于不可扣除项目的规定也存在差异，例如中国主要针对不合理或超过标准的慈善捐款、非法贿赂回扣等，孟加拉国则是针对超出标准的工资报酬或者是未取得电子纳税人身份识别号的纳税人。

五、尼泊尔

计算尼泊尔企业所得税时，通常对每一主要来源的应纳税所得净额都进行分别计算后再加总后计算应纳税所得总净额。每一主要来源的所得有不同的计算规则，允许扣除正常支出、损失以及资产折旧。税收上对商业所得采用权责发生制，但有的商业所得则采用收付实现制。

在税前扣除方面，税法规定利息、存货成本、修缮成本、污染控制成本以及研发费用都能扣除。只有持有永久登记账号的雇员相关的费用才可扣除，即电子预提扣税表必须披露 PAN① 信息。1 000 尼泊尔卢比以上的营业或投资费用的扣除必须获得有 PAN 信息的增值税发票。通常，以下费用不得从经营（或投资）所得中扣除：家庭或个人费用；《所得税法（2002）》规定的应纳所得税额、罚款以及因违反任何法律法规或规章制度的类似惩罚；获得豁免所带来的支出以及最终付款；企业利润分配；年营业额超过 200 万尼泊尔卢比且个人现金支付超过 5 万尼泊尔卢比，特定情况除外；资本性支出或境外所得税；法律规定的其他情况。

通常，企业购进存货以实际付款额和相关税费为成本。在计算企业存货交易的成本时，如果实行现金收付制记账，则采用成本价格法或消费成本法；如果企业以权责发生制为记账基础，则使用消费成本法。如果企业无法确定业务存量，该人可以选择先进先出法或平均成本法来计算存量成本。消耗成本法是指，按工厂直接材料成本、直接人工成本和间接成本之和，来计算存货交易的成本。成本价格法计算是指，存货成本等于直接材料成本、直接人工成本和工厂可变间接费用的总和来计算存货成本。此外，税法还规定企业折旧资产包括

① 永久税务登记账号。

建筑、计算机、机器设备、家具及交通工具等，符合条件的资产可以加速折旧。《所得税法（2002）》附表2将资产按类型划分为五种：A、B、C、D和E（见表4－11）。

表4－11　　尼泊尔资产折旧率

类别	资产类型	折旧率（%）
A	房屋、建筑物及类似永久性构造物	5
B	计算机、数据处理设备、固定装置、办公家具及办公设备	25
C	汽车、公交车及小型公共汽车	20
D	建筑与运土设备及其他（包括污染控制资本化支出以及研发费用）	15
E	无形资产	以其使用年限按直线法摊销

资料来源：国家税务总局国际税务司发布的2022年版《中国居民赴尼泊尔投资指南》，第25页。

中、尼两国企业所得税应纳税额主要存在以下差异。

一是免税项目的差异。中国的免税项目主要包括国债利息收入、居民企业股息、权益性投资收入和非营利组织收入等。尼泊尔的免税项目主要包括政府拨付的资金、非营利组织收入和农业业务收入、来自任何企业的股息等。其中国债利息是中国免税而尼泊尔不予免税的。

二是捐赠扣除的差异。中国税法规定企业发生的捐赠支出，不超过年度利润总额12%的部分，准予扣除；超过部分，准予以后3年内在计算应纳税所得额时结转扣除。而尼泊尔税法规定企业有10万尼泊尔卢比的赠与减免，但每财年不得超过调整后应纳税所得的5%，超过部分不得结转。尼泊尔的捐赠扣除计算基础为调整后的应纳税所得额，而中国是企业的利润总额。尼泊尔捐赠扣除的标准既有定率标准又有定额标准，而中国仅有定率标准。

三是利息费用的扣除。中国税法规定，企业支付给关联企业的利息支出不超过规定比例（关联方债权性投资与其权益性投资比例）计算的部分，准予扣除，超过部分不得结转。尼泊尔税法规定，对于支付给关联企业的利息应不超过该实体当年可调应纳税所得额的50%，计算时不包括该实体产生的任何利息，也不扣除该实体支付的任何利息，超过部分可结转至下一年度。

四是资产的折旧和摊销。中国税法规定对固定资产的折旧采用的是直线法，并且规定了最低的折旧年限，部分符合条件的固定资产可以采用加速折旧法，采取缩短折旧年限方法的，最低折旧年限不得低于规定折旧年限的60%，采取加速折旧方法的，可以采取双倍余额递减法或者年数总和法。尼泊尔对固定资产的折旧采用的是计税基础乘以折旧率的方法。对于无形资产的摊销，尼泊尔和中国一样采用直线法，但并没有规定其最低折旧年限，而中国则规定无形资产折旧年限最少为 10 年。

六、斯里兰卡

斯里兰卡应纳税所得额是指以应税收入，扣除与收入相关的支出、成本、损失，以及减免后的所得额①。应税收入主要包括：经营收入、投资收入，以及其他收入。经营收入有服务费收入；股票交易的对价收入；转让固定资产和负债的利得收入；出售固定资产所获得的对价高于其净值的差额收入；因接受产能限制所获得的补贴收入；由于业务经营而无偿取得的赠与收入；其他与经营活动或投资收益相关的收入。投资收益有股息，利息，贴息，（出售商品/服务的）收费，年金，自然资源费，租金，保险费和特许权使用费收入；转让投资性资产所获得的利得收入；因接受对投资限制所取得的补贴收入；由于投资业务而无偿取得的赠与收入；来自彩票，投注或赌博的奖金收入；其他收入。其他收入是指除偶然收入以外的收入。此外，还规定了免税收入。

斯里兰卡企业实际发生的与取得经营收入与投资收入有关的、合理的支出（资本性质的支出除外），准予在计算应纳税所得额时扣除。除此之外，以下与生产经营相关的费用项目也可在税前扣除，包括：职工薪酬和董事费；纳税年度内使用的借款金额所产生的利息费用（对于制造业企业，扣除限额为发行股本以及储备金总额的 3 倍；对于非制造业企业，扣除限额为发行股本以及储备金总额的 4 倍）；特许权使用费；服务费与管理费；研发费用；符合条件的公益性捐赠（扣除限额为应纳税所得额的 20%，且最高不得超过 500 000 卢比）；广告宣传费；市场调研、会计和法律等咨询服务费；员工盗窃损失；对行业协会、专业机构或刊物的赞助费；经营租入和融资租入产生的租金；限额内的资产修理与改造费用，不动产的限额为账面净值的 5%，其他资产为账面净值的 20%；职工养老金缴款；农业项目的开办费；牌照、许可证费用；交通差旅费；员工辞退补偿费；职工教育经费；股票交易费用；资产实际发生的损失；折旧及摊销。斯里兰卡企业购入资产的成本以及相关资产的会计折旧不允许税前扣除，但企业可以申报扣除与生产经营的资产相关的资本减免（capital allowance），即折旧额。除商用车辆、公共汽车、小巴、货车、重型通用或

① 国家税务总局国际税务司发布的 2020 年版《中国居民赴斯里兰卡投资税收指南》，第 20 ~ 25 页。

专用卡车/拖车外，其他道路车辆不得申报资本减免。[①] 固定资产的资本减免应按直线法来计算，不同类型资产的计算年限不同：计算机以及数据处理设备（包括外围设备）；公共汽车和小巴、货车；建筑施工和挖掘设备，重型通用或专用卡车、拖车、拖车式集装箱；用于生产制造的机器设备；车辆、机车及相关设备；轮船、驳船、拖船以及类似的水运设备、飞机；公用厂房、设备和机械；办公家具、办公固定设施和设备；所有不归属于其他类别的资产计算年限为5年。永久性质的建筑物，构筑物和工程计算年限为20年。无形资产（不包括商誉）计算年限为无形资产的实际使用年份或20年（无形资产的使用年限不确定情况下适用）。

不允许扣除的项目包括：与经营业务无关的个人消费支出；与经营业务无关的差旅费用；与购买食品、饮料、烟草、住宿、娱乐等性质相关的业务招待费；与免税收入相关的支出；为员工承担的个人所得税；其他税费支出：在税收协议生效的国家支付的税款、经济服务费、金融服务缴纳的增值税和国家建设税、农作物保险费、根据《财政法》（*Finance Act*）征收的超额收入税、酒吧税、赌场税、移动运营商税、卫星定位税、豪宅税等；为员工提供的不符合规定的养老金和强制性公积金；融资租赁产生的租金中属于本金的部分；应交企业所得税额；用于未来发生的支出或损失的预提准备金支出；彩票、投注或赌博产生的费用，或者从事彩票、投注或赌博性质的商业活动产生的费用；因违法而支付给任一国家政府机构的罚金和罚息。

中、斯两国计税依据比较分析如下。

一是收入构成比较分析。中、斯两国对企业所得税的各种收入进行了明确划分，根据不同类型收入的不同特点，来规定不同的确认方式。中国将收入划分为九大类，斯里兰卡将收入划分为三大类，但每一大类下所包含的具体内容与我国九大类具体内容相差不大，只是所归类别有差异。

二是不征税和免税收入比较分析。中国《企业所得税法》规定了不征税收入和免税收入，不征税收入主要来自财政拨款、依法收取并纳入财政管理的行政事业性收费、政府性基金以及其他财政性资金，不征税的原因主要是这些收入本身来自财政资金或是为政府项目所收的资金，直接不征税符合财政的管理要求。免税收入主要是国债利息收入、符合条件的居民企业之间的股息、红利等权益性收益、符合条件的非营利组织的收入。免税的原因在于以税收政策鼓励社会购买国债、鼓励对境内居民企业的长期投资以及对非营利组织的支出。斯里兰卡规定了免税收入，这些免税收入与我国不征税收入和免税收入涵

① 国家税务总局国际税务司发布的2022年版《中国居民赴斯里兰卡投资税收指南》，第20～25页。

盖面差异不大，斯里兰卡免税项目主要有：（1）来自财政拨款、依法收取并纳入财政管理的行政事业性收费、政府性基金以及其他财政性资金（从斯里兰卡政府、当地的权力机关、中央银行（包括货币委员会）取得的收入；符合相关规定的大学机构、私立学校、外国政府、国际组织取得的收入；总统或政府颁发的表彰研究发明的奖项收入；总统基金或国防基金获得的款项）。（2）符合条件的居民企业之间的股息、分红。（3）经批准的慈善组织获得的利息收入。这些免税收入与我国的不征税收入和免税收入规定相一致。最大不同在于斯里兰卡对于人身伤亡所获赔偿和已在宗教事务部门注册的宗教机构收到的捐赠收入划归为了免税收入，而在我国企业所得税法中没有此规定。

三是扣除项目比较分析。中、斯两国企业所得税制度中关于准予扣除的项目基本一致，跟生产经营相关的项目基本上都能得到扣除，利息、税金、损失、折旧、摊销等扣除是两国所得税制度相同的地方。不可扣除的项目主要包括：违法而支付给任何一个国家政府机构的罚金和罚息支出；与经营业务无关的个人消费支出、差旅费用；应交企业所得税额；用于未来发生的支出或损失的预提准备金支出等与中国的企业所得税制度设计基本一致。这主要是因为，确定准予扣除和不准予扣除的基本原则是依据是否与生产经营业务密切相关，是否是企业的支出，按照权责发生制是否可以作为当期的费用进行扣除。这就是税前扣除的权责发生制原则、相关性原则、合理性原则。

四是折旧、摊销比较分析。中、斯两国在固定资产的折旧、无形资产的摊销等，都采用的是直线法来计提折旧。两国对固定资产的折旧年限存在一定差异，斯里兰卡对于建筑物折旧年限与我国一致，为 20 年。其余规定年限均为 5 年，而我国有 10 年、5 年、4 年、3 年等根据折旧物性质的不同作出不同的年限规定；两国在无形资产的摊销上差异不大，斯里兰卡对于无形资产（不包括商誉）摊销，按无形资产的实际使用年份计算，无形资产的使用年限不确定情况下则按 20 年计算。中国无形资产的摊销年限规定则是不得低于 10 年，作为投资或者受让的无形资产，有关法律规定或者合同约定了使用年限的，可以按照规定或者约定的使用年限分期摊销。

七、不丹

通常来讲，不丹所得税是对收入减去可列支的成本和折旧后的毛所得征税。完全和专门为生产经营而发生的费用，可以税前列支。不丹 2017 年的《不丹王国所得税法案施行条例》对税前列支扣除做了某些限制规定，对超出限制的费用不允许列支。具体限制规定如下：奖金，应付奖金总额不超过审核净利润的10%，或员工2个月的基本工资，以较低者为准；医疗费用，每年每个员工的实际治疗费用的最高限额为50 000努；人力资源开发费用，如果发生的费用超过核定流转额的1%，则全部费用必须在今后的3年内平均分摊；开办费用，需要在经营的头3年里平均摊销；达到审定流转额2%的研发费用（如果研发费用超过审定流转额2%，则该费用将全额资本化，并在未来的3年内进行折旧）；销售和营销支出达到审定净利润2%的招待费用、达到评估净利润2%的宣传和广告费；坏账，如果债务为5年或以上，限额为每个债务人25 000努（如果企业是金融机构，每个债务人金额不超过100 000努的坏账可以注销）。注销的坏账，如果以后又收回的，应作为所得缴税。对于存货的计价，不丹的《所得税法（2001）》规定纳税人可以选择按以下原则进行存货的计价：成本价格，包括关税、消费税、销售税、运费和保险费；或生产的实际成本。在第一年纳税年度使用的计价方法一经确认，不得改变。企业固定资产采用直线法按规定的比率计提折旧，税法规定的折旧率是最高折旧率，纳税人可以选择一个较低的折旧率。纳税人每年达到25 000努的小型资产，可直接摊销①。

从应纳税额的费用扣除来看，中、不两国都允许企业在税前扣除合理的成本费用，但对于具体扣除项目的限制条件存在差异。第一，对于雇佣费用，中国允许按企业实际发放的工资、薪金、奖金等费用税前扣除，而不丹对于超过规定比例的奖金不予扣除。第二，对于广告费和宣传费，中国允许企业扣除不超过当年销售收入的15%的部分，超过部分准予结转至以后年度。而不丹规定允许扣除的广宣费不得超过评估净利润的2%，超过部分不得结转。第三，对于贷款利息支出，中国规定企业从金融机构借款发生的利息支出可据实扣除，从非金融机构借款发生的利息支出不超过金融机构同期同类贷款利息支出的部分可以扣除，而不丹规定从公认的金融机构获得商业贷款利息，贷款不超过最大债资比3∶1的限制。第四，对于开办费用，中国规定企业可以在开始经营之日的当年一次性扣除，也可以按照有关长期待摊费用的处理规定，但一经选定，不得改变。作为长期待摊费用的筹办费用支出，自支出发生月份的次月起，分期摊销，摊销年限不得低于3年。而不丹对开办费用则要求企业在开办的3年内平均摊销。第五，对于企业研发费用扣除，中国规定企业研发费用可在税前据实扣除，2018年1月1日至2023年12月31日期间，企业研发费用按照实际发生额的75%，形成无形资产的，按照无形资产成本的175%在税

① 笔者根据国家税务总局国际税务司2022年版《中国居民赴不丹投资税收指南》第26～31页整理所得。

前摊销。自2021年1月1日起，制造业企业按照实际发生研发费用的100%加计扣除，形成无形资产的，按照无形资产成本的200%在税前摊销。而不丹对研发费用没有加计扣除的规定，仅允许扣除企业审定流转额2%的研发费用，如果研发费用超过审定流转额2%，则该费用将全额资本化，并在未来的3年内进行摊销。

八、马尔代夫

根据马尔代夫《所得税法》，计算得来的纳税年度应税利润金额即为马尔代夫居民企业的应纳税所得额，无论该利润是否源自、接收或转移至马尔代夫。纳税人在某个纳税年度应缴纳的所得税的计算方法：将纳税人在该年的应纳税所得额减去该纳税人在该年度可抵扣的费用，乘《所得税法》规定的适用于该纳税人的一个或多个税率，再扣除税收优惠的减免税额即为应纳税额。其中，可抵扣费用需同时满足属于收入相关而非资产相关、“完全且专门地”用于纳税人的商业活动、发生在相关纳税年度、非纳税人个人或私自发生的费用四个条件才可以抵免。此外，《所得税法》第4章第28节对租赁不动产应税所得的计算进行了特殊规定。即在马尔代夫从事不动产租赁的企业可选择将直接扣减出租收入的20%之后的收入作为应税所得；还特别规定包括开办费用、总部费用、员工福利、养老金、审计费等部分费用可以税前扣除；企业向马尔代夫税务局认可的单位、组织和公共机构捐赠，且用于伊斯兰教传播、贫穷改善、医疗、教育或其他公共设施改善，可在捐赠发生的税务年度进行抵扣，但可抵扣的最大金额不超过企业应税利润的5%。

中国与马尔代夫企业所得税的应纳税所得额的计算一般都是以权责发生制为基础，并且计算公式大体相同，不同之处在于中国的应税项目划分较细，而马尔代夫应税项目划分较为粗略。此外，对一些资产的税务处理也有不同，例如，就存货计价而言，中国企业在对存货进行成本计算时，可选择的方法有三种，分别为先进先出法、加权平均法、个别计价法，且三选一，计价方法一经选用，不得随意更改；马尔代夫《所得税法》则明确规定，企业应根据采用的会计准则对会计年度期初的存货计价，且马国税务局不承认后进先出的存货计价方法。对于固定资产，马尔代夫还规定了不同的折旧率。马尔代夫《所得税规定》第11章明确了可按4%～$33\frac{1}{3}$%的折旧率计算折旧。不同资产，折旧率不同，例如建筑物折旧率为4%，飞机、木船折旧率为7%，其他船舶、地面移动车辆折旧率为5%，家具及配件、厂房和设备（不包括办公设备）折旧率为 10%，机动车辆、办公设备折旧率为 20%，计算机软件、陶器等折旧率为 $33\frac{1}{3}\%$ 等。且当企业在一个纳税年度持有一项资产超过半年（183 天，若纳税年度为一整年），即可计提资产折旧。

第五节　亏损结转比较

一、中国

中国税法规定，企业某一纳税年度发生的亏损可以用下一年度的所得弥补，下一年度的所得不足以弥补的，可以逐年延续弥补，但最长不得超过 5 年。而且，企业在汇总计算缴纳企业所得税时，其境外营业机构的亏损不得抵减境内营业机构的盈利。自 2018 年 1 月 1 日起，当年具备高新技术企业或科技型中小企业资格（以下统称资格）的企业，其具备资格年度之前 5 个年度发生的尚未弥补完的亏损，准予结转以后年度弥补，最长结转年限由 5 年延长至 10 年。企业筹办期间不计算为亏损年度，企业自开始生产经营的年度，为开始计算企业损益的年度。企业从事生产经营之前进行筹办活动期间发生的筹办费用支出，不得计算为当期的亏损，企业可以在开始经营之日的当年一次性扣除，也可以按照税法有关长期待摊费用的处理规定处理，但一经选定，不得改变。对于税务机关对企业以前年度纳税情况进行检查时调增的应纳税所得额，凡企业以前年度发生亏损且该亏损属于《企业所得税法》规定允许弥补的，应允许以调增的应纳税所得额弥补该亏损。弥补该亏损后仍有余额的，按照《企业所得税法》规定计算缴纳企业所得税。对检查调增的应纳税所得额应根据其情节，依照《税收征收管理法》有关规定进行处理或处罚。对企业发现以前年度实际发生的、按照税法规定应在企业所得税税前扣除而未扣除或者少扣除的支出，企业作出专项申报及说明后，准予追补至该项目发生年度计算扣除，但追补确认期限不得超过 5 年。企业由于上述原因多缴的企业所得税税款，可以在追补确认年度的企业所得税应纳税款中抵扣，不足抵扣的，可以向以后年度递延抵扣或申请退税。亏损企业追补确认以前年度未在企业所得税税前扣除的支出，或盈利企业经过追补确认后出现亏损的，应首先调整该项支出所属年度的亏损额，然后按照弥补亏损的原则计算以后年度多缴的企业所得税税款，并按前款规定处理。

二、印度

印度《所得税法》规定，印度亏损弥补按以下步骤进行：第一步，在同项所得的内部来源调整，某项的亏损只能用同项的所得弥补；第二步，在同一核定年度的所得项目间调整，即某项的亏损可以用其他所得项弥补；第三步，亏损的延续弥补，即当亏损既不能在同一所得项下完全弥补，又不能在其他所得项下完全弥补，那么亏损就可以用以后年度的所得弥补，结转年限最多为8年。

可以看出，中、印两国由于所得税法体系上的不同，对亏损弥补的规定存在很大不同。中国在亏损发生后，直接用总所得去弥补。印度在亏损发生后，亏损项目弥补有先后顺序要求。另外，在弥补期限上，一般情况下，印度的弥补期限较长，为8年，中国则为5年。

三、巴基斯坦

巴基斯坦实行同样是有限期后转的亏损结转制度，允许经营亏损向后结转，这部分可以冲抵的利润必须是发生亏损的业务产生的利润，最长结转年限为6年[①]，且亏损不得向前结转。境外损失只能抵销境外收入，可以向后结转六年，但是，包括在商业亏损中的未提取的折旧允许无限期向后结转[②]。

四、孟加拉国

孟加拉国规定居民企业产生亏损时，通常情况下，亏损可以向后结转6年，但不允许向前结转。此外，企业发生的任何亏损均不能用于弥补烟草制造收入，包括香烟、雪茄烟、咀嚼烟草、其他烟草或无烟烟草制造收入。具体项目包括：第一，当期产生的经营亏损可用于抵减当期取得的任何所得，但不包括来源于住宅房产所得或投机商业所得，任何尚存结余的经营亏损可向后结转6年用于抵减未来期间内产生的经营所得；第二，当期产生的农业亏损可用于抵减当期取得的任何所得，任何尚存结余的农业亏损可向后结转6年用于抵减

① 王素荣．南亚国家的税收政策及税务筹划［J］．国际商务财会，2017（2）：7－10.

② 巴基斯坦税制概览（2007年）［EB/OL］．（2011－08－02）［2022－12－15］．http：//heilongjiang. chinatax. gov. cn/art/2011/8/2/art_5119_141042. html.

未来期间内产生的农业所得；第三，当期产生的其他亏损可用于抵减当期取得的任何所得，但尚存结余的其他亏损不可向后结转用于抵减未来期间内产生的其他所得；第四，投资性交易产生的亏损仅可以抵减投资性交易取得的所得；第五，任何亏损不得抵减烟叶经营所得；第六，对于因某项减免税所得产生的亏损不可用其他所得进行弥补。①

中国允许特定产业的亏损结转年限的延长，这有利于高新技术产业的发展，而孟加拉国并没有这类政策，而是对烟草产业做出严格的限制，这是着眼于引导产业发展以及人民的身体健康的目的而实行的政策。

五、尼泊尔

尼泊尔税法规定，任何来源（境内或境外）的所得均能对境内营业损失予以扣除，但境外投资损失则只能在境外所得中予以扣除。经营损失可结转 7 年，涉及电力与公共基础设施工程的最多可结转 12 年。国际招投标的长期合同项目损失，在税务局批准后可以向前结转。资本损失在计算净投资收益时予以扣除，余额可无限期结转。

中、尼两国均允许扣除在生产经营活动中产生的正常的损失和亏损，但尼泊尔允许的亏损结转时间比中国更长。中国允许高新技术企业和科技型企业将亏损弥补期延长至 10 年，尼泊尔将涉及公共设施建设的工程亏损弥补期延长至 12 年，这都体现出两国对特殊行业的政策扶持。

六、斯里兰卡

斯里兰卡纳税人可以从收入中扣除应纳税年度内发生的损失，未弥补亏损可自发生年度起向后结转 6 个纳税年度，但当年可扣除的损失不得结转到其他年度。未弥补的经营损失可以从经营收入或投资收入中扣减，但未弥补的投资损失只能从投资收入中扣减。

中、斯两国对亏损弥补的规定存在差异。中国在亏损发生后，直接用总所得去弥补；斯里兰卡在亏损发生后，要根据亏损的来源不同，用不同的收入去弥补。另外，在弥补期限上，一般情况下，斯里兰卡的弥补期限较长，为 6 年，中国的则为 5 年。

① 国家税务总局国际税务司发布的 2022 年版《中国居民赴孟加拉国投资税收指南》，第 36 页。

七、不丹

不丹《税法》规定，企业亏损不能向以前年度结转。所得年度发生的亏损可以向以后年度结转，最长时间为 3 年，用以冲减相同业务的利润。由于豁免债务而造成的损失不能结转。中国《税法》规定，企业某一纳税年度发生的亏损可以用下一年度的所得弥补，亏损弥补期限最长不得超过 5 年。企业在汇总计算缴纳企业所得税时，其境外营业机构的亏损不得抵减境内营业机构的盈利。自 2018 年起，高新技术企业或科技型中小企业最长结转年限可由 5 年延长至 10 年。

八、马尔代夫

马尔代夫实行同样是有限期后转的亏损结转制度，允许经营亏损向后结转，但可以进行亏损弥补的前提是，从亏损产生到亏损弥补为止，公司的业务不变，且公司至少 50% 的普通股应由相同的股东持有，自亏损发生当年度起，损失金额可以用于弥补以后年度应纳税所得额，最多可向后结转 5 年。

第六节　税收优惠比较

一、中国

中国税法规定的企业所得税的税收优惠方式包括免税、减税、加计扣除、加速折旧、减计收入、税额抵免等。具体包括：

1. 免征与减征优惠

企业的下列所得，可以免征或减征企业所得税。企业如果从事国家限制和禁止发展的项目，不得享受企业所得税优惠。

（1）从事农、林、牧、渔业项目的所得。免征包括：蔬菜、谷物、薯类、油料、豆类、棉花、麻类、糖类、水果、坚果的种植；农作物新品种的选育；中药材的种植；林木的培育和种植；牲畜、家禽的饲养；林产品的采集；灌溉、农产品初加工、兽医、农技推广、农机作业和维修等农、林、牧、渔服务业项目；远洋捕捞。减半征收包括：花卉、茶以及其他饮料作物和香料作物的种植；海水养殖、内陆养殖。

（2）从事国家重点扶持的公共基础设施项目投资经营的所得。中国《企业所得税法》所称国家重点扶持的公共基础设施项目，是指《公共基础设施项目企业所得税优惠目录》规定的港口码头、机场、铁路、公路、电力、水利等项目。①国家重点企业从事国家重点扶持的公共基础设施项目的投资经营的所得，自项目取得第一笔生产经营收入所属纳税年度起，第1年至第3年免征企业所得税，第4年至第6年减半征收（以下简称“三免三减半”）企业所得税。②企业承包经营、承包建设和内部自建自用上述规定的项目，不得享受上述规定的企业所得税优惠。③企业投资经营符合《公共基础设施项目企业所得税优惠目录》规定条件和标准的公共基础设施项目，采用一次核准、分批次（如码头、泊位、航站楼、跑道、路段、发电机组等）建设，凡同时符合以下条件的，可按每一批次为单位计算所得，并享受企业所得税“三免三减半”优惠：一是不同批次在空间上相互独立。二是每一批次自身具备取得收入的功能。三是以每一批次为单位进行会计核算，单独计算所得，并合理分摊期间费用。

（3）从事符合条件的环境保护、节能节水项目的所得。环境保护、节能节水项目的所得，自项目取得第一笔生产经营收入所属纳税年度起，享受企业所得税“三免三减半”优惠。符合条件的环境保护、节能节水项目，包括公共污水处理、公共垃圾处理、沼气综合开发利用、节能减排技术改造、海水淡化等。

（4）符合条件的技术转让所得。中国《企业所得税法》所称符合条件的技术转让所得免征、减征企业所得税，是指一个纳税年度内，居民企业转让技术所有权所得不超过500万元的部分，免征企业所得税；超过500万元的部分，减半征收企业所得税。

2. 高新技术企业优惠

国家需要重点扶持的高新技术企业减按15%的税率征收企业所得税。

3. 技术先进型服务企业优惠

自2017年1月1日起，在全国范围内对经认定的技术先进型服务企业，减按15%的税率征收企业所得税。

4. 小型微利企业优惠

小型微利企业是指从事国家非限制和禁止行业，且同时符合年度应纳税所得额不超过300万元、从业人数不超过300人、资产总额不超过5 000万元等

3 个条件的企业。2023 年 1 月 1 日至 2024 年 12 月 31 日，对小型微利企业年应纳税所得额不超过 100 万元的部分，减按 25% 计入应纳税所得额，按 20% 的税率缴纳企业所得税。

5. **加计扣除优惠**

加计扣除是指对企业支出项目按规定的比例给予税前扣除的基础上再给予追加扣除。加计扣除优惠包括以下四项内容：（1）一般企业研究开发费。研究开发费，自 2018 年 1 月 1 日至 2020 年 12 月 31 日，未形成无形资产计入当期损益的，在按照规定据实扣除的基础上，再按照研究开发费用的 75% 加计扣除；形成无形资产的，按照无形资产成本的 175% 摊销。（2）高科技型中小企业研究开发费用。科技型中小企业开展研发活动中实际发生的研发费用，未形成无形资产计入当期损益的，在按规定据实扣除的基础上，在 2017 年 1 月 1 日至 2019 年 12 月 31 日期间，再按照实际发生额的 75% 在税前加计扣除；形成无形资产的，在上述期间按照无形资产的 175% 在税前摊销。（3）企业委托境外研究开发费用与税前加计扣除。按照《财政部 税务总局 科技部关于企业委托境外研究开发费用税前加计扣除有关政策问题的通知》（财税〔2018〕64 号）的规定，企业委托境外的研究开发费用按照费用实际发生额的 80% 计入委托方的委托境外研究开发费用，不超过境内符合条件的研究开发费用 2/3 的部分，可以按规定在企业所得税税前加计扣除。（4）企业安置残疾人员所支付的工资。企业安置残疾人员所支付工资费用的加计扣除，是指企业安置残疾人员的，在按照支付给残疾职工工资据实扣除的基础上，按照支付给残疾职工工资的 100% 加计扣除。

6. **创投企业优惠**

创业投资企业从事国家需要重点扶持和鼓励的创业投资，可以按投资额的一定比例抵扣应纳税所得额。创投企业优惠，是指创业投资企业采取股权投资方式直接投资于初创科技型企业满 2 年的，可以按照其投资额的 70% 在股权持有满 2 年的当年抵扣该创业投资企业的应纳税所得额；当年不足抵扣的，可以在以后纳税年度结转抵扣。

7. **加速折旧优惠**

企业的固定资产由于技术进步等原因，确需加速折旧的，可以缩短折旧年限或者采取加速折旧的方法。可采用以上折旧方法的固定资产是指：（1）由于技术进步，产品更新换代较快的固定资产。（2）常年处于强震动、高腐蚀状态的固定资产。采取缩短折旧年限方法的，最低折旧年限不得低于规定折旧年限的 60%；采取加速折旧的方法，可以采取双倍余额递减法或者年数总和法。

8. **减计收入优惠**

企业综合利用资源，生产符合国家产业政策规定的产品所取得的收入，可以在计算应纳税所得额时减计收入。综合利用资源，是指企业以《资源综合利用企业所得税优惠目录》规定的资源作为主要原材料，生产国家非限制和禁止并符合国家和行业相关标准的产品取得的收入，减按 90% 计入收入总额。

9. **税额抵免优惠**

税额抵免，是指企业购置并实际使用《环境保护专用设备企业所得税优惠目录（2017 年版）》《节能节水专用设备企业所得税优惠目录（2017 年版）》《安全生产专用设备企业所得税优惠目录》规定的环境保护、节能节水、安全生产等专用设备的，该专用设备的投资额的 10% 可以从应纳税额中抵免；当年不足抵免的，可以在以后 5 个纳税年度结转抵免。

10. **民族自治地方的优惠**

民族自治地方的自治机关对本民族自治地方的企业应缴纳的企业所得税中属于地方分享的部分，可以决定减征或者免征。自治州、自治县决定减征或者免征的，须报省、自治区、直辖市人民政府批准。

11. **非居民企业优惠**

非居民企业减按 10% 的税率征收企业所得税。这里的非居民企业，是指在中国境内未设立机构、场所的，或者虽设立机构、场所但取得的所得与其所设机构、场所没有实际联系的企业。该类非居民企业取得下列所得免征企业所得税。

（1）外国政府向中国政府提供贷款取得的利息所得。

（2）国际金融组织向中国政府和居民企业提供优惠贷款取得的利息所得。

（3）经国务院批准的其他所得。

12. **特殊行业优惠**

13. **海南自由贸易港企业所得税优惠**

14. **其他优惠**

二、印度

印度提供诸多所得税税收优惠政策，可以提供全部或部分免税，降低税率，退税，加速折旧或特殊扣除。企业为某项科研计划或是为某个大学的科研进行捐赠，其支出可获得加权扣除。企业从事农业生产的所得，适用免税规定，不缴纳企业所得税。税收优惠适用于广泛的行业，包括出口导向型企业、自由贸易区和科技园区的工业经营、基础设施建设、酒店、旅游业，开发区的企业、研究公司、矿物油生产、冷链设施、航运和航空运输、茶/咖啡/橡胶工业、新闻机构和废物处理等业务①。

中、印两国税收优惠比较分析如下：一是企业所得税税收优惠的侧重点基本相同。中国企业所得税税收优惠主要集中在农业、基础设施、环保、节能节水、技术创新和研发、高新技术企业、小微企业、先进服务型企业、综合利用资源等产业，税收优惠的着力点是以产业政策优惠促进特定行业发展。印度企业所得税优惠主要集中在农业、企业对科研的捐赠、新成立的企业、农业推广项目、技能开发项目等，在科技研发方面所规定的税收优惠比我国多，对于新成立的企业也有一定的优惠，无论其属于什么性质的企业。我国则对高新技术企业、小微企业、先进服务型企业等个别企业采取税率式优惠，适用较低税率。两国税收优惠的侧重点基本相同，这也彰显了两国所处的经济发展情况相似以及政府对社会公平的投入与关注。二是企业所得税税收优惠的方式类似。中、印两国企业所得税税收优惠的方式多采用应税所得全部免征或部分免征；或者是一定金额以内的所得免税；或者是税率调低的减免。同时夹杂着加计扣除、加速折旧等调减应纳税所得额的方式，以及对个别特殊企业实行营业收入前几年免税，后几年减半征收，中国的“三免三减半”，印度的对在经济特区制造产品或提供服务的新成立企业有资格获得多项税收优惠，例如：对企业前5年的利润和收益100%免税，在接下来的5年内的利润和收益免税50%；如满足某些条件，未来5年还可免税50%；经批准的开发商可获得较长时间的免税。两国减免税优惠的方式都很多，需要纳税人关注税收优惠的多种方式，向税务机关申请减免税的使用，增加了寻租的空间，也增加了纳税人在纳税申报上的处理成本。

三、巴基斯坦

巴基斯坦对特定行业所得实行了免税政策或者优惠税率政策，一是对工厂、机器和设备在巴基斯坦设立的电力生产项目、农村和欠发达地区建立的工业企业、巴基斯坦证券交易所上市的公司等提供相应的税收优惠。二是巴基斯坦对外商直接投资占比超过50%的企业给予企业所得税20%的优惠税率。不同地区或行业的投资优惠政策具有灵活性，经济特区或者一些省可以实行额外的税收政策吸引外资，例如：在信德省的道路施工免除服务销售税，或是旁遮普省允许用于出口加工的原材料零税率等。三是从2015年7月起对“绿地”

① 国家税务总局国际税务司发布的2022年版《中国居民赴印度投资税收指南》，第34页。

项目减免相应进口关税①。

中、巴两国企业所得税的税收优惠在农业所得、制造业企业、基础设施企业等方面，大多采用减免税、优惠税率等直接优惠方式，存在较大的相似性。而在使用加速折旧、税收抵免、加计扣除等间接优惠方式，中国运用的比巴基斯坦更多，相关减免规定更加详细。此外，中、巴两国税收优惠着力点都是以产业政策优惠促进特定行业发展，而中国税收优惠的涵盖的产业范围比巴基斯坦更广泛，例如：对小型微利企业和创业投资企业实行税收优惠等。

四、孟加拉国

孟加拉国企业所得税的税收优惠主要是对特定企业以及特定区域的企业实行免税或减税政策，具体项目为私营电力制造企业、特殊区域的建筑物所得、新设立的工业或基础设施工程、出口价区、经济区、高新技术园区、资本市场、信息技术产业、制造企业所得税返还、PPP 项目、私营经济区、出口纺织服装行业以及黄麻制品生产企业等项目，所得税减免比例为 10% ~100%。依据《公司法》（1994 年）注册成立的制造企业，若其注册地址在市区企业中心范围外，且满足下列四个条件之一：第一，不享有任何税收优惠；第二，在税收优惠时效内但未享受任何税收优惠；第三，该企业为非上市企业；第四，该企业取得了环境理事会的最新资质证书，可以在规定的时间内进行一定比例的所得税税款返还。

中、孟两国企业所得税的税收优惠侧重点存在差异，而优惠方式也有所不同。两国都有采用减免税、优惠税率等直接优惠方式，而在使用加速折旧、税收抵免、加计扣除等间接优惠方式，中国运用的减免方式更多，相关减免规定也更加详细。而孟加拉国的税收优惠政策比较简单，但是优惠力度很大，一般是直接实行减免所得税比例的措施，减免比例为 10% ~100%，例如：新设立的或处于特定工程地点的工业和基础设施工程企业可享受 5 ~10 年不等的免税收益。此外，中、孟两国税收优惠着力点都是对产业的税收优惠政策以促进特定行业发展，但涵盖的某些产业范围有所差异，例如中国对小型微利企业和创业投资企业实行税收优惠；而孟加拉国不仅对服装纺织企业与黄麻制品生产企业，还会对生产冰箱、摩托车的工业企业实行优惠税率的政策。可以看出，虽然涵盖项目有所差异，但孟加拉国对于一般制造业或是工业企业的税收优惠力

① 会计基础设施助推“一带一路”——“一带一路”沿线国家税制与税负差异（五）[J]. 中国注册会计师，2018（10）：123 -125.

度是大于中国的，中国税收优惠政策更主要是面向高新技术企业的或小型微利企业的，这与两国不同的发展水平情况是密切相关的。

五、尼泊尔

尼泊尔《所得税法（2002）》与《2019 年工业企业法》根据行业、就业人数和行业所处地区及企业组织形式等提供包括税收减免、税率折扣、加速折旧和特定扣除等税收优惠。截至 2022 年的主要税收优惠列示如下：

（1）来自尼泊尔境内的农业所得免税。

（2）根据《2018 年合作社法》设立的合作组织以及信用合作社的所得免税。

（3）设在政府列示山区的经济特区的企业，自其运营之日起享有 10 年税收 100% 减免优惠，其以后年度将减免 50%；其他经济特区企业，自其运营之日起享有 5 年税收 100% 减免，其以后年度将减免 50%。外国投资者从经济特区企业取得的技术收入，特许权使用费及管理费等可享受原应税税率 50% 的减免。经济特区企业分配的利润，自其运营之日起享有 5 年税收 100% 减免优惠，其以后 3 年将减免 50%。

（4）偏远地区、不发达地区以及发展地区从事特殊行业的企业分别能享有 10 年按其适用 20% 税率的 90%、80%、70% 的减免。

（5）投资额超过 10 亿尼泊尔卢比且直接提供 500 个及以上就业岗位的特殊行业和旅游业（不含博彩业），自其运营之日起享有 5 年税收 100% 减免优惠，其以后 3 年也将减免 50%。对于已经营业的特殊行业和旅游企业，其资本增至 20 亿尼泊尔卢比，产能增长 25%，且提供 300 个及以上就业岗位的，由产能增长所带来的收入享有 5 年税收 100% 减免优惠，其以后 3 年也将减免 50%。

（6）从事适用 20% 税率特殊行业和 25% 税率信息科技行业的企业：①全年为 100 个及以上的尼泊尔人提供就业可享受适用税率 10% 的减免；②全年为 300 个及以上的尼泊尔人提供就业可享受适用税率 20% 的减免；③全年为 500 个及以上的尼泊尔人提供就业可享受适用税率 25% 的减免；④全年为 1 000 个及以上的尼泊尔人提供就业可享受适用税率 30% 的减免；若所雇人员中 1/3 为女性、达利特人（Dalits）或残疾人，则在上述优惠税率基础上可再享受 10% 的减免。

（7）从事下列行业的企业，从企业开始经营起的十年内，其企业所得税适用税率可以按照下列比例减免：①有轨、无轨电车和公交车运营：40%；②建设、运营缆车、天桥：40%；③建设、运营道路、桥梁、铁路、机场及隧道：50%。

（8）生产性企业的出口利润按其适用税率35%减免。

（9）以当地原材料生产的出口产品可享受25%的退税。

（10）位于技术园、生物技术园或信息技术园区内从事软件开发、数据处理、网吧和数字绘图的政府公报上列示的企业可减免50%的税收。

（11）在2024年3月之前从事水电、太阳能、风能、生物能发电等项目可享受10年的全额减免，还能享受5年的50%的税收减免。

（12）从事国际空运、资本投资总额在20亿尼泊尔卢比以上的企业，所得税前5年免税，其后3年按其适用税率减半征收。

（13）出口技术的特许权使用费享受适用税率25%的减免，转让知识产权的收入享受适用税率50%的减免。

（14）采用税务总局（IRD）列举的新技术、新工艺、新流程等的年销售额超过1千万卢比的新设企业从经营日起前5年免税。

（15）境内茶叶、乳业及服装业生产企业，按其适用税率的50%征收。

（16）妇女设立的小微企业10年免税。

（17）乡村作坊可免除消费税、所得税及增值税。

（18）在公司与政府达成基础设施建设协议的情况下，该公司在协议所含时间内有权享有税收相关优惠。

（19）下列企业可按33%折旧率对固定资产加速折旧：①完全从事特定行业的企业（如：制造业，但香烟、比迪烟、咀嚼烟、khaini烟生产商或其他以烟草为原材料的类似产品制造商或者是酒精、啤酒及其他类似性质的厂商除外）；②修建道路、桥梁、隧道、索道及浮桥的企业；③制造电力公交车或电车的企业；④出口型企业；⑤从事建设—经营—转移（BOT）模式的公共基础设施建设工程或发电、输电、配电的企业。

（20）国有企业，例如农业及以森林为基础的企业、节能减排设备生产企业、固体废弃物处理企业等，从企业经营之日起享有7年50%的税收减免。

（21）固定资产值在250万尼泊尔卢比及以上且建址在特定区域的水果处理、苹果酒及葡萄酒厂享有10年消费税及增值税减免。以水果为基础的果酒厂同样享有5年的税收减免。

（22）以大豆及油葵籽为原料的国内油料生产企业在上述商品进口时享有80%的关税减免。

（23）投资污染控制或对环境影响最小的设备或生产线带来的所得享有50%的减免。

（24）任何由技术或产品研发及效率提高产生支出的企业都能扣减其净收入总额的10%。

（25）为职工及雇员提供的长期福利如住房、人寿保险、卫生设施、教育及培训所产生的支出都能扣除。

（26）如果其他行业利用当地现有的原料、化工原料和包装材料等，若已缴消费税或增值税则应予以退还。①

中、尼两国对于农业生产、公共基础设施建设、环境保护、信息技术等行业均给予了相应的政策优惠和扶持。与中国相比，尼泊尔促进就业的企业所得税优惠政策更多，不仅对资产达到一定标准的企业根据其提供的岗位多少免征100%或50%的税额，还对特殊行业的企业根据其雇佣人数，降低税率，雇用女性、残疾人还可以享受额外税率减免。这主要是因为尼泊尔经济发展落后，工业、制造业、服务业基础落后，就业机会少，而女性和残疾人在其文化和社会背景中处于弱势地位，给予雇用女性和残疾人企业税收优惠鼓励，有利于其保障自身发展权益。

六、斯里兰卡

斯里兰卡将税收优惠分为一般税收优惠、特殊行业税收优惠、研发费用加计扣除优惠、资本减免加计扣除优惠四大类。一般税收优惠主要包括：在特定条件下，企业因享受资本减免加计扣除优惠（Enhanced Capital Allowance）而产生的未弥补亏损可结转10年；企业投资资产（无形资产除外）的总额或投资国有企业资产的总额超过10亿美元时，未弥补亏损最高可结转25年；企业投资资产（无形资产除外）的总额超过2.5亿美元时，企业向非居民股东支付的股息免征预提所得税；企业投资资产（无形资产除外）的总额超过2.5亿美元时，如果该企业的外籍雇员在资本减免加计扣除优惠获得的工资收入期间或自企业开业5年内（以较高者为准）免征预提所得税，在此期间，外籍雇员的人数不得超过20人；2017年10月1日之后设立的机构，将其总部迁至斯里兰卡，可享受自《国内税收法》生效后三个纳税年度内，免征企业所得税优惠政策；归属于现有业务新增投资项目的资产，可在3年内享受折旧额加计扣除政策。特殊行业税收优惠主要包括：从2018年4月1日起，从事人寿保险行业的企业可在3个纳税年度内，享受14%的所得税优惠税率；自《国内税收法》生效后的5年内，主要从事信息科技服务的企业在计算应税所得时

---

① 国家税务总局国际税务司发布的2022年版《中国居民赴尼泊尔投资指南》，第19～22页。

可享受实际支付员工薪酬的（不包含向企业董事支付的薪酬）35%的加计扣除优惠；在2016年11月10日或之前，与锡兰电力委员会签署《标准电力购买协议》的企业，通过新能源发电产生的所得，可在《国内税收法》生效后的3个纳税年度内，享受14%的优惠税率。研发费用加计扣除优惠主要包括：企业可在《国内税收法》生效后的5个纳税年度内，享受研发费用100%的加计扣除优惠。资本减免加计扣除优惠（Enhanced Capital Allowance）除上述涉及的直线法计算的折旧额外，企业在斯里兰卡境内的大额固定资产投资，可申请按一定比例对固定资产进行加计扣除：纳税人在斯里兰卡（北部省份除外）进行大额资产（无形资产除外）投资，且在1个纳税年度内，资产相关支出总额在300万美元至1亿美元之间，加计扣除比例为100%；超过1亿美元，加计扣除比例为150%；纳税人在斯里兰卡北部省份进行大额资产（无形资产除外）投资，且在1个纳税年度内，资产相关支出总额超过300万美元，加计扣除比例为200%；斯里兰卡国有企业在斯里兰卡进行大额资产投资，且在1个纳税年度内，资产相关支出总额超过2.5亿美元，加计扣除比例为150%；纳税人在斯里兰卡（北部省份除外）追加资产（无形资产除外）投资，且在1个纳税年度内，资产相关支出总额超过300万美元，加计扣除比例为100%（2019年4月1日起，3年有效）；纳税人在北部省份追加资产（无形资产除外）投资，且在1个纳税年度内，资产相关支出总额超过300万美元，加计扣除比例为200%（2019年4月1日起，3年有效）。

在企业所得税税收优惠的侧重点上，中国企业所得税税收优惠主要在于农业、基础设施建设、环保、节能节水、技术创新和研发、高新技术企业、技术先进型企业、小微企业、创业投资企业、综合利用资源等产业以及研发费用、鼓励支付给残疾人工资的加计扣除，税收优惠的着力点是以产业政策优惠促进特定行业的发展。斯里兰卡企业所得税税收优惠在于对企业亏损弥补时间的延长、对企业投资资产超过一定限额给予免征预提税优惠、对于2017年10月1日成立的机构，符合要求的给予3年免征所得税、人寿保险行业的企业、信息科技服务的企业、新能源发电等以及研发费用前3年、大额固定资产投资的加计扣除。对投资金额较大企业的优惠较多。

在企业所得税税收优惠方式上，中、斯两国所得税税收优惠的差异表现在减免税优惠与税收抵免上。中国企业所得税税制对于企业的优惠多采用应税所得额免征所得税、减半征收或者是“三免三减半”优惠或是税率调低的减免。同时夹杂着减计收入、加速折旧、加计扣除等调减应税所得额的方式，以及专用设备的投资抵免方式。斯里兰卡企业所得税税收优惠采取的方式相对简单，主要是加计扣除、税率调低的减免、应税所得免征所得税等方式，主要是减免税的优惠。中国采取了减免税优惠与税收抵免两种方式，在减轻纳税人税收负担上并没有本质的多大区别，只是优惠方式多了一种选择。

七、不丹

不丹企业所得税税收激励措施包括一般激励和具体行业激励两种类型。

（一）一般激励

（1）在2017年5月8日至2020年12月31日期间成立的制造企业和IT服务企业，其出口取得的可兑换外汇收益免征10年所得税。（2）在2017年5月8日至2020年12月31日期间，企业为扩大产能、产品升级、实现自动化、增加产品品种、设备升级、提高产量或降低生产成本而进行的再投资，其再投资部分的25%可予以所得税免税。（3）在2017年5月8日至2020年12月31日期间，对采用现代环保技术产业的技术升级费用，可获得该费用最多15%的所得税退税。（4）在2018年12月31日前，在农村区域的小微企业可享受免税优惠。（5）在2017年5月8日至2020年12月31日期间，对雇用的职工全部为不丹国民且人数在20名以上的企业实行10%的所得税退税政策。（6）对2017年5月8日至2020年12月31日期间首次公开募股的公司免征所得税5年。（7）在2017年5月8日至2020年12月31日期间，对金融机构向教育和技能发展项目及海外就业计划提供优惠利率贷款所取得的利息收入免征所得税。

（二）具体行业激励

（1）家庭作坊小型工业（CSI）和合作社。在2017年5月8日至2020年12月31日期间，对新成立并运营的CSI和合作社免征所得税10年；对金融机构向CSI和合作社提供优惠贷款获得的利息收入免征所得税；对使用本地原料生产的产品，加计10%扣除费用。（2）采矿业。在2017年5月8日至2020年12月31日期间，对新成立的国内矿产行业免征所得税10年。从2017年5月8日起，对现有的国内矿产行业免征所得税5年。（3）旅游业。在2017年5月8日至2020年12月31日期间，对新成立的旅游标准酒店免征所得税10年，对现有的酒店升级成旅游标准酒店的免征所得税5年。对用作酒店经营的农庄和家庭旅馆，免征所得税5年。（4）农业。在2017年5月8日至2020年12月31日期间，对从事农业和再生自然资源经营活动的企业，免征所得税10年。（5）教育。在2017年5月8日至2020年12月31日期间，对在廷布和彭措林市区域以外设立的教育职业学院，免征所得税5年。对新成立的音乐学校、运动体育学校，免征所得税5年。（6）健康医疗。在2017年5月8日至2020年12月31日期间，对新成立的精选私营健康卫生服务企业，免征所得税5年。（7）信息通信技术。在2017年5月8日至2020年12月31日期间，对新成立的IT和信息技术服务企业，免征所得税5年。对新成立的从事电影、纪录片及系列公众节目生产制作的企业，免征所得税5年。对新成立的动画片制作企业，免征所得税5年。对动画影片制作企业以及媒体服务提供商（印刷媒体及广播实业）免征所得税5年。（8）交通。在2017年5月8日至2020年12月31日期间，对国内航空公司支付的飞机租金，免征3%的所得税税款；对出租车、轿车租赁服务提供商，免征所得税5年。（9）废物管理及循环再利用。在2017年5月8日至2020年12月31日期间，对新成立的废物处理和回收企业包括废品收购商，免征所得税5年。（10）商业基础设施建设。在2017年5月8日至2020年12月31日期间，对新成立的基础设施开发企业，发展基础设施，即工业园区、IT园区、陆港、仓储和冷库，免征所得税10年。

从税收优惠来看，中国企业所得税的税收优惠形式更多样，惠及的行业企业范围更广，既有低税率式的优惠又有加计扣除、税额抵免式优惠。不丹的税收优惠形式主要是免税和所得税退税。从具体行业适用的税收优惠来看，中、不两国均以税收优惠的形式对行业企业给予一定的扶持，但两国的行业、企业侧重有所不同。中国主要是对软件生产和集成电路产业发展、证券投资基金行业发展、节能服务企业、从事污染防治的第三方企业等行业企业给予减免税优惠，而不丹则更多给予基础设施开发企业、运输行业、旅游行业、采矿等行业企业税收优惠。

八、马尔代夫

在马尔代夫，针对居民企业和非居民企业采取不一致的税收优惠。其中，对于居民企业，税收征管法对已在境外缴纳税款但在马尔代夫仍需缴纳的收入给予税收抵免。境外税收抵免额为已纳境外税款额或者相应收入应纳马尔代夫税款额中较低者；对于非居民企业，在任何课税年度内，若非居民企业全部收入都来自利用其所有或承租的船舶或飞机从事的经营活动，并且该非居民企业未从事任何其他业务，且税务局总理事长承认该纳税人的居民国提供马尔代夫居民企业同样的互惠免税待遇（《所得税法》第54节），那么该非居民企业所有人或承租人从事上述经营活动取得的收入在马尔代夫免税①。

① 国家税务总局国际税务司发布的2022年版《中国居民赴马尔代夫投资税收指南》，第22页。

中、马两国企业所得税的税收优惠范围有所差异，中国集中在农林牧渔业、基础设施企业等涉及国计民生行业企业采取免税优惠，给予高新技术企业、小微企业等减税优惠。而马尔代夫针对有关旅游业相关企业符合规定者采取免税优惠，这与两国的政策导向有很大关系，在中国，民生一直是重中之重，所以给予农业等领域免税优惠等直接优惠方式，而高新技术企业、小微企业由于国家产业政策的原因，配套实施加速折旧、税收抵免、加计扣除等间接税收优惠，但马尔代夫由于旅游业是其主导产业，对于旅游相关企业的税收优惠政策较多。中国与马尔代夫相比采取的税收优惠政策更灵活，相关减免税规定更完善，且涵盖的范围较广。

第五章

个人所得税的比较

中国个人所得税主要是以自然人取得的各类应税所得为征税对象而征收的一种所得税，是政府利用税收对个人收入进行调节的一种手段。个人所得税的纳税人不仅包括个人还包括具有自然人性质的企业。

第一节　课税模式比较

一、中国

从世界范围来看，个人所得税存在着三种税制模式：分类征收制、综合征收制与混合征收制。分类征收制，就是对纳税人不同来源、性质的所得项目，分别规定不同的税率征税；综合征收制，是对纳税人全年的各项所得加以汇总，就其总额进行征税；混合征收制，是对纳税人不同来源、性质的所得先分别按照不同的税率征税，然后将全年的各项所得进行汇总征税。三种不同的征收模式各有其优缺点。目前，我国个人所得税已初步建立分类与综合相结合的征收模式，即混合征收制，其在组织财政收入、提高公民纳税意识，尤其在调节个人收入分配差距方面具有重要作用。

二、印度

印度实施的是综合与分类相结合的个人所得税制度①，是对大部分所得综

① 李林木，薛迎迎，高光明. 发展中国家综合与分类相结合的个人所得税模式选择——基于巴西、印度和印度尼西亚的比较［J］. 税务研究，2015（3）：118－124.

合征收而对一部分所得单独适用比例税率。

中、印两国采用的都是综合与分类相结合的税制模式，即混合税制模式，其基本特点是对不同来源的大部分所得减去扣除额后的净所得，综合起来按照同一个累进税率表征税，而对一部分所得单独适用比例税率，体现了综合为主、分类为辅的特征。混合所得税制模式结合了分类与综合两种税制的优点，贯彻了税收待遇统一性与税基综合型的原则①。中国在2019年之前采用的是分类税制（即对纳税人不同来源、性质的所得项目，分别规定不同的税率征税），该模式难以体现纳税人整体税负水平，容易导致实际税负的不公平。在社会收入和分配格局不断变化的当代社会背景下，为了对收入分配进行调整，提高税负的合理性②，中国开始采用混合税制模式，该税制模式具有展现税制公平性、减轻纳税人负担、合理确认扣除内容、提升税法权威性等优点。但中国采用混合税制模式的时间要比印度晚得多。

三、巴基斯坦

巴基斯坦实行的是综合所得税的课税方式，每个纳税年度根据工资收入、财产收入、业务收入、资本利得、其他来源收入，汇总计算当年应纳税所得额，优点在于比较符合按能力负担的公平原则。

两国的征收模式各有利弊，中国自2019年开始实行混合税制，由分类所得税逐步改革为分类综合所得税，不仅可以结合分类所得税与综合所得税之优点，而且比较适合于中国当前人口众多、幅员广阔和社会经济发展水平不平衡的基本国情；巴基斯坦的综合所得税虽然公平，但征收手续较复杂，要求纳税人具有较高的纳税意识。中国与巴基斯坦选择不同的征税模式源于许多因素，如：历史或文化的影响、收入水平的制约、各国征管水平的差异以及各国立法上的需要等。

四、孟加拉国

孟加拉国实行的是综合所得税的课税方式，每个纳税年度根据工资收入、债券利息收入、农业收入、资产销售收入、其他收入，汇总计算当年应纳税所得额。

---

① 张天姣．个人所得税制模式的比较分析［J］．财贸研究，2017，28（4）：80－86.

② 候莉娟．我国个人所得税法实行综合征收的必要性研究［J］．财经界，2020（18）：231－232.

两国的征收模式各有利弊，中国自2019年开始实行混合税制，由分类所得税逐步改革为分类综合所得税，综合了分类所得税与综合所得税之优点，并且适合于中国当前人口众多、幅员广阔和社会经济发展水平不平衡的基本国情；孟加拉国的综合所得税制，优点在于比较符合按能力负担的公平原则，但征收手续较复杂，要求纳税人具有较高的纳税意识。中国与孟加拉国选择不同的征税模式是由于不同的历史或文化、税收征管水平的差异以及各国立法上的需要等诸多因素。

五、尼泊尔

尼泊尔个人所得税实行的是综合征收制，一般而言，不同来源收入的应纳税所得额根据该类别的计算方法分别计算后加总，再减去可以扣除的社保税和捐赠等项目，得出总的应纳税所得额，然后适用相应的税率得出个人所得税的应纳税额。

六、斯里兰卡

斯里兰卡个人所得税实施的是分类所得税制模式，对工资收入、生产经营收入、投资收入、资本利得和其他收入按各自规定的税率征收。

中国个人所得税目前实行的是混合所得税制模式，针对纳税人不同来源、性质的所得先分别按照不同的税率征税，然后将全年的各项所得进行汇总征税。混合所得税制的优点是结合了分类与综合两种税制的优点，贯彻了税收待调统一性与税基综合性的原则[①]。通过采取分类课税方式的差别税率，有利于实现政府特定的政策目标；通过采取综合课税方式的累进税率和综合税基，有利于实现税收公平与量能负担原则。它的缺点在于：其实际操作中存在很大难度；表面上看，它属于分类所得税制与综合所得税制两种模式的结合体，但其在公平与效率方面不可能超越这两种税制模式本身所能达到的效果。

斯里兰卡所得税制实行的是分类所得税制模式，是对纳税人不同性质或来源的各项所得，分别采取不同的税率及费用扣除标准。大多采用比例税率或是较低的超额累进税率。其优点在于：一是对不同类别的所得实行有差别的税率，能够更好地实现政府的调控意图；二是对不同来源所得分别适用不同税率，并采用源泉扣缴税款的征收办法，可使税务机关的征管相对简便，

① 张天姣．个人所得税制模式的比较分析［J］．财贸研究，2017，28（4）：80－86.

大大降低了征收成本。它的缺点在于：一是对每类所得予以区别对待，规定不同的税率和费用扣除标准，这虽然有利于实现税收的横向公平，但因并未将纳税人的全部收入进行综合考虑，可能难以真实、全面地衡量纳税人的实际纳税负担；二是对不同来源的所得实行差别的计税方式，易导致纳税人行为选择的多样化，从而为偷逃税行为的发生提供了空间，影响到税收的经济效率。

七、不丹

不丹实行综合征收模式，其就业所得、投资所得、不动产出租所得、特许权使用费所得等按综合所得征税，但对彩票中奖所得单独适用比例税率。

八、马尔代夫

马尔代夫实行的是综合征收所得税的课税方式，根据《所得税法》规定，居民个人需就其在马尔代夫境内和境外开展业务取得的所得缴纳个人所得税①。

自 2018 年 10 月起，我国实施个税新政，个人所得税征收模式正式转变为混合征收制，这种课税模式无疑是适应我国国情以及我国的发展进程的，由于我国的征管水平有限，纳税人的纳税意识和纳税水平不强，导致综合所得征收模式在我国没有实施基础，而实施混合征收制既保证了税收的公平，又在一定程度上节约了征税成本，提高了征管效率；马尔代夫选择综合征收制无疑也是植根于该国国情的，其优点在于综合税制模式下，法定减免额、符合条件的扣除费用等从纳税人个人的全年各项所得总和中扣减后得出的应纳税所得，这种量化后的税额才最能体现纳税人的实际负担水平。其缺点在于该种税制模式的运用，必须与相应的较高的经济发展水平以及社会人群高所得相匹配，同时还要配置先进且科学的税收征管形式②。也即是要求马尔代夫纳税人拥有较强的纳税意识，同时还要求税收征管制度比较完善，这可能与马尔代夫人少较易进行征税管理有关。

---

① 国家税务总局国际税务司发布的 2022 年版《中国居民赴马尔代夫投资税收指南》，第 28 页。

② 马晓雅，韩雨莲. 以分类综合为过渡向综合税制探近［J］. 现代营销（下旬刊），2021（1）：165 – 167.

第二节　纳税义务人比较

一、中国

中国个人所得税的纳税义务人，包括中国公民、个体工商户、个人独资企业投资人、合伙企业的个人合伙人等。上述纳税义务人依据住所和居住时间两个标准，区分为居民个人和非居民个人，分别承担不同的纳税义务。

（一）居民个人

居民个人承担无限纳税义务。其所取得的应纳税所得，无论是来源于中国境内还是中国境外，都要在中国缴纳个人所得税。根据《个人所得税法》规定，居民个人是指在中国境内有住所，或者无住所而1个纳税年度在中国境内居住累计满183天的个人。

在中国境内有住所的个人，是指因户籍、家庭、经济利益关系，而在中国境内习性居住的个人。这里所说的习惯性居住，是判定纳税义务人属于居民个人还是非居民个人的一个重要依据。它是指个人因学习、工作、探亲等原因消除之后，没有理由在其他地方继续居留时，所要回到的地方，而不是指实际居住地或在某一个特定时期内的居住地。一个纳税人如果后来因学习、工作、探亲、旅游等原因在中国境外居住，但是在这些原因消除之后，必须回到中国境内居住的，则中国为该纳税人的习惯性居住地。尽管该纳税人在一个纳税年度内，甚至连续几个纳税年度，都未在中国境内居住过1天，仍然是中国的居民个人，应就其来自全球的应纳税所得，向中国缴纳个人所得税。

一个纳税年度在境内居住累计满183天，是指在一个纳税年度（即公历1月1日起至12月31日止，下同）内，在中国境内居住累计满183天。在计算居住天数时，取消了原有的临时离境规定，按纳税人一个纳税年度内在境内的实际居住时间确定。即境内无住所的个人在一个纳税年度内无论出境多少次，只要在我国境内累计住满183天，就可判定为我国的居民个人。

（二）非居民个人

非居民个人，是指不符合居民个人判定标准（条件）的纳税义务人。非居民个人承担有限纳税义务，即仅就其来源于中国境内的所得，向中国缴纳个人所得税。《个人所得税法》规定，非居民个人是“在中国境内无住所又不居住，或者无住所而一个纳税年度内在境内居住累计不满 183 天的个人”。也就是说，非居民个人，是指习惯性居住地不在中国境内，而且不在中国居住；或者在一个纳税年度内，在中国境内居住累计不满 183 天的个人。

无住所个人 1 个纳税年度内在中国境内累计居住天数，按照个人在中国境内累计停留的天数计算。在中国境内停留的当天满 24 小时的，计入中国境内居住天数，在中国境内停留的当天不足 24 小时的，不计入中国境内居住天数。

二、印度

印度将个人所得税纳税人划分为居民纳税人和非居民纳税人。印度的居民应就其全部收入在印度缴纳个人所得税。属于居民但不属于常住居民者，仅就其来源于印度的收入、被视作在印度获得或产生的收入、在印度境内获得的收入或虽从境外取得但源于在印度管控的公司或从事的职业所获得的收入，在印度缴税。判定标准：个人若满足下列任一标准即被视为印度的居民。一是在一个纳税年度内在印度停留时间达到或者超过 182 天的个人；二是在一个纳税年度内在印度停留 60 天及以上，且在之前的 4 个纳税年度停留时间合计达到 365 天或以上的个人（对于印度船只所属船员或在境外就职从而在任一纳税年度离开印度的印度公民，或对于印度公民或印度裔个人在某一纳税年度到访印度的情况，由 60 天提高至 182 天，《2020 年金融法案》将到访印度时间缩短至 120 天，以防止此类人员在财政年度内来自印度的总收入超过 150 万卢比）。个人若既能满足上述任一标准，也能满足下列任一条件，即将被视为非常住居民：第一，在之前 10 个纳税年度中的 9 年为印度非居民；第二，在之前 7 个纳税年度中，在印度总共停留时间小于等于 729 天。所有印度企业的雇员均需缴税，除非根据《1961 年所得税法》或适用的税收协定可免予缴税。印度非居民仅需就来源于印度的收入和在印度获得、累积或产生的收入在印度缴税。①非居民通过业务联系、源于印度的任何资产或所得、转让位于印度的资本资产（包括在印度注册成立的公司的股票）方式所获得的所得，可被视为在印度累积或产生的收入而缴税。判定标准：不符合上述居民个人判断标准的纳税人被视作非居民纳税人。

中、印两国纳税义务人比较分析如下：一是中、印两国的居民纳税人和非

① 国家税务总局国际税务司发布的 2022 年版《中国居民赴印度投资税收指南》，第 35 页。

居民纳税人所承担的纳税义务基本相似。居民纳税人承担无限纳税义务，非居民纳税人承担有限纳税义务。不同之处在于印度居民中属于非常住居民承担的是有限纳税义务。二是中、印两国认定居民纳税人标准不同。中国采用住所和居住时间两个标准来判定居民纳税人和非居民纳税人。而印度采用的是以纳税人停留时间标准来判定居民纳税人和非居民纳税人。在居住时间标准使用上也存在着一定差别。

三、巴基斯坦

巴基斯坦将个人所得税纳税人划分为居民纳税人与非居民纳税人。在巴基斯坦，个人所得税的居民纳税人是指满足以下条件之一的纳税人：第一，一个纳税年度中在巴基斯坦居住累计达 183 天或以上；第二，联邦政府或省政府海外正式的雇员或官员。对非居民纳税人的判定标准相对简单，只要是居民纳税人以外的纳税人均是非居民纳税人。

中、巴两国在纳税义务人的认定上有其相似之处，基本上就是按照国际税收惯例的标准，将习惯性居住标准和居住时间标准应用到税务居民的认定上，时间标准上，居住时间上都需要累计达 183 天，而中国对境内有住所的个人有更细致的要求，要求在境内有习惯性居住才能成为居民纳税人，巴基斯坦对境内居住的判定比较模糊，只要在境内待满 183 天就能成为居民纳税人。此外，巴基斯坦认定特定职业的人群为居民纳税人，只要是海外雇员或官员按照同样的规定缴纳个人所得税。而中国的居民纳税人规定对外国人限制则更加宽松，如果是政府的一位来自海外的外国雇员，根据他在中国境内居住时间以及不同的雇员职位，会有相应的外国人税收优惠，对其境外所得、支付或负担免予纳税，有利于中国灵活地利用外国人才，促进国际性人才的交流和流动。

四、孟加拉国

孟加拉国将个人所得税纳税人划分为居民纳税人与非居民纳税人。孟加拉国居民纳税人包括孟加拉国公民以及外籍孟加拉国居民，满足下列条件之一的均视为外籍孟加拉国居民：第一，在某一日历年度的 7 月 1 日到次年 6 月 30 日期间，在孟加拉国工作超过 183 天的外籍员工；第二，在孟加拉国连续工作超过 90 天，且在此前 4 年内在孟加拉国工作时间总计超过 365 天的外籍员工。而非居民纳税人是指不属于孟加拉国居民纳税人定义范围内的个人。根据中、孟的税收协定，若中国籍员工在有关会计年度中在孟加拉国停留的时间连续或累计不超过183天，则不构成孟加拉国的居民纳税人，为非居民纳税义务人。

首先，中、孟的个人所得税纳税义务人的界定范围不同，中国个税的纳税义务人除了自然人个人以外，还规定了个人独资企业、合伙企业投资者，而孟加拉国个税的纳税义务人仅包括自然人。其次，对居民纳税义务人的认定有所不同，中国依据住所标准和居住时间标准来认定居民纳税义务人，而孟加拉国则采用居住时间标准，规定的时间标准也有所不同。此外，中、孟两国的纳税年度不一样，中国的纳税年度为公历1月1日起至12月31日止，孟加拉国的纳税年度从日历年度的7月1日到次年6月30日期间。同时，中国的居民纳税人规定对外国人限制则更加宽松，无论是外籍个人从外商投资企业取得的股息红利，或者是符合条件的外国专家都可免征个人所得税，有利于中国灵活地利用外国人才，促进国际性人才的交流和流动。而孟加拉国对外籍的居民纳税人有更严格的规定，即使是来自外国的专家或人才，如果属于外籍孟加拉国居民则同样需要按照居民纳税人的标准纳税。

五、尼泊尔

尼泊尔个人所得征税对象为居民个人和非居民个人。居民个人来源于全球的收入都应缴纳个人所得税，而非居民个人仅来源于尼泊尔的收入应缴纳个人所得税。个人成为尼泊尔居民的条件为：在尼泊尔有住所；连续的365天，在尼泊尔境内居住累计满183天（含）以上；一个财政年度中任何时间段被政府委派到国外的人员。个人独资企业、合伙企业也按照居民个人标准纳税。

中、尼两国在纳税义务人的认定上有相似之处，都是按照国际税收惯例将住所标准和居住时间标准作为判定税务居民的条件。不同的是，尼泊尔在判定居民个人时增加了将政府委派至国外的人员的条款。中国虽然没有类似的明确规定，但由于其在对纳税义务人有无住所进行判定时运用的是习惯性居住概念，即个人因户籍、家庭、经济利益关系在中国境内居住。即使一个纳税人因学习、工作、探亲、旅游等原因在中国境外居住，他仍然是中国的居民纳税人。此外，在居住时间标准使用上两国也有所差别。尼泊尔使用的时间是连续的365天内累计居住满183天，而中国使用的是一个公历年度内住满183天。当外国人选择跨年度居住停留时，在尼泊尔被认定居民纳税人的个人，按照中国的标准则可能被认定为非居民纳税人。

六、斯里兰卡

斯里兰卡将个人所得税纳税人划分为居民纳税人和非居民纳税人。居民纳税人应就其在全球范围内的活动产生的所得缴纳个人所得税。其判定标准为：满足以下任一条件，会被认定为斯里兰卡居民纳税人：（1）在斯里兰卡拥有居所的个人；（2）任意12个月期间在斯里兰卡累计居住超过183天的个人；（3）在纳税年度内，被派驻国外的斯里兰卡政府雇员或官员及其配偶；（4）受雇于斯里兰卡船舶的个人，在其受雇期间[①]。非居民纳税人仅就来源于斯里兰卡境内的收入缴纳个人所得税。其判定标准为：不符合上述的居民纳税人条件的个人被视为非居民纳税人。

中、斯两国在纳税义务人的认定上有其相似之处，基本上是按照国际税收惯例，将住所标准和居住时间标准应用到税务居民的认定上。不同之处在于斯里兰卡满足居民纳税人认定标准比中国多了两项特殊规定：一是在斯里兰卡的纳税年度内，被派驻国外的斯里兰卡政府雇员或官员及其配偶；二是受雇于斯里兰卡船舶的个人，在其受雇期间被认定为居民纳税人。

七、不丹

不丹公民、居民以及其他从不丹取得所得在不丹从事工作的个人，都是个人所得税的纳税义务人。对于个人所得税而言，居民是指在一个所得年度中在不丹停留满6个月的任何个人。凡收入年度在不丹停留少于6个月的个人，不作为不丹居民。已婚夫妇应分别缴税，未成年人的收入应与父母一方的收入一起纳税。除非在书面协议中另有规定，资产共同所有权产生的所得应平分。

从纳税义务人的判定来看，中国对居民和非居民个人的判定有居住和停留时间两个标准，而不丹对居民和非居民的判定仅有停留时间一个标准，并且明确指出不丹公民为其个人所得税的纳税义务人。

八、马尔代夫

根据马尔代夫《所得税法》规定，可将个人所得税纳税人分为居民纳税人和非居民纳税人，其中，满足以下条件之一的个人将在该纳税年度被认定为

① 国家税务总局国际税务司发布的2022年版《中国居民赴斯里兰卡投资税收指南》，第31～32页。

居民纳税人：

（1）永久居住地在马尔代夫；

（2）在该纳税年度内，在马尔代夫境内停留满183天；

（3）在该纳税年度内，抵达马尔代夫境内并有意图建立住所；

（4）在该纳税年度常住在马尔代夫，但在纳税年度结束之前离开马尔代夫境内的；

（5）马尔代夫政府的雇员或官员，但在某一纳税年度内派往海外工作。

根据马尔代夫《所得税法》规定，不满足居民纳税人判定标准之一条件的个人即为非居民纳税人。此外，马尔代夫还有临时居民纳税人，即根据《马尔代夫移民法》获准在马尔代夫逗留，且未与马尔代夫人结婚的人。

中国与马尔代夫居民判定标准基本一致，表述略有不同，此外，马尔代夫的个人所得税对居民纳税义务人的判定更为细致，只要抵达马尔代夫境内并有意图建立住所，还有在某一纳税年度派往海外工作的马尔代夫政府官员均应缴纳个人所得税，而上述这些判定条件在中国并不作为居民纳税义务人的判定条件。

第三节　征税范围比较

一、中国

按应纳税所得的来源划分，中国现行个人所得税共分为9个应税项目。

（1）工资、薪金所得。工资、薪金所得，是指个人因任职或者受雇而取得的工资、薪金、奖金、年终加薪、劳动分红、津贴、补贴以及与任职或者受雇有关的其他所得。

（2）劳务报酬所得。劳务报酬所得，是指个人独立从事各种非雇用的各种劳务所取得的所得。包括设计、装潢、安装、制图、化验、测试、医疗、法律、会计、咨询、讲学、翻译、审稿、书画、雕刻、影视、录音、录像、演出、表演、广告、展览、技术服务、介绍服务、经纪服务、代办服务以及其他劳务。

（3）稿酬所得。稿酬所得，是指个人因其作品以图书、报刊形式出版、发表而取得的所得。

（4）特许权使用费所得。特许权使用费所得，是指个人提供专利权、商标权、著作权、非专利技术以及其他特许权的使用权取得的所得。提供著作权的使用权取得的所得，不包括稿酬所得。

（5）经营所得。经营所得，是指：①个体工商户从事生产、经营活动取得的所得，个人独资企业投资人、合伙企业的个人合伙人来源于境内注册的个人独资企业、合伙企业生产、经营的所得。②个人依法从事办学、医疗、咨询以及其他有偿服务活动取得的所得。③个人对企业、事业单位承包经营、承租经营以及转包、转租取得的所得。对企事业单位的承包经营、承租经营所得，是指个人承包经营或承租经营以及转包、转租取得的所得。承包项目可分多种，如生产经营、采购、销售、建筑安装等各种承包。转包包括全部转包或部分转包。④个人从事其他生产、经营活动取得的所得。例如，个人因从事彩票代销业务而取得的所得，或者从事个体出租车运营的出租车驾驶员取得的收入，都应按照“经营所得”项目计征个人所得税。

（6）利息、股息、红利所得。利息、股息、红利所得，是指个人拥有债权、股权而取得的利息、股息、红利所得。

（7）财产租赁所得。财产租赁所得，是指个人出租不动产、机器设备、车船以及其他财产取得的所得。个人取得的财产转租收入，属于“财产租赁所得”的征税范围，由财产转租人缴纳个人所得税。

（8）财产转让所得。财产转让所得，是指个人转让有价证券、股权、合伙企业中的财产份额、不动产、机器设备、车船以及其他财产取得的所得。

（9）偶然所得。偶然所得，是指个人得奖、中奖、中彩以及其他偶然性质的所得。

一、印度

印度应税所得项目具体分为六类：受雇所得（包括工薪、实物福利、股票期权）；生产经营所得（个人纳税人在该项目下的所得主要有经营所得和职业所得，类似于中国的个体工商户经营所得和劳务报酬所得）；专业服务所得；大部分投资所得；资本利得；其他来源所得（个人来自赛马、彩票、赌博及类似活动的所得）。纳税人取得前四项所得，按纳税年度合并计算个人所得税；取得后两项所得，分别计算个人所得税[①]。

---

① 李林木，薛迎迎，高光明．发展中国家综合与分类相结合的个人所得税模式选择——基于巴西、印度和印度尼西亚的比较［J］．税务研究，2015（3）：118－124.

对于征收范围，中国按所得来源的途径将所得分为九项，印度分为六项。印度综合所得与中国相同项目为工资薪金所得、劳务报酬所得，然而在印度综合所得中还包括生产经营所得（类似于中国的个体工商户经营所得和劳务报酬所得）、专业服务所得、大部分投资所得（包括股息、利息），而中国的生产经营所得、股息、利息所得应分别计算个人所得税，未纳入综合所得项目中。

三、巴基斯坦

巴基斯坦的居民纳税人就其来源于世界各地的全部所得纳税，应税所得项目分为五类，主要包括工资所得、不动产所得、经营所得、资本利得、其他所得。非居民纳税人仅就其来源于巴基斯坦的境内所得纳税，应税所得的具体内容同居民纳税人的征收范围。二者按照一定的计税方式计算，汇总后扣除税前抵扣项目，得出应纳税所得额，再根据应纳税所得额求出应纳税额。

中国对应税所得项目分类更加详细清晰，对居民纳税人和非居民纳税人存在不同的计算方式，居民纳税人综合所得和分类所得计税的方法不同。而巴基斯坦分类较少，除了薪金、不动产所得、经营所得、资本利得四个类别的所得外，剩余类别的所得均归类为其他所得，计算方式亦不存在差异，两国不同的征税范围与各国所实行的征税模式是紧密相关的。

四、孟加拉国

孟加拉国居民纳税人从孟加拉国境内和境外取得的所得，需依照孟加拉国个人所得税法规定缴纳个人所得税，纳税年度内的应税所得项目分为六类，主要包括工资劳动报酬或奖金、债券利息及红利收入、农业收入、营业收入（特指未成立法人而依靠自己的专业知识独立从事服务、生产、买卖的所得收入）、资产销售收入、其他收入。非居民纳税人仅需就从孟加拉国境内取得的所得包括资本利得，依照孟加拉国个人所得税税法规定缴纳个人所得税。

中、孟均采用正列举法规定个税的征税范围，中国共列举出九项所得，孟加拉国共列举出六项所得，中国的分类更加详细，总体上看，应纳税所得包括了劳动所得、资产收益、营业收益、其他所得等，两国并无本质差别。

五、尼泊尔

尼泊尔个人所得税和企业所得税都由《所得税法（2002）》和《所得税规

则（2002）》规定，个人需要缴纳个人所得税和资本利得税。资本利得税以净利得为征税基础，即总利得减去总亏损。其征税范围包括，纳税人处置商业资产或负债以及某一投资的非商业收费资产取得的所得。商业资产包括在一项商业活动中所使用的资产。非商业收费资产为证券或某实体的一项利息、土地和房产，不包括个人拥有并累计居住 1 年或以上且未以高于 500 万尼泊尔卢比出售的私人住宅。两者均不包含折旧资产或交易股票。纳税人一个财政年度中的个人所得税应税收入包含四种来源的收入：商业、投资、就业和偶然所得。

中、尼两国个人所得税征税范围大致相同，但也存在以下差异：一是有关资本利得的征收。尼泊尔对证券、股票的转让开征了资本利得税，而中国对转让上市公司股票（除限售股股票外）所得的利得免税，对个人取得的股息、利息和红利需要缴税。资本利得税是对资产增值部分征税，虽然其有利于堵塞收受漏洞，防止出于避税目的而转移收入形式，但开征资本利得税也会降低投资人的积极性，造成股市和金融的波动，所以基于股票市场和金融稳健发展的政策考虑，我国尚未征收资本利得税。二是有关特许权使用费所得。尼泊尔对特许权使用费作为投资收入所得征税，其征税范围为无形资产租赁支付的所得，而专利权、商标权、著作权和非专利技术的转让所得则都作为资本利得计征所得税。由于中国尚未开征资本利得税，故除了对专利权、商标权、著作权和非专利技术租赁所得征税，还将转让上述无形资产的所得纳入特许权使用费的征税范围。

六、斯里兰卡

斯里兰卡应税所得项目分为五项：工资收入（工资薪金所得、退职金所得）、生产经营活动收入（经营所得、合伙经营所得）、投资收入、资本利得、其他。各类所得分别计算个人所得税。

中国所得项目更加详细清晰，斯里兰卡分类较少，每项收入分类下涵盖了不同所得项目。在各项所得中，斯里兰卡有退职金所得包括经折算的退休金、退休金、失业补偿金、退休时或退休后取得的公积金、退休时或退休后取得的雇员信托基金额。在中国这些所得大多作为免税项目不予征收个人所得税。斯里兰卡个人所得税的征税范围比中国更广一些。

七、不丹

不丹个人所得税征税范围包括：纳税人受雇或提供非认证的咨询劳务所取

得的薪金所得；不动产出租所得；持股取得的股息所得；其他来源所得，即租用私人汽车、厂房、机械及知识产权的收入等。中国对应税所得项目分类更加详细清晰，而不丹对应税所得的分类更粗略，除了工资收入、不动产收入、股息收入外的收入均归入其他收入。此外，不丹并未将纳税人转让不动产收入纳入所得税征税范围，而是单独开征了财产转让税，适用3%的税率。

八、马尔代夫

根据马尔代夫《所得税法》规定，居民个人需就其在马尔代夫境内和境外开展业务取得的所得缴纳个人所得税。居民个人需要就营业利润收入所得在马尔代夫缴纳个人所得税，居民个人取得的应税所得下列各项的综合（对其他收入不征税），即居民个人取得的应税所得为在马尔代夫从事土地或建筑租赁取得的租金收入、根据《所得税法》计算的在马尔代夫进行的各种商业活动产生的所得、任何从居民或在马尔代夫拥有常设机构的非居民处收取或可收取的特许权使用费或管理费三项收入的综合。对于非居民个人需就其在马尔代夫境内开展业务取得的所得缴纳个人所得税。非居民纳税人在马尔代夫营业利润所得纳税规则与居民企业一致。此外，马尔代夫对如下支付给非居民个人的款项按支付总额的10%征收预提税，预提税款需于款项支付的次月15日之前向马尔代夫税务局缴纳：

（1）租金、特许权使用费或其他因使用厂房、机器、设备和其他财产从事商业活动而支付的类似款项。

（2）为进行研发活动而支付的款项。

（3）为取得电脑软件使用权而支付的款项。

（4）支付的管理费、个人或技术服务费和其他在马尔代夫提供服务的佣金。

（5）支付公众艺人的演出服务款项。

（6）观看马尔代夫电影支付的影片租金。

（7）向非居民承包商的付款。

（8）保险费。

此外，如果非居民个人或公司出售直接或间接持有的不动产的股份或权益，则当出售价值超过公司价值（在过去365天以内的估价）的50%时，该相关收益应根据适用税率在马尔代夫征收个人所得税或企业所得税①。

① 国家税务总局国际税务司发布的2022年版《中国居民赴马尔代夫投资税收指南》，第29页。

中国个人所得税的征税范围相较于马尔代夫更宽泛、更细致，对于居民个人，虽然两者都是按纳税年度计征个人所得税，但计征方式有所不同，例如，中国按照四项综合所得计征，五项分别所得计征，而对于马尔代夫只需就三项营业利润收入综合计征应税所得；对于非居民个人，中国针对四项综合所得按月或次分项计征，马尔代夫对部分支付按月征收预提税。此外，马尔代夫的临时居民纳税人仅对来自马尔代夫的收入缴纳所得税。

第四节　税率比较

一、中国

中国个人所得税根据不同的征税项目规定了三种不同的税率：一是综合所得适用3%～45%的7级超额累进税率（见表5－1）；二是经营所得适用5%～35%的5级超额累进税率（见表5－2）；三是利息、股息、红利所得，财产租赁所得，财产转让所得和偶然所得适用20%的比例税率。

表5－1　　综合所得个人所得税税率

级数	全年应纳税所得额	税率（%）	速算扣除数（元）
1	不超过36 000元的部分	3	0
2	超过36 000元至144 000元的部分	10	2 520
3	超过144 000元至300 000元的部分	20	16 920
4	超过300 000元至420 000元的部分	25	31 920
5	超过420 000元至660 000元的部分	30	52 920
6	超过660 000元至960 000元的部分	35	85 920
7	超过960 000元的部分	45	181 920

注：（1）本表所称全年应纳税所得额是指依照税法的规定，居民个人取得综合所得以每一纳税年度收入额减除费用60 000元以及专项扣除、专项附加扣除和依法确定的其他扣除后的余额。

（2）选择单独计税的全年一次性奖金、非居民个人所得工资、薪金所得，劳务报酬所得，稿酬所得和特许权使用费所得，依照本表按月换算后计算应纳税额。

表 5－2　　经营所得个人所得税税率

级数	全年应纳税所得额	税率（%）	速算扣除数（元）
1	不超过 30 000 元的部分	5	0
2	超过 30 000 元至 90 000 元的部分	10	1 500
3	超过 90 000 元至 300 000 元的部分	20	10 500
4	超过 300 000 元至 500 000 元的部分	30	40 500
5	超过 500 000 元部分	35	65 500

注：本表所称全年应纳税所得额是指依照法律规定，以每一纳税年度的收入总额减除成本、费用以及损失后的余额。

居民个人每一纳税年度内取得的综合所得包括：工资、薪金所得，劳务报酬所得，稿酬所得和特许权使用费所得。

二、印度

印度居民纳税人综合所得年龄在 80 岁以下的适用四级超额累进税率，80 岁以上的适用三级超额累进税率，税率为 0%～30%（见表 5－3）。资本利得、其他所得适用不同的比例税率。

表 5－3　　个人所得税税率（2020～2021 计税年度）

年度应纳税所得额（年龄＜60 岁）	年度应纳税所得额（60 岁≤年龄＜80 岁）	年度应纳税所得额（年龄≥80 岁）	所得税税率（%）
25 万卢比以下	30 万卢比以下	50 万卢比以下	0
25 万～50 万卢比	30 万～50 万卢比	—	5
50 万～100 万卢比	50 万～100 万卢比	50 万～100 万卢比	20
100 万卢比以上	100 万卢比以上	100 万卢比以上	30

资料来源：国家税务总局国际税务司发布的 2022 年版《中国居民赴印度投资税收指南》，第 36 页。

居民纳税人年应纳税收入总额超过 500 万卢比应缴纳附加税。如果应纳税收入总额超过 500 万卢比但小于等于 1 000 万卢比应缴纳 10% 的附加税；应纳税收入总额超过 1 000 万卢比等于 2 000 万卢比应缴纳 15% 的附加税；应纳税收入总额超过 2 000 万卢比等于 5 000 万卢比应缴纳 25% 的附加税；应纳税收入总额超过 5 000 万卢比应缴纳 37% 的附加税。[①] 印度非居民适用特殊税率。

① 国家税务总局国际税务司发布的 2022 年版《中国居民赴印度投资税收指南》，第 37 页。

非居民纳税人须按居民纳税人相同的税率缴纳预提所得税，如果年净收入超过1 000万卢比还需缴纳15%的附加税和4%的健康教育税。来自外汇资产的投资收入和长期资本利得分别按20%和10%征税，且不能有任何扣除。非居民纳税人出售未上市证券取得的长期资本利得，如果已申领指数化权益按20%的税率缴税，未申领则按10%的税率缴税。特许权使用费和技术服务费的收入对应的个人所得税税率为10%[①]。

由于税收制度、公民纳税意识和社会经济发展水平等多种因素的影响，中、印两国的个人所得税率制度存在显著差异：一是附加税的征收。印度纳税人所得按年累进税率计征后总额超过规定额度还需按比例税率计征附加税，附加税的征收再一次控制了高收入者的所得，有利于调节收入分配，缩小贫富差距，我国则没有附加税的规定；二是税率的调整频数。印度的个人所得税税率和起征标准每年都要进行调整，由核定年度的财政法案公布当年的税率和起征标准，虽然调整工作量大，但其能很好地应对当年的通货膨胀等经济因素变化带来的影响；三是税率的累进程度。我国采用的是3%～45%的七级超额累进税率，对中低收入的累进程度跳跃性过快，各级分界点的设置缺乏统一的逻辑规律，印度采用的是0%～30%的四级超额累进税率，与我国累进路线相比，印度的个人所得税率表很有特色，它不是等额累进的税率表，不仅应税所得累进额不等，就连税率的累进数也不等。同时，税率表中的税收适用级距还受年龄的影响，所以即使应税收入相同，但由于所属年龄阶段不同，应纳税额也不相同，而我国则只按照所得收入多少来确定税率，基本扣除标准统一。综上，印度的不等额税率在适用上更加灵活，其带有波动性的减速累进路线，累进性比我国更强，累进效果更好。印度个税的累进税率设计比较简单，只有4个税率等级，起征点较高，切实发挥了“劫富济贫”的作用。这样的税制设计有利于培育中等收入阶层，推进橄榄型的收入分配结构的形成。同时，印度还充分考虑了低收入人群和老年人群的利益，低税率的级距较大、老年人起征标准更高，减轻了低收入、老年人的税收负担，符合横向公平原则。而我国3%的最低边际税率只适用于年应税所得额36 000元以下，范围显得过于狭窄，让很多纳税人感觉这种制度只是为了国家多征税，而不是在调节收入。

三、巴基斯坦

巴基斯坦对薪资与非薪资适用的税率规定是一致的，而且由于课税的级距

① 国家税务总局国际税务司发布的2022年版《中国居民赴印度投资税收指南》，第36～37页。

过多，使得个人所得税税制显得比较复杂。目前，巴基斯坦的个人所得税如果个人工资收入不超过应税收入的75%，则个人（薪资/非薪资）所得税税率如表5－4所示。

表5－4　个人收入（薪资/非薪资）不超过应税收入75%所得税税率明细

序号	年应纳税所得额	税率
1	不超过400 000卢比	0
2	超过400 000卢比但不超过600 000卢比	5% （超过400 000卢比部分）
3	超过600 000卢比但不超过1 200 000卢比	10 000卢比+10% （超过600 000卢比部分）
4	超过1 200 000卢比但不超过2 400 000卢比	70 000卢比+15% （超过1 200 000卢比部分）
5	超过2 400 000卢比但不超过3 000 000卢比	250 000卢比+15% （超过2 400 000卢比部分）
6	超过3 000 000卢比但不超过4 000 000卢比	370 000卢比+25% （超过3 000 000卢比部分）
7	超过4 000 000卢比但不超过6 000 000卢比	620 000卢比+30% （超过4 000 000卢比部分）
8	超过6 000 000卢比	1 220 000卢比+35% （超过6 000 000卢比部分）

资料来源：税务总局国际税务司发布的2022年版《中国居民赴巴基斯坦投资税收指南》，第56～57页。

2022年7月1日后实行的新税率如表5－5所示。

表5－5　个人（薪资/非薪资）不超过应税收入75%所得税新税率明细

序号	年应纳税所得额	税率
1	不超过600 000卢比	0
2	超过600 000卢比但不超过800 000卢比	5% （超过600 000卢比部分）
3	超过800 000卢比但不超过1 200 000卢比	10 000卢比+12.5% （超过800 000卢比部分）
4	超过1 200 000卢比但不超过2 400 000卢比	60 000卢比+17.5% （超过1 200 000卢比部分）

续表

序号	年应纳税所得额	税率
5	超过 2 400 000 卢比但不超过 3 000 000 卢比	270 000 卢比 +22.5% （超过 2 400 000 卢比部分）
6	超过 3 000 000 卢比但不超过 4 000 000 卢比	405 000 卢比 +27.5% （超过 3 000 000 卢比部分）
7	超过 4 000 000 卢比但不超过 6 000 000 卢比	680 000 卢比 +32.5% （超过 4 000 000 卢比部分）
8	超过 6 000 000 卢比	1 330 000 卢比 +35% （超过 6 000 000 卢比部分）

资料来源：国家税务总局国际税务司发布的 2022 年版《中国居民赴巴基斯坦投资税收指南》，第 57 页。

如果个人工资收入超过应税收入的 75%，则个人（薪资/非薪资）所得税税率如表 5－6 所示。

表 5－6　个人收入（薪资/非薪资）超过应税收入的 75%所得税税率明细

序号	年应纳税所得额	税率
1	不超过 600 000 卢比	0
2	超过 600 000 卢比但不超过 1 200 000 卢比	5% （超过 600 000 卢比部分）
3	超过 1 200 000 卢比但不超过 1 800 000 卢比	30 000 卢比 +10% （超过 1 200 000 卢比部分）
4	超过 1 800 000 卢比但不超过 2 500 000 卢比	90 000 卢比 +15% （超过 1 800 000 卢比部分）
5	超过 2 500 000 卢比但不超过 3 500 000 卢比	195 000 卢比 +17.5% （超过 2 500 000 卢比部分）
6	超过 3 500 000 卢比但不超过 5 000 000 卢比	370 000 卢比 +20% （超过 3 500 000 卢比部分）
7	超过 5 000 000 卢比但不超过 8 000 000 卢比	670 000 卢比 +22.5% （超过 5 000 000 卢比部分）
8	超过 8 000 000 卢比但不超过 12 000 000 卢比	1 345 000 卢比 +25% （超过 8 000 000 卢比部分）
9	超过 12 000 000 卢比但不超过 30 000 000 卢比	2 345 000 卢比 +27.5% （超过 12 000 000 卢比部分）

续表

序号	年应纳税所得额	税率
10	超过 30 000 000 卢比但不超过 50 000 000 卢比	7 295 000 卢比 +30% （超过 30 000 000 卢比部分）
11	超过 50 000 000 卢比但不超过 75 000 000 卢比	13 295 000 卢比 +32.5% （超过 50 000 000 卢比部分）
12	超过 75 000 000 卢比	21 420 000 卢比 +35% （超过 75 000 000 卢比部分）

资料来源：国家税务总局国际税务司发布的 2022 年版《中国居民赴巴基斯坦投资税收指南》，第 57～58 页。

2022 年 7 月 1 日后实行的新税率如表 5－7 所示。

表 5－7　个人（薪资/非薪资）超过应税收入的 75%所得税新税率明细

序号	年应纳税所得额	税率
1	不超过 600 000 卢比	0
2	超过 600 000 卢比但不超过 1 200 000 卢比	2.5% （超过 600 000 卢比部分）
3	超过 1 200 000 卢比但不超过 2 400 000 卢比	15 000 卢比 +12.5% （超过 1 200 000 卢比部分）
4	超过 2 400 000 卢比但不超过 3 600 000 卢比	165 000 卢比 +20% （超过 2 400 000 卢比部分）
5	超过 3 600 000 卢比但不超过 6 000 000 卢比	405 000 卢比 +25% （超过 3 600 000 卢比部分）
6	超过 6 000 000 卢比但不超过 12 000 000 卢比	1 005 000 卢比 +32.5% （超过 6 000 000 卢比部分）
7	超过 12 000 000 卢比	2 955 000 卢比 +35% （超过 12 000 000 卢比部分）

资料来源：国家税务总局国际税务司发布的 2022 年版《中国居民赴巴基斯坦投资税收指南》，第 58 页。

高收入人员（收入内容依据 section 4c 的规定）附加税税率如表 5－8 所示。

表 5-8　　第 4C 款下的收入所得税税率明细

序号	第 4C 款下的收入	税率
1	收入不超过 1.5 亿卢比	收入的 0%
2	收入超过 1.5 亿卢比但未超过 2 亿卢比	收入的 1%
3	收入超过 2 亿卢比但未超过 2.5 亿卢比	收入的 2%
4	收入超过 2.5 亿卢比但未超过 3 亿卢比	收入的 3%
5	收入超过 3 亿卢比	收入的 4%

资料来源：国家税务总局国际税务司发布的 2022 年版《中国居民赴巴基斯坦投资税收指南》，第 58～59 页。

但对于部分或全部从事航空公司、汽车、饮料、水泥、化学品、香烟和烟草、化肥、钢铁、液化天然气终端、石油销售、石油炼制、石油和天然气勘探和生产、药品、糖和纺织业务的人，如果收入超过 3 亿卢比，则 2022 纳税年度的附加税率为 10%。此外，银行公司从业人员在 2023 纳税年度的收入超过 3 亿卢比的，税率也为 10%①。

中、巴的税率和级距都不同，中国对征税项目分类较多，不同的项目适用于不同的级数，意在调节收入，促进公平。而巴基斯坦税率的级距较大，更加复杂，最高边际税率低于中国，而且不区分薪资和非薪资所得，采用一样的所得税税率，这种税制设计的税率是适用于对应的收入档次的，同样有利于缩小贫富差距。中、巴两国不同的征税模式在一定程度上决定了两国在税率上不同的设计安排。

四、孟加拉国

孟加拉国居民纳税人适用 0%～25% 的六级超额累进税率计算缴纳个人所得税。目前，孟加拉国的个人所得税起征点为 30 万塔卡，税率分 6 个档位，分别是 0%、5%、10%、15%、20%、25%。非居民纳税人根据所得类型适用不同个人所得税税率，所得类型有工资薪金所得、股息、特许权使用费、利息、资本利得等五类项目，适用税率有 15%、20%、30%，非居民纳税人不得税前抵扣，不享受个人津贴及福利（见表 5-9）。

① 国家税务总局国际税务司发布的 2022 年版《中国居民赴巴基斯坦投资税收指南》，第 59 页。

表 5-9　孟加拉国个人所得税适用税率

级数	全年应纳税所得额	税率（%）
1	不超过 30 万塔卡的部分	0
2	超过 30 万塔卡至 40 万塔卡的部分	5
3	超过 40 万塔卡至 70 万塔卡的部分	10
4	超过 70 万塔卡至 110 万塔卡的部分	15
5	超过 110 万塔卡至 160 万塔卡的部分	20
6	超过 160 万塔卡的部分	25

资料来源：中国国家税务总局国际税务司发布的 2022 年版《中国居民赴孟加拉国投资税收指南》，第 47～48 页。

中、孟两国的个人所得税税率差异较大，中国对于不同的所得项目规定了适用的不同级数，对前四种所得采用七级超额累进税率，对经营所得采用五级超额所得税率，最低税率为 3%，最高税率为 45%。而孟加拉国统一规定不同数额的个人所得适用于不同的级数，实行统一的六级超额累进税率，最低税率为 5%，最高税率为 25%，对薪金与非薪金采用一样的所得税税率。孟加拉国最低边际税率高于中国，而最高边际税率低于中国，税率累进程度略低于中国，这种税制设计的税率是适用于对应的收入档次的，有利于缩小贫富差距。

五、尼泊尔

尼泊尔居民个人所得税实行超额累进税率，税率为 1%～36%（见表 5-10）。非居民个人税率为单一税率 25%。已婚夫妇可以选择联合申报个人所得税，根据共同收入纳税，适用相应的税率。对于那些除了雇佣收入外没有其他收入来源的女性居民纳税人，可以享受 10% 的个人所得税退税。税收必须由负责支付工资薪金者代扣代缴。扣缴数额必须按收入方年末总的应纳税额的一定比例计算。资本利得税的税率为 10%。

表 5-10　尼泊尔个人所得税累进税率

应纳税收入（NPR）	税率——个人（%）	应纳税收入（NPR）	税率——夫妻（%）
0～400 000	1*	0～450 000	1*
400 001～500 000	10	450 001～550 000	10
500 001～700 000	20	550 001～750 000	20

续表

应纳税收入（NPR）	税率——个人（%）	应纳税收入（NPR）	税率——夫妻（%）
700 001 ~ 1 300 000	30	750 001 ~ 1 250 000	30
补充税 2 000 000 以上	36	补充税 2 000 000 以上	36

注：＊表示 1% 的所得税款应作为社会保险税（Social Security Tax）解付给税务局的特别账户。

资料来源：国家税务总局国际税务司发布的 2022 年版《中国居民赴尼泊尔投资税收指南》，第 35 页。

尼泊尔未对经营所得单独设置税率，但若某一商业的收入和营业额分别不超过 30 万尼泊尔卢比和 300 万尼泊尔卢比，则进行推定征税（见表 5－11）。

表 5－11　　　　超过特定税额情况下的推定征税

个人经商地	定额税率（NPR）
大都会或次大都会级城市	7 500
地市级城市	4 000
其他城市	2 500

资料来源：国家税务总局国际税务司发布的 2022 年版《中国居民赴尼泊尔投资税收指南》，第 35 页。

中、尼两国均实行了超额累进税率，超额累进税率的设计符合量能课税原则，收入高则适用税率更高，能较好地实现收入再分配，促进实质公平。中国的个人所得税税率除超额累进税率外还有比例税率，对不纳入综合所得的其他所得按比例税率征税有利于简化计算，节约征管成本。从累进边际税率来看，中国的最高边际税率高于尼泊尔，中国超额累进税率的区间跨度比尼泊尔大。从累进税率的级次来看，中国的级次多于尼泊尔，有合并简化的空间。从税收公平的角度来看，尼泊尔实行个人申报和夫妇联合申报并行的缴税制度，比中国以个人为纳税单位的申报制度更加贴近实际公平。

六、斯里兰卡

1. 对居民纳税人的规定

斯里兰卡针对不同征税项目对居民纳税人规定的税率如下：

（1）工资薪金所得适用 6% ~18% 不等的累进税率，具体情况如表 5－12 所示。

表 5－12　　　　工资薪金个人所得税率

应税所得额（卢比）	适用税率（%）
0～3 000 000	6
3 000 001～6 000 000	12
>6 000 000	18

资料来源：国家税务总局国际税务司发布的 2022 年版《中国居民赴斯里兰卡投资税收指南》，第 32 页。

（2）退职金所得适用 0%～12% 不等的累进税率，具体情况如表 5－13 所示。

表 5－13　　　　退职金个人所得税率

应税所得（卢比）	适用税率（%）
0～10 000 000	0
10 000 001～20 000 000	6
>20 000 000	12

资料来源：国家税务总局国际税务司发布的 2022 年版《中国居民赴斯里兰卡投资税收指南》，第 33 页。

（3）资本利得和投资收益适用 2.5%、10%、14% 的比例税率。个人出售投资性资产实现的资本利得，适用 10% 的资本利得税税率。除了个人出售投资性资产实现的资本利得外，其他关于个人所取得的资本利得和投资收益，由获取收益的支付方履行代扣代缴预扣个人所得税的义务，具体情况如表 5－14 所示。

表 5－14　　　　居民个人预扣个人所得税率

<table>
<tr><th>项目</th><th>2020 年 1 月 1 日前
适用税率（%）</th><th>2020 年 1 月 1 日后
适用税率（%）</th></tr>
<tr><td>股息红利</td><td>14</td><td>免征</td></tr>
<tr><td>利息或贴息（向 60 周岁以上公民支付的银行存款利息可在 150 万卢比额度内免税）</td><td>5</td><td rowspan="6">免征</td></tr>
<tr><td>租金</td><td>10</td></tr>
<tr><td>自然资源费</td><td>14</td></tr>
<tr><td>特许权使用费</td><td>14</td></tr>
<tr><td>资产认购权</td><td>14</td></tr>
<tr><td>不适用累进税率的退职金所得</td><td>14</td></tr>
</table>

续表

项目	2020 年 1 月 1 日前适用税率（%）	2020 年 1 月 1 日后适用税率（%）
来自彩票、投注或赌博的奖金所得	14	14
通过官方机构取得的珠宝拍卖所得	2.5	2.5

资料来源：国家税务总局国际税务司发布的 2022 年版《中国居民赴斯里兰卡投资税收指南》，第 30～31 页。

（4）个人从事生产经营或提供专业服务所取得的收入，适用企业所得税税率及相应计税方法，不按个人所得税的相关规定征收。

（5）经营所得适用 10% 的比例税率或 0%～6% 不等的累进税率。若经营所得符合定义的资本所得，则适用 10% 的资本所得税税率。除此以外，合伙经营所得适用税率具体如表 5－15 所示。

表 5－15　　合伙经营所得适用税率

应税所得额（卢比）	适用税率（%）
≤1 000 000	0
>1 000 000	6

资料来源：国家税务总局国际税务司发布的 2022 年版《中国居民赴斯里兰卡投资税收指南》，第 34～35 页。

2. 对非居民纳税人的规定

斯里兰卡针对不同征税项目对非居民纳税人规定的税率如下：

（1）一般规定。除资本利得和投资收益外，非居民个人与斯里兰卡居民个人在斯里兰卡境内取得其他各类所得，适用与斯里兰卡居民个人相同的个人所得税税制及税率。

（2）资本利得和投资收益。根据斯里兰卡税务局于 2020 年 4 月颁布的《国内税收法》修正案，非居民个人需要在相关双边税收规定下，针对取得的资本利得和投资收益扣除预缴所得税，具体税率如表 5－16 所示。

表 5－16　　非居民资本利得及投资收益适用税率

适用项目	税率（%）
股息分红	0
利息或贴息	5

续表

适用项目	税率（%）
租金	14
自然资源费	14
特许权使用费	14
资产认购权	14
不适用累进税率的退职金所得	14
来自彩票，投注或赌博的奖金所得	14
通过官方机构取得的珠宝拍卖所得	2.5
土地、海洋、空中运输或通信服务所得	2

资料来源：国家税务总局国际税务司发布的2022年版《中国居民赴斯里兰卡投资税收指南》，第38页。

中、斯两国在税率结构设计上，都采用超额累进税率和比例税率两种，在具体的适用项目上存在着一定差异。中国居民个人的工资薪金、劳务报酬、稿酬、特许权使用费实行按纳税年度合并应税所得额后，使用七级超额累进税率计算个人所得税，非居民个人按月或者按次分项使用累进税率计算个人所得税。个体工商户经营所得实行按年累进税率计算个人所得税，其他类型所得因为不属于我国绝大多数人的经常性收入，因此配以比例税率来计算其所得税。相比之下，斯里兰卡没有综合所得，居民个人取得的工资薪金、退职金所得、合伙经营所得都分别适用各自规定的超额累进税率，其资本利得和投资收益实行比例税率。非居民个人除资本利得和投资收益外其余在境内取得的各类所得，与居民个人适用相同的个人所得税税制及税率。

中国的综合所得与斯里兰卡工资、薪金所得在最低与最高税率设计上，存在较大差异。中国综合所得的最低税率为3%，而斯里兰卡的最低税率为6%，中国对于综合所得的免征额为每年6万元，而斯里兰卡免征额每年300万卢比，其扣除额高于中国，进行扣除后的应纳税所得额按6%的税率计算交税比中国在此区间所适用的20%的税率低了3倍多，税负明显比中国低。中国工资薪金所得的最高税率为45%，对于高收入，斯里兰卡税负水平仅为18%。

中、斯两国在工资、薪金所得税率累进路线和级距上相似之处在于两国都采用等额累进的税率表，应税所得累进额和税率累进数都是等额累进。差异在于中国采用的是3%～45%的七级超额累进税率，对中低收入的累进程度跳跃性过快，各级分界点的设置缺乏统一的逻辑规律。斯里兰卡采用的是6%～18%的三级超额累进税率，累进税率设计较简单，有利于培育中等收入阶层，推进橄榄型的收入分配结构的形成。

七、不丹

2020 年 5 月 14 日，不丹财政部发布《2020 年所得税法（修订）》规定：自 2020 年所得年度起，个人所得税实行新的税率（见表 5－17），将基本免征额从 20 万努提高至 30 万努，并增加一档 30% 的最高边际税率；个人所得税年应纳税额 100 万努的，自 2020 年收入年度起，加收相当于应缴或实缴税额 10% 的个人所得税。

表 5－17　　不丹个人所得税税率

应纳税所得额（努）	边际税率（%）
不超过 300 000 的部分	0
超过 300 000 至 400 000 的部分	10
超过 400 000 至 650 000 的部分	15
超过 650 000 至 1 000 000 的部分	20
超过 1 000 000 至 1 500 000 的部分	25
超过 1 500 000 的部分	30

资料来源：国家税务总局国际税务司发布的 2022 年版《中国居民赴不丹投资税收指南》，第 46 页。

中、不两国综合所得均实行超额累进税率，但中国个人所得税边际税率比不丹要高。中国个人综合所得适用七级超额累进税率，最高边际税率为 45%，而不丹综合所得适用六级超额累进税率，最高边际税率为 30%。

八、马尔代夫

马尔代夫个人所得税则无论是对居民纳税人还是对非居民纳税人，均实行五级超额累进税率，年收入 72 万卢菲亚以下的部分，税率为 0%，超过 72 万未达到 120 万卢菲亚的部分，税率为 5.5%，超过 120 万未达 180 万卢菲亚的部分，税率为 8%，超过 180 万未达 240 万卢菲亚的部分，税率为 12%，超过 240 万卢菲亚的部分，适用税率为 15%（见表 5－18）。

表 5－18　　马尔代夫个人收入所得税税率

级数	全年应纳税所得额（卢菲亚）	税率（%）
1	≤720 000	0
2	720 001～1 200 000	5.5

续表

级数	全年应纳税所得额（卢菲亚）	税率（%）
3	1 200 001 ~ 1 800 000	8
4	1 800 001 ~ 2 400 000	12
5	>2 400 000	15

资料来源：国家税务总局国际税务司发布的2022年版《中国居民赴马尔代夫投资税收指南》，第28页。

中国与马尔代夫的税率和级数均不同，中国的个人所得分类较多，不同的所得分类适用于不同的税率，同一个所得分类又因为级数不同而适用税率不同，旨在缩小贫富差距，进而实现共同富裕。而马尔代夫却只是根据个人年收入的不同而适用不同税率，不区分应税所得分类，但是两国的个人所得税适用税率的性质是一样的，均是超额累进税率，且马尔代夫的个人收入级数与中国经营所得收入的级数相同，但马尔代夫的最高边际税率低于中国，并且最高税率也仍远远低于中国，两国的税制设计的税率分别对应两国不同的征税模式，且与两国的经济发展水平以及财政政策的调整分不开，是适应两国国情的表现。

第五节　应纳税所得额比较

一、中国

由于中国个人所得税的应税项目不同，并且取得某项所得所需费用也不相同，因此，计算个人应纳税所得额，需按不同应税项目分项计算。以某项应税项目的收入额减去税法规定的该项目费用减除标准后的余额，为该应税项目应纳税所得额。两个以上的个人共同取得同一项目收入的，应当对每个人取得的收入分别按照《个人所得税法》的规定计算纳税。《个人所得税法》对纳税义务人的征税方法有3种：一是按年计征，如经营所得，居民个人取得的综合所得；二是按月计征，如非居民个人取得的工资、薪金所得；三是按次计征，如利息、股息、红利所得，财产租赁所得，偶然所得，非居民个人取得的劳务报酬所得，稿酬所得，特许权使用费所得6项所得。在按次征收的情况下，由于扣除费用依据每次应纳税所得额的大小，分别规定了定额和定率两种标准。具体规定是：

（1）居民个人综合所得以及取得经营所得的个人没有综合所得的，以每年收入额减除 60 000 元基本扣除费用以及专项扣除、专项附加扣除和依法确定的其他扣除后的余额为应纳税所得额。

（2）非居民个人的工资、薪金所得，以每月的收入额减去 5 000 元基本扣除费用后的余额为应纳税所得额。

（3）劳务报酬所得、特许权使用费所得、稿酬所得（居民个人汇算清缴时；非居民个人扣缴时）减除 20% 的余额为应纳税所得额，稿酬所得在减除 20% 的基础上减按 70% 后的余额为应纳税所得额。

（4）财产租赁所得、居民个人劳务报酬所得、稿酬所得、特许权使用费所得（预扣预缴时）每次收入不超过 4 000 元的，减除费用 800 元，4 000 元以上的，减除 20% 的费用，其余额为应纳税所得额。

（5）经营所得减除成本、费用以及损失后的余额为应纳税所得额。

（6）财产转让所得，以转让财产的收入额减除财产原值和合理费用后的余额为应纳税所得额。

（7）利息、股息、红利所得、偶然所得除另有规定外，不得扣除费用。

二、印度

印度个人可申请从总收入中扣除不超过 15 万卢比的人寿保险、储蓄工具及养老基金，如印度新退休金计划（New Pension Scheme，NPS）。向印度人寿保险公司缴纳的个人和家庭养老金每年扣除最高限额为 1 万卢比。医疗保险费最高扣除限额为 2.5 万卢比。健康检查的最高扣除限额为 5 000 卢比（如被保险人为 60 岁或 60 岁以上的印度居民，则最高可扣除 5 万卢比）。个人为父母缴纳的医疗保险费最高扣除限额为 2.5 万卢比（如被保险人为 60 岁或 60 岁以上的印度居民，则最高可扣除 5 万卢比）。未纳入保险范围的医疗费最高扣除限额为 4 万卢比（如被医疗人为 60 岁或 60 岁以上的印度居民，则最高可扣除 10 万卢比）。为接受高等教育而获得的贷款，所支付的利息可全额扣除。患有残疾或家属患有残疾的纳税人缴税最高扣除限额不超过 12.5 万卢比。储蓄存款获得的利息每人最高扣除限额为 1 万卢比（60 岁或 60 岁以上的印度居民最高可扣除 5 万卢比）①。

对于混合税制来说，不论是综合征收还是分类征收的所得，要确定其应税

① 国家税务总局国际税务司发布的 2022 年版《中国居民赴印度投资税收指南》，第 40 页。

所得和净所得，通常都需要从毛所得中扣除免征额（或基本生计扣除额）和为取得该收入支付的成本、费用和发生的损失。中、印两国对于个人所得税应税所得的确定有许多共同点，也有各自特色：从对基本生计费用的扣除额看，我国规定了基本费用扣除额 6 000 元/年，印度没有此规定，但其有免征额，免征额根据纳税人年龄划分不同标准，在其他扣除项目上考虑到残疾人、残疾人家属、老年人等弱势群体的税收负担问题，对此进行相应的扣除，进一步减轻此类家庭的税收负担。从允许扣除的成本、费用项目看，都包括了一些利息支出、医疗费用支出、特定的医疗保险与养老基金扣除，但印度在其扣除标准上针对老龄群体都加大了扣除金额。综上，可以看出印度的费用扣除制度充分考虑了老龄群体的负担。

三、巴基斯坦

巴基斯坦对税前扣除的规定相对简单，工资所得的主要扣除项有：向获得批准的非营利组织进行的慈善捐赠可以享受税收抵减，按所捐献的价值和个人应纳税所得的较低者进行纳税抵扣；天课（穆斯林每年一次的慈善捐款）可获得特别的直接扣除；房屋贷款的利息，慈善捐赠和特殊股份的投资费用可以扣除。

中国对于应纳税所得额的计算比巴基斯坦更为复杂，扣除项目更多，除了定额扣除、比例扣除、费用成本扣除，还对专项扣除、专项扣除附加有更加详细的规定，这也是因为中国个人所得税税目更多，同时为了按纳税人的能力、负担缴纳相应税款，所以这样设置计算方式。巴基斯坦的扣除项目较少，计算方式单一，可以方便地得到应纳税所得额，计算起来更为简单，除此之外巴基斯坦还涉及对宗教慈善捐款项目的抵减，这与巴基斯坦的历史文化背景密切相关。

四、孟加拉国

孟加拉国仅对居民纳税人实行税前扣除，纳税人为取得收入而在相关时期内发生的且不属于税法明确规定不允许扣除的费用，可以在个人所得税税前扣除。可扣除费用包括但不限于如下：第一，允许从利息收入中扣除借款的银行手续费和利息费用，利息费用包括支付伊斯兰银行的利润分红；第二，经批准的捐赠费用；第三，允许从营业收入中扣除科研费用；第四，特许权使用费；第五，自 2012 年 7 月 1 日起，公司以外的个人或组织向根据《2012 年总理教育援助法案》设立的基金会支付的捐款可税前扣除，扣除额为应纳税所得的

20%或1 000万塔卡孰低者；第六，养老金缴款。税法规定以下费用不允许税前扣除：第一，尚未扣缴且未作正确会计处理的预提所得税；第二，自2012年7月1日起，除支付原材料价款、工资或报酬、履行政府义务外，个人以支票或银行转账以外的其他形式支付的超过5万塔卡的款项；第三，安家费；第四，保险费用不可税前扣除，对应的从保险公司获得的保险赔偿款无须纳税。

中国对于应纳税所得额的计算比孟加拉国更为复杂，扣除项目更多，除了定额扣除、比例扣除、费用成本扣除，还对专项扣除、专项扣除附加有更加详细的规定，这也是因为中国个人所得税税目更多，同时为了按纳税人的能力、负担缴纳相应税款，所以这样设置计算方式。孟加拉国的扣除项目较少，计算方式单一，一般是直接税前扣除，可以方便地得到应纳税所得额，计算起来更为简单，此外，孟加拉国对不得税前扣除的项目做出了具体的规定。

五、尼泊尔

尼泊尔个人所得税应税来源主要包括纳税人的商业收入、就业收入和投资收入三大类，根据尼泊尔《所得税法（2002）》，其具体的计算和扣除规定如下：

（一）商业（营业）收入的应纳税额

在计算纳税人从经营业务中获得的利润和利益时，其计算应包括纳税人收到的以下金额：服务费；处置交易库存所得的金额；纳税人的业务资产或业务负债产生的净利润；被视为从企业应计折旧财产的处置中获得的金额；从任何人处收到的与业务相关的礼物；因接受与业务经营有关的任何限制而收到的金额；尽管纳税人收到的金额已包含在投资收入中，但该人收到的金额与其业务直接相关的部分。通常，对于商业（或投资）收入，以下支出不可扣除：家庭或个人的支出；根据《所得税法（2002）》缴纳的个人所得税，因违反任何法律、规章或地方法规而向政府缴纳的罚款和类似的罚金；纳税人的免税收入或适用最终预扣税法（即源泉扣缴）的收入中的开支；某实体的利润分配；年营业额超过200万尼泊尔卢比的纳税人的超过5万尼泊尔卢比的现金支付（不包括特殊情况）；某一资本性支出或外国所得税支出。

（二）就业收入应纳税额

在计算个人报酬时，包括一年当中由雇主发放给雇员的以下收入：工资薪金、解雇费、加班费、服务费、佣金、奖品、礼品、奖金以及其他报酬；个人津贴，包括生活、生计、租金、娱乐和交通支出；向个人或与其相关者所发放的费用报销；个人同意雇佣的任何条件取得的收入；个人雇佣关系终止取得的收入；退休金，包括雇主为雇员向退休基金缴纳的份额和雇主直接支付给雇员的退休金；因雇佣关系而获得的其他收入。雇员从雇主处获得的以下福利不需要纳税：雇主在工作场所提供给全体员工的食品或午餐；由于小额零星导致难以征管的福利。尼泊尔居民从外国军队或警察部队退休而获得的养老金免税，此养老金必须由该国公共基金支付。个人向税务局批准设立的养老基金缴纳的份额可以从应纳税额中扣除。对于居民的投资保险金，每年可扣除投资保险的支付额，但不得超过 2 万尼泊尔卢比。

（三）投资收入应纳税额

投资是在《所得税法（2002）》之下定义的一种行为，是指持有一个或多个具有类似性质，并进行协调使用的资产或将上述资产用于投资活动的行为。投资收入定义为投资利润和所得，与年收入相关联的投资收入为应税收入，须并入总应税收入，具体包括：任何分红、利息、自然资源收入、租金、特许权使用费、投资保险所得、从未批准设立的退休基金获取利息所得、由于投资从批准设立的退休基金获取退休金；投资中非商业收费资产支配净所得；处置“投资用”可折旧资产收入扣除其资产净值后的所得；因投资而收到的礼品；源自考虑接受一个限制条件进行投资而获得的收入；税法明确规定的其他收入。

中、尼两国在所得税的税前扣除上稍显不同，中国的扣除项目更多，除了定额扣除、比例扣除、费用成本扣除，还有专项扣除、专项扣除附加等。由于中国以个人为个人所得税的课税单位，个人所得税税目更多，这样设置有利于减轻个人的税收负担，体现税收公平。而尼泊尔的扣除项目较少，计算方式单一。尼泊尔对于工资、薪金收入除了福利、养老金、社会保险税等法律规定的免税和可扣除的项目外，没有其他任何附加扣除。此外，尼泊尔税法规定，在尼泊尔的宗教活动或慈善捐款可以允许扣除，这与尼泊尔的历史文化背景密切相关。

六、斯里兰卡

根据斯里兰卡税务局于 2020 年 4 月颁布的《国内税收法》修正案，自 2020 年 1 月 1 日起，居民及非居民纳税人均享有每年 3 000 000 卢比的个人所得税免税额。针对居民纳税人，每年还可以享受不超过 1 200 000 卢比的专项扣除，具体规定如下：医疗健康支出，包括医保支出；纳税人及其子女的本地教育支出；住房贷款的利息支出；获批的养老金计划支出；购买股票或证券的支出①。

中国个人所得税中规定的扣除方式比斯里兰卡多。中国个人所得税法中，包括定额扣除、定率扣除、定额或定率扣除、核算扣除等多种扣除方式。斯里兰卡多为定额扣除，扣除方式单一。中、斯两国扣除项目基本一致：中国规定的基本扣除数，其性质接近于斯里兰卡的免征额；中国专项扣除、专项附加扣除和依法确定的其他扣除，与斯里兰卡的专项扣除在其功能上十分相近，区别在于我国这三项扣除是分别计算其扣除额，有各自的扣除规定，而斯里兰卡是将这些扣除项目的扣除标准进行统一规定为不超过一定扣除额度；两国扣除项目具体内容基本一致，都包括医疗健康支出、子女教育支出、住房贷款等。

七、不丹

不丹在计算个人所得税时，以下项目可从总所得中扣除：（1）经批准用于指定用途的捐赠（最高不超过调整后总收入的5%）；（2）自2020所得年度起，若有文件证明，每个受抚养子女可由父母一方申请扣除教育经费，扣除额以实际发生额或最高扣除额350 000努孰低者为准，没有文件证明的，最高扣除额为20 000努；（3）在不丹保险公司缴纳的寿险保费（仅限于对涵盖寿险和储蓄险的保险计划支付保费的50%，不超过50 000努的部分），（4）租赁和商业租赁收入的30%。

从应纳税额的计算来看，中、不两国均允许在税前扣除基本项目如保险费用以及一定比例的捐赠支出，但对于其他附加扣除稍有不同。中国个人所得税附加扣除包括子女教育、继续教育、大病医疗、住房贷款利息或住房租金、赡养老人等项支出，而不丹目前仅允许子女教育支出在税前扣除。

八、马尔代夫

马尔代夫个人所得税的可扣除费用与企业所得税的可扣除费用规定大致相同。马尔代夫《所得税法》第4章第28节对租赁不动产应税所得的计算进行了特殊规定。在马尔代夫从事不动产租赁的企业可选择将直接扣减出租收入的20%之后的收入作为应税所得。如果选择了此种抵减方法，则不允许企业就相关租赁收入涉及的费用进行税前扣除。此扣减方法同样适用于个人。即，可抵

① 国家税务总局国际税务司发布的2022年版《中国居民赴斯里兰卡投资税收指南》，第36页。

扣费用标准如下：

通常，同时满足如下条件的费用可以抵免：

（1）属于收入相关，而非资产相关的费用；

（2）“完全且专门地”用于纳税人的商业活动；

（3）发生在相关纳税年度；

（4）非纳税人个人或私自发生的费用。

如果个人发生的费用部分与产生收入相关，部分与其他原因相关，则需在取得马尔代夫税务局的许可后，用合理的分摊基础对费用进行拆分，只有分配到与产生收入相关的部分可以用于税前扣除①。通过比较，此处应区别于中国居民纳税人综合所得以及非居民个人的工资、薪金所得的可扣除标准，马尔代夫只有分配到与产生收入相关的费用才可以税前扣除，否则并不能扣除。

此外，马尔代夫还特别规定一部分费用可以税前扣除，包括开办费用、总部费用、员工福利、养老金、审计费、坏账（需证明该坏账产生于与收入相关的交易，且发生在2011年7月18日之后）、已缴纳预提税的费用等。此处可与中国个税居民纳税人在计算应纳税所得额扣除相关成本、费用，以及专项附加扣除相比较，但马尔代夫只计算与收入相关，且与资产不相关的费用进行扣除等。

企业向马尔代夫税务局认可的单位、组织和公共机构捐赠，且用于伊斯兰教传播、贫穷改善、医疗、教育或其他公共设施改善，可在捐赠发生的税务年度进行抵扣，可抵扣的最大金额不得超过企业在该纳税年度应税利润（不包括捐赠和亏损弥补前的应税利润）的5%。而中国个人将其所得对教育、扶贫、济困等公益慈善事业进行捐赠，捐赠额未超过纳税人申报的应纳税所得额30%的部分，可以从其应纳税所得额中扣除；国务院规定对公益慈善事业捐赠实行全额税前扣除的，从其规定②。

第六节　税收优惠比较

一、中国

《个人所得税法》《个人所得税法实施条例》以及财政部、国家税务总局

① 国家税务总局国际税务司发布的2022年版《中国居民赴马尔代夫投资税收指南》，第18~19页。

② 中国注册会计师协会．税法［M］．北京：中国财政经济出版社，2021：251.

的若干规定等，都对个人所得项目给予了减税、免税的优惠，主要有：

（一）免征个人所得税的优惠

（1）省级人民政府、国务院部委和中国人民解放军军以上单位，以及外国组织颁发（颁布）的科学、教育、技术、文化、卫生、体育、环境保护等方面的奖金（奖学金）。

（2）国债和国家发行的金融债券利息。

（3）按照国家统一规定发给的补贴、津贴。

（4）福利费、抚恤金、救济金。

（5）保险赔款。

（6）军人的转业费、复员费。

（7）按照国家统一规定发给干部、职工的安家费、退职费、基本养老金或者退休费、离休费、离休生活补助费。

（8）依照我国有关法律规定应予免税的各国驻华使馆、领事馆的外交代表、领事官员和其他人员的所得。

（9）中国政府参加的国际公约以及签订的协议中规定免税的所得。

（10）对乡、镇（含乡、镇）以上人民政府或经县（含县）以上人民政府主管部门批准成立的有机构、有章程的见义勇为基金或者类似性质组织，奖励见义勇为者的奖金或奖品，经主管税务机关核准，免征个人所得税。

（11）企业和个人按照省级以上人民政府规定的比例缴付的住房公积金、医疗保险金、基本养老保险金、失业保险金，允许在个人应纳税所得额中扣除，免予征收个人所得税。

（12）对个人取得的教育储蓄存款利息所得以及国务院财政部门确定的其他专项储蓄存款或者储蓄性专项基金存款的利息所得，免征个人所得税。

（13）储蓄机构内从事代扣代缴工作的办税人员取得的扣缴利息税手续费所得，免征个人所得税。

（14）生育妇女按照县级以上人民政府根据国家有关规定制定的生育保险办法，取得的生育津贴、生育医疗费或其他属于生育保险性质的津贴、补贴，免征个人所得税。

（15）对工伤职工及其近亲属按照《工伤保险条例》规定取得的工伤保险待遇，免征个人所得税。

（16）对个体工商户或个人，以及个人独资企业和合伙企业从事种植业、养殖业、饲养业和捕捞业取得的所得暂不征收个人所得税。

（17）个人举报、协查各种违法、犯罪行为而获得的奖金。

（18）个人办理代扣代缴税款手续，按规定取得的扣缴手续费。

（19）个人转让自用达5年以上，并且是唯一的家庭生活居住用房取得的所得。

（20）对按《国务院关于高级专家离休退休若干问题的暂行规定》和《国务院办公厅关于杰出高级专家暂缓离休审批问题的通知》精神，达到离休、退休年龄，但确因工作需要，适当延长离休、退休年龄的高级专家，其在延长离休、退休期间的工资、薪金所得，视同退休工资、离休工资免征个人所得税。

（21）凡符合下列条件之一的外籍专家取得的工资、薪金所得可免征个人所得税：①根据世界银行专项贷款协议由世界银行直接派往我国工作的外国专家。②联合国组织直接派往我国工作的专家。③为联合国援助项目来华工作的专家。④援助国派往我国专为该国无偿援助项目工作的专家，除工资、薪金外，其取得的生活津贴也免税。⑤根据两国政府签订文化交流项目来华工作2年以内的文教专家，其工资、薪金所得由该国负担的，免征个人所得税。⑥根据我国大专院校国际交流项目来华2年以内的文教专家，其工资、薪金所得由该国负担的，免征个人所得税。⑦通过民间科研协定来华工作的专家，其工资、薪金所得由该国政府机构负担的，免征个人所得税。

（22）对被拆迁人按照国家有关城镇房屋拆迁管理办法规定的标准取得的拆迁补偿款（含因棚户区改造而取得的拆迁补偿款），免征个人所得税。

（23）对个人投资者从投保基金公司取得的行政和解金，暂免征收个人所得税。

（24）对个人转让上市公司股票取得的所得暂免征收个人所得税。

（25）个人从公开发行和转让市场取得的上市公司股票，持股期限超过1年的，股息、红利所得暂免征收个人所得税。

（26）个人取得的下列中奖所得，暂免征收个人所得税：①单张有奖发票奖金所得不超过800元（含800元）的，暂免征收个人所得税；个人取得单张有奖发票奖金所得超过800元的，应全额按照税法规定的“偶然所得”项目征收个人所得税。②购买社会福利有奖募捐奖券、体育彩票一次中奖收入不超过10 000元的暂免征收个人所得税；对一次中奖收入超过10 000元的，应按税法规定全额征税。

（27）乡镇企业的职工和农民取得的青苗补偿费，属种植业的收益范围，同时，也属经济损失的补偿性收入，暂不征收个人所得税。

（28）对由亚洲开发银行支付给我国公民或国民（包括为亚行执行任务的专家）的薪金和津贴，凡经亚洲开发银行确认这些人员为亚洲开发银行雇员或执行项目专家的，其取得的符合我国税法规定的有关薪金和津贴等报酬，免征个人所得税。

(29) 经国务院财政部门批准免税的所得。

(二) 减征个人所得税的优惠

(1) 个人投资者持有2019~2023年发行的铁路债券取得的利息收入，减按50%计入应纳税所得额计算征收个人所得税。税款由兑付机构在向个人投资者兑付利息时代扣代缴。铁路债券是指以中国铁路总公司为发行和偿还主体的债券，包括中国铁路建设债券、中期票据、短期融资券等债务融资工具。

(2) 自2019年1月1日起至2023年12月31日，一个纳税内在船航行时间累计满183天的远洋船员，其取得的工资、薪金收入减按50%计入应纳税所得额，依法缴纳个人所得税。这里所称的远洋船员是指在海事管理部门依法登记注册的国际航行船舶船员和在渔业管理部门依法登记注册的远洋渔业船员。在船航行时间是指远洋船员在国际航行或作业船舶和远洋渔业船舶上的工作天数。一个纳税年度内的在船航行时间为一个纳税年度内在船航行时间的累计天数。远洋船员可选择在当年预扣预缴税款或者次年个人所得税汇算清缴时享受上述减征优惠政策。

(3) 有下列情形之一的，可以减征个人所得税，具体幅度和期限，由省、自治区、直辖市人民政府规定，并报同级人民代表大会常务委员会备案。①残疾、孤老人员和烈属的所得。②因严重自然灾害遭受重大损失的。③国务院可以规定其他减税情形，报全国人民代表大会常务委员会备案。

二、印度

印度根据特定要求，规定了具体的免税优惠项目，包括：雇主报销的医疗费用，退休福利基金缴款，公积金、抚恤及养老基金，如不超过规定限额，则不必计入雇员的应税薪酬。部分津贴（包括租房津贴和度假旅行津贴）可免税，或以一个较低值计入应纳税所得额，但需符合特定条件。在外国轮船上工作且在纳税年度中在印度停留不超过90天的非居民外籍员工无须就其收入缴纳税款。取得的拥有境外居住资格的个人（需符合外汇管理法规的相关规定）从其非居民外部账户（Non-resident External，NRE）取得的利息，或个人从印度储备银行（中央银行）许可保留的非居民外部账户取得的利息，计划内银行（就批准的外币存款）应支付给非居民或非常住居民的利息免税。以及转让在印度公认证券交易所上市的股票或股票型基金所获得的长期资本利得（源于持有期限超过一年的上市证券的收益；首次公开募股中按公开要约出售的未上市股票也应缴纳证券交易税，如果股票持有期限超过一年（长期资本利得），则由此产生的收益均可免税等税收优惠①。

中国的个人所得税税收优惠政策的出台带有时效性和特殊性政策倾向，如1998年东南亚金融危机背景下出台的居民储蓄存款利息税试图将居民的储蓄存款逼出来进行消费，实行了10年之后效果不是很明显，且大多数居民将看病、养老、教育的钱存在银行以备不时之需，征收利息税不大符合中国现有的国情，于是2008年将之取消，作为免税项目。印度对储蓄存款获得的利息有限额扣除标准，但未将存款利息作为免税项目。中国对按照国家统一规定发放的基本养老金或者退休费，举报、见义勇为等行为的奖金等，军人的转业费、复员费都予以免税，这主要与我国长期以来形成的观念和文化相关，印度对于这方面免税规定则较少。

三、巴基斯坦

巴基斯坦规定了具体的免税收入项目，统一适用于居民纳税人和非居民纳税人，包括农业收入、总统授予的荣誉、奖学金、分居协议规定的扶养款项、来源于国外的收入、医疗津贴或费用等；而非居民纳税人还可以单独享有额外的税收优惠，包括债务利息、国际协议规定的豁免、外国政府雇员的工资薪金、外交豁免与联合国豁免等。

中国给予非居民纳税人的优惠政策较少，而巴基斯坦对非居民纳税人有额外的税收优惠政策。中国税收优惠政策除了免税外，还有减征税额的方式，巴基斯坦则只有免税的方式。中、巴的个人所得税税收优惠政策的侧重点存在相同点，都同样考虑了社会民生、公平等方面，大大减轻了纳税人的负担，体现了税制的人性化。

四、孟加拉国

孟加拉国制定了具体的税收优惠项目，统一适用于居民纳税人和非居民纳税人，包括对特定纳税人的部分豁免、房租与交通的补贴、特定个人所得税的退还等，《财政法案》（2020年）增加了纳税人可享受的税收优惠，包括提交了在线所得税报表的个人享有的退税、养老金的免税优惠、政府发出酬金的免

① 笔者根据国家税务总局国际税务司发布的2020年版《中国居民赴印度投资税收指南》第42~45页资料整理所得。

税优惠等；而非居民纳税人还可以单独享有额外的税收优惠，主要是对外籍技术员工的税收优惠或是满足条件的非居民纳税人。例如：依据《孟加拉国私营电力制造行业政策》建立的私营煤电制造企业，若按协议约定于2020年6月30日以前设立建造发电设备，企业聘请的外籍员工个人所得免税3年。依据《孟加拉国经济区法案》在孟加拉国设立的货物制造或提供服务的企业，聘用的外籍技术员工可减免3年所得税；在满足一定条件下，减免期可延长至5年。外籍员工自2018年8月14日起三年内取得的来源于达卡高架高速公路公私合作（PPP）项目下的收入和补贴免征个人所得税等。

中国税收优惠政策统一适用于居民纳税人和非居民纳税人，对非居民纳税人没有额外的优惠政策，而孟加拉国对非居民纳税人有额外的税收优惠政策。中国税收优惠政策免税、减征税额的方式，孟加拉国既有免税的方式，也有税收退还、特殊补贴等方式。中、孟的个人所得税税收优惠政策的侧重点存在相同点，都同样考虑了社会民生、公平等方面，大大减轻了纳税人的负担，体现了税制的人性化。但也存在不同点，孟加拉国对非居民纳税人实施的额外优惠是为了更好地引入外籍技术人才，促进本国制造业发展。

五、尼泊尔

尼泊尔税法规定居民可以享受个人免征额（包括居民个人经营的个人独资企业），个人报税的免征额为400 000尼泊尔卢比，夫妻联合报税的免征额为450 000尼泊尔卢比。虽然对医疗费用的扣除没有明确的规定，居民个人可就批准的医疗费用申请医疗税收抵免。每一年度医疗税收抵免的上限为批准的医疗费用的15%，且未使用的额度可结转至以后年度使用。此外，税法还规定了具体的免税项目，统一适用于居民纳税人和非居民纳税人，主要包括：政府统一发放的津贴、赠与、遗赠、继承或奖学金所得以及居民从外国军队或警察部队取得的抚恤金等。对于非居民纳税人，其可享受的免税优惠还包括：税收协定豁免、外国政府雇员的工资薪金、非居民从外国公共基金所得的收入等。

从法定的税收优惠来看，中、尼两国都对抚恤金、政府统一发放的津贴、赠与、遗赠、继承所得、奖学金所得以及根据国际税收协定应免税的项目。这些项目的共同特点是与政府支付、与人道主义、与公共利益均相关，因此都能得到共同的价值认同。中国给予非居民纳税人的优惠政策较少，而尼泊尔对非居民纳税人有额外的税收优惠政策。中国税收优惠政策既有免税又有减税的方式，而尼泊尔只有免税的方式。

六、斯里兰卡

斯里兰卡居民个人就以下项目于2018年4月1日起免征个人所得税：因个人受伤或死亡所获得的补偿或酬金；退休补偿，来自经过税务机关批准的公积金的部分；退休补偿，来自养老基金或员工信托基金自1987年4月1日后进行代理投资所产生的投资收益部分；政府养老金；个人根据外交豁免法和其他特定公约享有特权所取得的收入；单笔不超过50 000卢比的资本利得，以及年度内总额不超过600 000卢比的资本利得；符合条件的居民个人出售主要居住房屋实现的所得；在经斯里兰卡证监会许可的证券交易所出售上市股票所产生的资本利得；由斯里兰卡总统或政府颁发的，表彰研发的奖项所得；来源于总统基金或国防基金的款项；60岁及以上居民个人从已登记的银行或保险公司购买的不少于10年期限的养老年金所得；不超过500 000卢比的彩票中奖收入；个人获得的居民企业分配的股息红利所得，该股息红利在上一个分配环节已计提缴纳预提企业所得税；在珠宝拍卖行经代扣代缴后的拍卖所得①。根据斯里兰卡税务局于2020年4月颁布的《国内税收法》修正案，自2020年1月1日起，统一适用于居民个人和非居民个人的免税项目包括：获斯里兰卡中央银行批准的银行的外汇存款利息收入；自2018年4月1日起，从斯里兰卡政府发行外汇的主权基金所取得的利息收入；源于再出口、轻加工、转口贸易、未进入斯里兰卡境内的海外跨国贸易、海外前端服务、与资金融通、收款相关的总部运营管理服务等行业的股息；源于自2019年4月1日起，销售初级农产品的收入、提供信息技术服务、向境外人士提供服务并通过斯里兰卡银行收取外汇的收入、其他源于境外并以外汇形式汇入斯里兰卡境内银行的所得或利润等。此外，单独适用于居民个人的免税项目包括从实质性投资的非居民企业获得的股息收入；单独适用于非居民个人的免税项目包括从科研实验性工作以及标准认证类工作所取得的收入。

中、斯两国的个人所得税制度在税收优惠上都以列示的方式明确予以免税的项目，两国免税项目主要有：与死者有关的款项，如保险赔偿、抚恤金等；政府颁发的奖金；出售自住房屋所得；不超过限额的中奖所得；养老基金退休费等。相比较而言，中国的个人所得税税收优惠的出台更具有时效性和特殊性政策倾向，如针对新冠疫情出台了各种免税政策。中国对按照国家统一规定发放的举报、见义勇为等行为的奖金，军人的转业费、复员费等进行了免税规

① 国家税务总局国际税务司发布的2022年版《中国居民赴斯里兰卡投资税收指南》，第34～35页。

定，这主要与我国长期以来形成的观念和文化相关。而对于非居民的优惠政策，斯里兰卡给予的免税项目比中国更多。

七、不丹

自2020年起，不丹每年个人所得税的标准基本免税额为300 000努。只要符合规定的条件，宗教机构或组织、慈善机构、信托或法人组织可免征个人所得税。自2016年1月1日起，定期存款利息收入将不再作为个税的应税收入。以下项目不计入于工资所得：旅游度假补贴；旅游补贴和按日给予的旅游津贴；搬迁补助和因搬迁补助的交通费用；向派驻国外的皇家政府雇用的公务员发放的国外津贴和代表津贴；学员和交换学生领取的津贴和在不丹工作的志愿者领取的生活津贴。来自苹果、橙、豆蔻果园经济作物收入2020年起免征个人所得税①。

从税收优惠来看，两国都对非营利组织收入、存款利息以及外国使馆人员所获补贴等予以免税。但中国的个人所得税优惠范围更广，除上述免税项目外还包括有利于公共利益、促进农业发展和科教文卫事业发展，以及如果征税将对居民生活产生重大影响的项目，如见义勇为奖金、社会保险金利息、存款利息、国债利息收入、外籍个人相关补助、个人转让5年以上自用住房等。

八、马尔代夫

马尔代夫针对居民个人，只要个人所得不高于72万卢菲亚的个人免征个人所得税，没有中国免税所得项目标准细分得密；对于非居民个人，分为不征税所得与免税所得，其中马尔代夫不对非居民的个人所得、遗产和受赠所得征税，对于免税所得，个人与居民企业的优惠政策基本相同，其中包括涉及在特别经济区内从事开发基础设施及提供特别经济区所需相关服务业务，且根据行业和投资性质，给予投资特别经济区的投资者不同程度的税收优惠；非居民企业所有人或承租人从事船舶或飞机的经营活动，且其未获得其他任何收入，可在马尔代夫免税，且此免税优惠已被允许给了如下国家或地区的税收居民，如奥地利、保加利亚、中国、丹麦、德国等19个国家。除此之外，马尔代夫还不征收社会保障费，且不对个人的资产征收净财产税或不动产税。

---

① 整理自不丹《所得税法（2001）》，引自不丹税务海关总署网站（Portal Department of Revenue and Customs）。

中国与马尔代夫相比，给予非居民纳税人的税收优惠政策较少，这一点与马尔代夫不同，马尔代夫针对居民个人纳税人给予的优惠政策极少，只有一条免税政策，而针对非居民纳税义务人，实行两种优惠政策，即不征税所得与免税所得。两国实行的个人所得税优惠政策可能与两国的国情有关，马尔代夫地少人更少，给予非居民纳税人更多的税收优惠，以便吸引外商投资，帮助本国经济发展，而中国地广人多，本土居民所占比重相较于非居民非常大，因此给予居民个人纳税人的税收优惠较多，以便缩小贫富差距，实现共同富裕。

第六章

其他税种的比较

关于其他税种方面的比较，由于南亚各国的设置并不十分完全，因此本章只针对中国与已设置了该税种国之间的比较。

第一节　环境保护税的比较

（一）纳税义务人比较

环境保护税是对主权国家领域以及管辖的其他海域直接向环境排放应税污染物的企业事业单位和其他生产经营者征收的一种税。在中国，环境保护税的纳税义务人是在中华人民共和国领域和中华人民共和国管辖的其他海域直接向环境排放应税污染物的企业事业单位和其他生产经营者。

马尔代夫环保税是根据《马尔代夫旅游法》第六次和第八次修正案，自2015年11月1日开始向在度假酒店、旅馆、观光船停留的旅客所征收的税种。即马尔代夫环保税纳税义务人为度假酒店、旅馆、观光船停留的旅客。

两国征收的环保税针对的纳税义务人完全不同，中国是对在中国管辖领域直接向环境排放应税污染物的企事业单位和其他生产经营者，而马尔代夫针对来马尔代夫旅客征收环保税，且并非所有来马尔代夫旅客都需缴纳环保税，只有该游客在度假酒店、旅馆、观光船停留12小时以上，才必须为该街区缴纳环保税。

（二）征税范围比较

中国环境保护税的具体征税范围包括大气污染物、水污染物、固体废物和噪声四大类。

马尔代夫仅对在度假酒店、旅馆、观光船停留的旅客征收。

（三）税率比较

中国环境保护税采用定额税率，其中，对应税大气污染物和水污染物规定了幅度定额税率，具体适用税额的确定和调整由省份的人民政府统筹考虑本地区环境承载能力、污染物排放现状和经济社会生态发展目标要求，在规定的税额幅度内提出，报同级人民代表大会常务委员会决定，并报全国人民代表大会常务委员会和国务院备案。具体的税率规定为：大气污染物每污染当量税额1.2～12元。水污染物每污染当量税额1.4～14元。固体废物中煤矸石每吨税额5元，尾矿每吨税额15元，危险废物每吨1 000元，冶炼渣、粉煤灰、炉渣、其他固体废物（含半固态、液态废物）每吨25元。噪声如工业噪声按国家现行标准超标1～3分贝，每月350元；超标4～6分贝，按照每月700元；超标7～9分贝，每月1 400元；超标10～12分贝，每月2 800元；超标13～15分贝，每月5 600元；超标16分贝以上，每月11 200元。

而在马尔代夫，按游客在马尔代夫停留的天数，每日缴纳6美元的环保税，马尔代夫人及持有居民许可证的人无须缴纳。

两国环保税税率均采用定额税率，只不过中国采取针对不同性质的污染物分别采用不同税额计税，而马尔代夫采用人头税，限定每人每日需缴纳一定的环保税，中国相较于马尔代夫，环保税的征收方法较为复杂，需要分门别类进行征税，税率的制定与两国的国家政策息息相关，中国大力进行生态环境建设，因此针对污染环境的行为进行征税，进而消除负外部性，而马尔代夫一直以来都将旅游业作为支柱产业，按人头征税可以用于进一步维护生态。

（四）计税依据比较

中国应税污染物的计税依据按照不同类别的污染物而确定方法不同，应税大气污染物按照去污染排放量折合的污染当量数确定，应税水污染物按照污染物排放量折合的污染当量数确定，应税固体废物按照固体废物排放量确定，应税噪声按照超过国家规定标准的分贝数确定。

马尔代夫的计税依据是根据旅客停留天数进行计税的。

（五）税收优惠比较

中国税法大致分为两个项目税收减免，包括暂免征税项目和减征税额项目，其中暂免征税项目包括农业生产（不包括规模化养殖）排放应税污染物等五项，减征税额项目包括纳税人排放应税大气污染物或者水污染物的浓度值低于国家和地方规定的污染物排放标准30%、50%的，分别减按75%、50%征收环境保护税。

马尔代夫税收优惠除了针对马尔代夫人及持有马尔代夫居住证的人不征收环保税之外暂无其他税收优惠。

第二节　房产税的比较

一、中国

2021年10月23日，第十三届全国人民代表大会常务委员会第三十一次会议决定：授权国务院在部分地区开展房地产税改革试点工作。试点地区的房地产税征税对象为居住用和非居住用等各类房地产，不包括依法拥有的农村宅基地及其上住宅。土地使用权人、房屋所有权人为房地产税的纳税人。非居住用房地产继续按照《中华人民共和国房产税暂行条例》《中华人民共和国城镇土地使用税暂行条例》执行。

（一）纳税义务人

中国房产税是以房屋为征税对象，按照房屋的计税余值或租金收入，向产权所有人征收的一种财产税。房产税以在征税范围内的房屋产权所有人为纳税人。其中：（1）产权属国家所有的，由经营管理单位纳税；产权属集体和个人所有的，由集体单位和个人纳税。（2）产权出典的，由承典人纳税。（3）产权所有人、承典人不在房屋所在地，或者产权未确定及租典纠纷未解决的，由房产代管人或者使用人纳税。（4）无租使用其他房产的问题。纳税单位和个人无租使用房产管理部门、免税单位及纳税单位的房产，应由使用人代为缴纳房产税。

（二）征税范围

房产税以房产为征税对象。所谓房产，是指有屋面和围护结构（有墙或两边有柱）能够遮风避雨，可供人们在其中生产、学习、工作、娱乐、居住或储藏物资的场所。房地产开发企业建造的商品房，在出售前，不征收房产税；但对出售前房地产开发企业已使用或出租、出借的商品房应按规定征收房产税。房产税的征税范围为城市、县城、建制镇和工矿区。具体规定如下：（1）城市是指国务院批准设立的市。（2）县城是指县人民政府所在地的地区。（3）建制镇是指经省、自治区、直辖市人民政府批准设立的建制镇。（4）工矿区是指工商业比较发达、人口比较集中、符合国务院规定的建制镇标准但尚未设立建制镇的大中型工矿企业所在地。开征房产税的工矿区须经省、自治区、直辖市人民政府批准。房产税的征税范围不包括农村，主要是因为农村的房屋，除农副业生产用房外，大部分是农民居住用房。对农村房屋不纳入房产税征税范围，有利于减轻农民负担，繁荣农村经济，促进农业发展和社会稳定。

（三）税率

我国现行房产税采用的是比例税率。由于房产税的计税依据分为从价计征和从租计征两种形式，所以房产税的税率也有两种：一种是按房产原值一次减除10%～30%后的余值计征，税率为1.2%；另一种是按房产出租的租金收入计征，税率为12%。自2008年3月1日起，对个人出租住房，不区分用途，均按4%的税率征收房产税。对企事业单位、社会团体以及其他组织按市场价格向个人出租用于居住的住房，减按4%的税率征收房产税。

（四）计税依据

房产税的计税依据是房产的计税余值或房产的租金收入。按照房产计税余值征税的，称为从价计征；按照房产租金收入计征的，称为从租计征。

1. 从价计征

《房产税暂行条例》规定，从价计征房产税的计税余值，是指依照税法规定按房产一次减除10%～30%损耗价值以后的余值。各地扣除比例由当地省、自治区、直辖市人民政府确定。

（1）房产原值，是指纳税人按照会计制度规定，在会计核算账簿“固定资产”科目中记载的房屋原价。因此，凡按会计制度规定在账簿中记载有房屋原价的，应以房屋原价规定减除一定比例后作为房产余值计征房产税；没有记载房屋原价的，按照上述原则，并参照同类房屋确定房产原值，按规定计征房产税。

（2）房产原值应包括与房屋不可分割的各种附属设备或一般不单独计算价值的配套设施。

（3）纳税人对原有房屋进行改建、扩建的，要相应增加房屋的原值。

（4）凡在房产税征收范围内具备房屋功能的地下建筑，包括与地上房屋相连的地下建筑以及完全建在地面以下的建筑、地下人防设施等，均应当依照有关规定征收房产税。上述具备房屋功能的地下建筑是指有屋面和维护结构，能够遮风避雨，可供人们在其中生产、经营、工作、学习、娱乐、居住或储藏物资的场所。自用的地下建筑，按以下方式计税：

①工业用途房产，以房屋原价的50%～60%作为应税房产原值。

应纳房产税的税额=应税房产原值×[1-(10%～30%)]×1.2%。

②商业和其他用途房产，以房屋原价的70%～80%作为应税房产原值。

应纳房产税的税额=应税房产原值×[1-(10%～30%)]×1.2%。

房屋原价折算为应税房产原值的具体比例，由各省、自治区、直辖市和计划单列市财政和地方税务部门在上述幅度内自行确定。

③对于与地上房屋相连的地下建筑，如房屋的地下室、地下停车场、商场的地下部分等，应将地下部分与地上房屋视为一个整体，按照地上房屋建筑的有关规定计算征收房产税。

2. 从租计征

房产出租的，以房产租金收入为房产税的计税依据。所谓房产的租金收入，是房屋产权所有人出租房产使用权所得的报酬，包括货币收入和实物收入。如果是以劳务或者其他形式为报酬抵付房租收入的，应根据当地同类房产的租金水平，确定一个标准租金额从租计征。对出租房产，租赁双方签订的租赁合同约定有免收租金期限的，免收租金期间由产权所有人按照房产原值缴纳房产税。出租的地下建筑，按照出租地上房屋建筑的有关规定计算征收房产税。

（五）税收优惠

房产税的税收优惠是根据国家政策需要和纳税人的负担能力制定的。由于房产税属地方税，因此给予地方一定的减免权限，有利于地方因地制宜地处理问题。目前，房产税的税收优惠政策主要有：

（1）国家机关、人民团体、军队自用的房产免征房产税。

（2）由国家财政部门拨付事业经费的单位，如学校、医疗卫生单位、托儿所、幼儿园、敬老院、文化、体育、艺术等实行全额或差额预算管理的事业单位所有的，本身业务范围内使用的房产免征房产税。

（3）宗教寺庙、公园、名胜古迹自用的房产免征房产税。

（4）个人所有非营业用的房产免征房产税。

（5）对非营利性医疗机构、疾病控制机构和妇幼保健机构等卫生机构自用的房产，免征房产税。

（6）从2001年1月1日起，对按政府规定价格出租的公有住房和廉租住房，包括企业和自收自支事业单位向职工出租的单位自有住房，房管部门向居民出租的公有住房，落实私房政策中带户发还产权并以政府规定租金标准向居民出租的私有住房等，暂免征收房产税。

（7）为支持公共租赁住房（公租房）的建设和运营，对经营公租房的租金收入，免征房产税。

（8）企业办的各类学校、医院、托儿所、幼儿园自用的房产，免征房产税。

（9）经有关部门鉴定，对毁损不堪居住的房屋和危险房屋，在停止使用后，可免征房产税。

（10）自 2004 年 7 月 1 日起，纳税人因房屋大修导致连续停用半年以上的，在房屋大修期间免征房产税。

（11）凡是在基建工地为基建工地服务的各种工棚、材料棚、休息棚、办公室、食堂、茶炉房、汽车房等临时性房屋，无论是施工企业自行建造还是基建单位出资建造，交施工企业使用的，在施工期间，一律免征房产税。但是，如果在基建工程结束后，施工企业将这种临时性房屋交还或者低价转让给基建单位的，应当从基建单位接收的次月起，依照规定缴纳房产税。

（12）纳税单位与免税单位共同使用的房屋，按各自使用的部分分别征收或免征房产税。

（13）自 2019 年 1 月 1 日至 2021 年 12 月 31 日，对为高校学生提供住宿服务，按照国家规定的收费标准收取住宿费的高校学生公寓免征房产税。

（14）自 2019 年 1 月 1 日至 2021 年 12 月 31 日，对农产品批发市场、农贸市场（包括自有和承租）专门用于经营农产品的房产，暂免征收房产税。对同时经营其他产品的产品批发市场和农贸市场使用的房产，按其他产品与农产品交易场地面积的比例确定免房产税。

（15）为推进国有经营性文化事业单位转企改制，对由财政部门拨付事业经费的文化事业单位转制为企业的，自转制注册之日起 5 年内对其自用房产免征房产税。2018 年 12 月 31 日之前已完成转制的企业，自 2019 年 1 月 1 日起，对其自用房产可继续免征 5 年产税。

（16）房地产开发企业建造的商品房，在出售前不征收房产税。但出售前房地产开发企业已使用或出租、出借的商品房，应按规定征收房产税。

（17）自 2019 年 1 月 1 日至 2021 年 12 月 31 日，对商品储备管理公司及直属库自用的承担商品储备业务的房产免征房产税。

（18）自 2019 年 6 月 1 日至 2025 年 12 月 31 日，为社区提供养老、托育、家政等服务的机构自用或其通过承租、无偿使用等方式取得并用于提供社区养老、托育、家政服务的房产免征房产税。

(19) 自2018年1月1日至2023年12月31日，对纳税人及其全资子公司从事大型民用客机发动机、中大功率民用涡轴涡桨发动机研制项目自用的科研、生产、办公房免征房产税。

(20) 自2019年1月1日至2021年12月31日，各省、自治区、直辖市人民政府可根据本地区实际情况，以及宏观调控需要确定，对增值税小规模纳税人在50%的税额幅内减征房产税。增值税小规模纳税人已依法享受房产税其他优惠政策的，可叠加享受本规定的优惠政策。

二、印度

印度财产税属于一种地方税，类似中国的房产税。征收对象通常为财产所有者（通常针对房地产）含房屋、办公室、对外出租的物业。该税种主要用于维护城市内基础设施。财产税根据应税财产的价值从价征收，并按适用税率计算①。

三、巴基斯坦

（一）纳税义务人比较

巴基斯坦的房产税属于省级税收，由各省财政部门负责征收，除少部分上缴联邦政府外，其余作为各省自有发展资金，它也被称为城市不动产税，一般是每年对城区房屋、商业和工业产权所有者征收的一种税②，各省征收房产税的具体规定可能存在差异。

中国房产税纳税人主要是非个人的房产所有者，即是法人，绝大部分地区个人购买的非营业用的商品房并不需要缴纳房产税（上海、重庆除外），但个人拥有的营业用房或者出租的房产都应照章纳税。而巴基斯坦虽然不同省的具体征税标准不同，但是无论对个人或是法人，拥有房产就很有可能需要缴纳房产税。

（二）征税范围比较

巴基斯坦房产税征税范围主要是城区的住宅用地、商业用地和工业用地，

① 国家税务总局国际税务司发布的2022年版《中国居民赴印度投资税收指南》，第51页。

② Mujtaba Piracha, Mick Moore. Revenue - Maximising or Revenue - Sacrificing Government? Property Tax in Pakistan [J]. Routledge, 2016 (12): 52.

不包含农村区域。

比较来看，中、巴政策都考虑了本国农业发展而不对农村地区征收房产税，其次中国对个人非经营性房产直接免税，而巴基斯坦部分省对城区住宅用地所有者征收房产税。

（三）税率比较

在巴基斯坦，房产税为省级税制，各省市区政府和市政管理机构（EMA）有权设定房产税税率。以旁遮普省为例，房产税只对城区出租的房产所得租金收入征收，年租金以地块面积为基础计算而得，如果每年租金不超过 2 万卢比（267 美元）的房产，统一税率为 20%；如果年租金超过 2 万卢比的，适用于 25% 的统一税率①。

中、巴税率的差异源于两国不同的计税依据，而对于出租的房产，中国适用的对应税率低于旁遮普省的税率。

（四）计税依据比较

中国房地产税的计税依据是房产的计税余值或房产的租金收入。按照房产计税余值征税的，称为从价计征；按照房产租金收入计征的，称为从租计征。而巴基斯坦旁遮普省房地产税是以年租金为基础征收的，计税依据仅为年租金。

（五）税收优惠比较

在巴基斯坦旁遮普省，房产税税收优惠主要是根据房产规模、折旧备抵、所有者占有以及政府财产豁免等而实行免税政策。

中、巴的房产税税收优惠共同点在于对政府机构以及一些特定机构占有的房产实行免税，不同的在于中国涵盖的范围更广，例如允许各省政府依据本地区的情况对增值税小规模纳税人实行 50% 的税额幅度内的房产税减征。

四、孟加拉国

2006 ~2009 财年，南亚其他主要国家印度、巴基斯坦、尼泊尔、斯里兰卡、不丹国民生产总值税收率平均情况分别为 16.3%、10.6%、12.5%、13.7%、

① Roy Bahl, Sally Wallace, Musharraf Cyan. The Challenge of Intergovernmental Fiscal Relations in Pakistan: The Property Tax Dimension [R]. International Center for Public Policy Working Paper Series, 2008: 2 –4.

17.2%[①]，孟加拉国则为8.6%，15年前是南亚国家中的最低水平，而如今在2021年，孟加拉国税收收入占孟加拉国国民生产总值的比例为9%，仍是南亚地区国家中的最低水平[②]，但如果加上各类税收减免数额，该比例可达到17%，所以可以认为是孟加拉国过度的税收优惠措施降低了孟加拉国的国民生产总值税收率，然而孟加拉国正是需要这样的税收优惠以刺激经济增长，孟加拉国减免税款总额约占孟加拉国关税收入总额的8%。这些都表明孟加拉国财政对经济增长的支持能力较弱，除了本身较低的经济水平外，低水平的税收征收能力、低税基、高偷税逃税率、税收管理制度欠缺、税收专业化管理的人力资源配置不合理、中央集权的税收体系、烦琐与缺乏透明的征收程序等问题也严重限制了孟加拉国税制结构的选择，目前孟加拉国仍未统一征收车船税、契税等税种，关于是征收房产税的问题，其国内也一直在积极辩论，反对者认为在孟加拉国征收的房产税会存在难以管理的问题，同时相对于征收成本来说，收益很低；赞同者则认为该税种能成为城市融资的一个强有力的税收来源，也有学者认为这属于中央地方财政分权的问题[③]，所以可以认为该国未实行规范的房产税税收制度。

五、尼泊尔

（一）纳税义务人和征税范围比较

中、尼两国房产税均以房屋为征税对象，以在征税范围内的房屋所有人为纳税人，是向产权所有人征收的一种财产税。尼泊尔自1999年开始，城市房产与地产税由原来的中央政府征收改为由地方政府征收。以房产与地产的规模、类型、设计、建造、结构及其所占面积为基础征收税款。中国房产税对个人住房免税，但个人拥有的营业用房或者出租的房产都应照章纳税。而尼泊尔无论是个人还是法人，都可能需要缴纳房产税。中、尼两国房产税的征税范围均不包括农村地区，这有利于减轻农民负担，促进农业发展和社会稳定。

（二）计税依据和税率比较

尼泊尔房产税税基为房产与地产的价值，税率既有定额税率又有超额累进税率（见表6－1）。

---

① 李建军，杜宏．孟加拉国财政改革及成效［J］．南亚研究季刊，2014（2）：62－65＋5．

② 孟加拉国税收优惠使得税收收入占GDP比率低了8个百分点［EB/OL］．（2021－09－09）［2022－12－10］．http：//bd．mofcom．gov．cn/article/jmxw/202109/20210903196419．shtml．

③ Sadiq Ahmed．Addressing the Challenge of Income Inequality in Bangladesh［R/OL］．（2018－12－1）．https：//www．pri－bd．org/wp－content/uploads/2018/12/Working－Paper－Series－No．－6．pdf，2014：2－3．

表 6－1 尼泊尔不动产税率

房地产价值（NPR）	应纳税款/税率（%）
1 000 000 及以下的	免税
超过 1 000 000 至 3 000 000 的	300 尼泊尔卢比
超过 3 000 000 至 5 000 000 的	0.05
超过 5 000 000 至 10 000 000 的	0.25
超过 10 000 000 至 20 000 000 的	0.5
超过 20 000 000 的	1.5

资料来源：国家税务总局国际税务司发布的 2022 年版《中国居民赴尼泊尔投资指南》，第 47 页。

从房产税的计税依据来看，中国对房产的价值和房产租金征税，而尼泊尔仅对房产的价值征税。从房产税的税率来看，中国使用的是比例税率，而尼泊尔采用的是定额税率和超额累进税率相结合的征收方式，并且对价值在 1 000 000 尼泊尔卢比以下的房地产免税。

（三）税收优惠比较

尼泊尔规定下列情况免税：中央或地方政府或外国政府所持有的地产；已安装机器设备的厂房所占地。部分公共建筑享受全免或部分减免优惠，如医院、寺庙、客栈、学校及孤儿院。若上述建筑为租借，则不能免税，由房屋所有者缴纳。

从房产税的免税项目来看，两国均对政府自用的持有土地和公共事业占用土地给予了减免税优惠，但中国房产税税收优惠涵盖的范围更广，如对企业办的各类学校、医院、托儿所、幼儿园自用的房产也免征房产税。

六、不丹

（一）纳税义务人比较

中国房产税是以房屋为征税对象、按照房屋的计税余值或租金收入，向产权所有人征收的一种财产税。中、不两国房产税均以在征税范围内的房屋所有人为纳税人。

（二）征税范围比较

中国房产税征税范围为城市、县城、建制镇和工矿区，征税范围不包括农村，这是由于农村房屋大部分为农民居住用房，不纳入房产税征税范围，这有利于减轻农民负担。而不丹房产税征税对象分为乡村地区的房产和城市房产。

（三）税率和计税依据比较

不丹乡村地区的房产税按下列税率征收：永久房屋，每年 20 努；半永久性房屋，每年 10 努。城市房产税是对位于城市的房屋不动产征收。其税率是基于房产坐落的城市，以及该城市基于人口、位置、贸易、产业等进行的分类。根据建筑的等级和城市的类别，城市房产税的适用税率为每年 5～100 努。对于住房，税率范围为每年 100～500 努，不分城市的类别①。

第三节　车船税的比较

（一）纳税义务人比较

中国车船税是以车船为征税对象，向拥有车辆、船舶的单位和个人征收的一种税，有利于车船的管理和合理配置以及调节财富差异。车船税的纳税义务人主要指在中华人民共和国境内，车辆、船舶（以下简称车船）的所有人或者管理人，应当按照《中华人民共和国车船税法》（以下简称《车船税法》）的规定缴纳车船税。

巴基斯坦没有实行标准的车船税，类似的税种为机动车辆税，是属于省级税，各省可以根据自身的具体情况做出对机动车辆征税的具体规定，纳税人主要为机动车辆的所有者，无论是单位还是个人。

（二）征税范围比较

中国车船税的征税范围是指在中华人民共和国境内属于《车船税法》所附《车船税税目、税额表》规定的车辆、船舶。车辆、船舶具体指依法应当在车船管理部门登记的机动车辆和船舶；或者是依法不需要在车船管理部门登记、在单位内部场所行驶或者作业的机动车辆和船舶。此外，境内单位和个人租入外国籍船舶的，不征收车船税，而境内单位和个人将船舶出租到境外的，

① 国家税务总局国际税务司发布的 2022 年版《中国居民赴不丹投资税收指南》，第 32 页。

应依法征收车船税。

巴基斯坦机动车辆税涵盖范围覆盖了所有类型的车辆，包括公共汽车、卡车、私家车①。

（三）税率比较

中国车船税实行定额税率，定额税率，也称固定税额，是税率的一种特殊形式。对征税的车船规定单位固定税额，优点是计算简便，是适合从量计征的税种。车船税的适用税额依照《车船税法》所附的《车船税税目、税额表》执行，不同类型的机动车、非机动车或船舶的车船税的税额也有所不同。

巴基斯坦实行的是定额税率，即是根据道路上的车辆存量来征税，不同类型的车辆适用不同的税额，对应相乘再全部求和即为该省的车辆税。

（四）计税依据比较

中国车船税的计税依据是按照车船的种类和性能，分别确定为每辆、整备质量每吨、净吨位每吨和艇身长度每米，商用货车、专用作业车和轮式专用机械车，按整备质量每吨为计税依据。乘用车、商用客车和摩托车以每辆为计税依据；商用货车、专用作业车和轮式专用机械车按整备质量每吨为计税依据；机动船舶、非机动驳船、拖船按净吨位每吨为计税依据；游艇以艇身长度每米为计税依据。

巴基斯坦车辆税的计税依据分为两种：私人机动车辆与商用机动车辆，私人机动车以登记注册的私家车数目为基数；商用机动车以在道路运输增值额为基数，增值额按不同部门各自的部门份额计算而得，主要是运输、储存和通信方面的增值。

（五）税收优惠比较

中国规定对 8 类项目实行法定减免以及 3 类项目实行特定减免，主要是特定团体专用的车船、新能源车船以及农村居民使用的车船等。而巴基斯坦并未对车辆税统一实行税收优惠政策。

① Abdul Rauf Khan，Rafia Ghaus. Relative Fiscal Effort by Provincial Governments in Pakistan（1989 - 90 to 1994 - 95）[J]. Pakistan Economic and Social Review，1996，34（1）：2.

第四节　印花税的比较

一、中国

（一）纳税义务人

印花税的纳税义务人，是在中国境内书立、使用、领受《中华人民共和国印花税法》（以下简称《印花税法》）所列举的凭证并应依法履行纳税义务的单位和个人。所称单位和个人，是指国内各类企业、事业、机关、团体、部队以及中外合资企业、合作企业、外资企业、外国公司和其他经济组织及其在华机构等单位和个人。上述单位和个人，按照书立、使用、领受应税凭证的不同，可以分别确定为立合同人、立据人、立账簿人、领受人、使用人和各类电子应税凭证的签订人。

（二）征税范围

印花税的税目，指《印花税法》明确规定的应当纳税的项目，它具体划定了印花税的征税范围。一般地说，列入税目的就要征税，未列入税目的就不征税。

1. 合同（指书面合同）

（1）借款合同。指银行业金融机构、经国务院银行业监督管理机构批准设立的其他金融机构与借款人（不包括同业拆借）的借款合同。

（2）融资租赁合同。融资租赁合同是出租人根据承租人对出卖人、租赁物的选择，向出卖人购买租赁物，提供给承租人使用，承租人支付租金的合同。

（3）买卖合同。指动产买卖合同（不包括个人书立的动产买卖合同）。

（4）承揽合同。承揽合同是承揽人按照定做人的要求完成工作，交付工作成果，定做人支付报酬的合同。承揽包括加工、定做、修理、复制、测试、检验等工作。

（5）建筑工程合同。建设工程合同是承包人进行工程建设，发包人支付价款的合同。

（6）运输合同。指货运合同和多式联运合同（不包括管道运输合同）。

（7）技术合同。技术合同是当事人就技术开发、转让、许可、咨询或者服务订立的确立相互之间权利和义务的合同。不包括专利权、专有技术使用权转让数据。

（8）租赁合同。租赁合同是出租人将租赁物交付承租人使用、收益，承租人支付租金的合同。

（9）保管合同。保管合同是保管人保管寄存人交付的保管物，并返还该物的合同。

（10）仓储合同。仓储合同是保管人储存存货人交付的仓储物，存货人支付仓储费的合同。

（11）财产保险合同。财产保险合同是投保人与保险人约定的以财产及其有关利益为保险标的的协议。财产保险合同不包括再保险合同。

2. 产权转移书据

（1）土地使用权出让书据。

（2）土地使用权、房屋等建筑物和构筑物所有权转让书据（不包括土地承包经营权和土地经营权的转移）。

（3）股权转让书据（不包括应缴纳证券交易印花税的）。

（4）商标专用权、著作权、专利权、专有技术使用权转让书据。

3. 营业账簿

营业账簿是指单位或者个人记载生产经营活动的财务会计核算账簿。已缴纳印花税的营业账簿，以后年度记载的实收资本（股本）、资本公积合计金额比已缴纳印花税的实收资本（股本）、资本公积合计金额增加的，按照增加部分计算应纳税额。

4. 证券交易

证券交易是指转让在依法设立的证券交易所、国务院批准的其他全国性证券交易场所交易的股票和以股票为基础的存托凭证。证券交易印花税对证券交易的出让方征收，不对受让方征收。

（三）税率

印花税的税率设计，遵循税负从轻、共同负担的原则。所以，税率比较低；凭证的当事人，即对凭证有直接权利与义务关系的单位和个人均应就其所持凭证依法纳税。可详见《印花税》所附的《印花税税目、税率表》。

（四）计税依据

根据《印花税法规定》，印花税主要计税依据如下。

（1）应税合同的计税依据，为合同所列的金额，不包括列明的增值税税款；

（2）应税产权转移书据的计税依据，为产权转移书据所列的金额，不包括列明的增值税税款；

（3）应税营业账簿的计税依据，为账簿记载的实收资本（股本）、资本公积合计金额；

（4）证券交易的计税依据，为成交金额。

（五）税收优惠

免征印花税的主要有以下情形。

1. 免征印花税的凭证

（1）应税凭证的副本或者抄本。

（2）依照法律规定应当予以免税的外国驻华使馆、领事馆和国际组织驻华代表机构为获得馆舍书立的应税凭证。

（3）中国人民解放军、中国人民武装警察部队书立的应税凭证。

（4）农民、家庭农场、农民专业合作社、农村集体经济组织、村民委员会购买农业生产资料或者销售农产品书立的买卖合同和农业保险合同。

（5）无息或者贴息借款合同、国际金融组织向中国提供优惠贷款书立的借款合同。

（6）财产所有权人将财产赠与政府、学校、社会福利机构、慈善组织书立的产权转移书据。

（7）非营利性医疗卫生机构采购药品或者卫生材料书立的买卖合同。

（8）个人与电子商务经营者订立的电子订单。

（9）根据国民经济和社会发展的需要，国务院对居民住房需求保障、企业改制重组、破产、支持小型微型企业发展等情形可以规定减征或者免征印花税，报全国人民代表大会常务委员会备案。

2. 其他规定

根据《财政部 税务总局关于印花税若干事项政策执行口径的公告》（财政部 税务总局公告2022年第22号）规定：

（1）对应税凭证适用印花税减免优惠的，书立该应税凭证的纳税人均可享受印花税减免政策，明确特定纳税人适用印花税减免优惠的除外。

（2）享受印花税免税优惠的家庭农场，具体范围为以家庭为基本经营单元，以农场生产经营为主业，以农场经营收入为家庭主要收入来源，从事农业规模化、标准化、集约化生产经营，纳入全国家庭农场名录系统的家庭农场。

（3）享受印花税免税优惠的学校，具体范围为经县级以上人民政府或者其教育行政部门批准成立的大学、中学、小学、幼儿园，实施学历教育的职业教育学校、特殊教育学校、专门学校，以及经省级人民政府或者其人力资源社会保障行政部门批准成立的技工院校。

（4）享受印花税免税优惠的社会福利机构，具体范围为依法登记的养老服务机构、残疾人服务机构、儿童福利机构、救助管理机构、未成年人救助保护机构。

（5）享受印花税免税优惠的慈善组织，具体范围为依法设立、符合《中华人民共和国慈善法》规定，以面向社会开展慈善活动为宗旨的非营利性组织。

（6）享受印花税免税优惠的非营利性医疗卫生机构，具体范围为经县级以上人民政府卫生健康行政部门批准或者备案设立的非营利性医疗卫生机构。

（7）享受印花税免税优惠的电子商务经营者，具体范围按《中华人民共和国电子商务法》有关规定执行。

二、印度

印度印花税是指根据1899年《印度印花税法》以及其他印花税法对订立文书的纳税人征收的税种，征收印花税的权力在联邦和国家之间划分。① 印度《宪法》中规定由联盟征收印花税的文件包括：汇票、支票、本票、提单、信用证、保险单、股份转让、债券、委托书和收据，除上述文件外，其他文件的印花税由各州根据《宪法》相关规定进行征收。印度印花税一般根据公司章程、公司章程大纲、财产转让书据、汇票、提货单以及财产分割凭证等的数量征收。② 在印度缴纳相应的印花税是必要的，因为印花税的缴纳可以使文书具有合法性。未足额缴纳印花税的文书不可以作为有效证据。所有应缴印花税并由印度境内人员签署的文书均须在签署前或签署时贴花。

如果文书未按时贴花，则可能由税局授权人员进行追征，并且在某些情况下，还可能导致罚款或监禁。印花税可使用纸质印花税票、粘性印花税票或通过加盖印花税章的方式缴纳，且必须由文书的签署方缴纳（即：由在文书上签名方缴纳）。各邦适用的印花税税率各有不同。

① 国家税务总局国际税务司发布的2022年版《中国居民赴印度投资税收指南》，第48页。

② 1899年《印度印花税法》，引自印度政府所得税部门（Income Tax Department Government of India）。

三、巴基斯坦

（一）纳税义务人比较

巴基斯坦的印花税是一种强加于特定事务的书面证据，是对大量的交易与票据征收的一种税，凡是交易中使用票据或是转让资产的个人或单位一般都需要缴纳印花税。

（二）征税范围比较

巴基斯坦印花税征收范围很广，包括各种交易和文书，如租赁、抵押契约、金融资产转让、城市不动产出售及法庭费用，一般就是三种类型的事务，即财产、金融、法律或行政事务①。所以巴基斯坦印花税的征收范围更广，转让土地、房产权同样需要缴纳印花税，在中国，这属于契税的征税范围，在巴基斯坦，契税与印花税属于一种税。

（三）税率比较

巴基斯坦印花税一般根据转让资产的价值征收，不同类型资产或不同位置的不动产转让的适用税率不同，由各省自行规定。

（四）计税依据比较

中国印花税的计税依据为各种应税凭证上所记载的计税金额，主要是各类凭证上的金额、收入和费用等。巴基斯坦印花税计税依据为转让资产的价值或者办理相关业务所需的费用。

（五）税收优惠比较

中国对印花税的税收优惠主要是对 9 类特定项目实行减半征收或是免税政策。巴基斯坦未统一实行印花税的税收优惠政策。

四、孟加拉国

（一）纳税义务人比较

孟加拉国印花税法案对于各类书据的纳税人做出了具体规定：大多数情况

① Aisha Ghaus, Hafiz A. Pasha. Buoyancy of Provincial Tax Revenues in Pakistan [J]. Pakistan Economic and Social Review, 1988, 26 (2): 3.

下起草、制作或执行书据的一方为印花税纳税人，定约双方也可自行约定税款承担方。

（二）征税范围比较

孟加拉国对于订立部分文书征收印花税，具体包括债务声明、债券、租赁协议及股权转让协议等项目。中国对印花税的征税范围比孟加拉国的更广，对于各类项目进行了明确的划分，这是由于两国不同的经济发展水平与税收征管能力决定的。

（三）税率比较

孟加拉国规定从2014年起印花税适用税率为0.07%～4%。在特定情况下纳税人可免于缴纳印花税。中、孟两国实行的同样是比例税率，中国税率以千分比作为税率单位，但孟加拉国的税率是以百分比作为税率单位。

（四）计税依据比较

中国印花税的计税依据为各种应税凭证上所记载的计税金额，主要是各类凭证上的金额、收入和费用等。孟加拉国印花税计税依据通常是规定定额或者合同金额，然后按照法规规定的印花税税率征收印花税。

（五）税收优惠比较

中国对印花税的税收优惠主要是对9类特定项目实行减半征收或是免税政策。孟加拉国依据《孟加拉国出口加工区授权法案》（1980年），从2012年1月1日起，在孟加拉国出口加工地区新建运营工业的企业，土地转让所产生的印花税可减半征收；其次，依据《孟加拉国经济区法案》（2010年），在孟加拉国设立的货物制造或提供服务的企业，租赁土地、厂房的企业，可减免50%的印花税及登记费。中、孟两国印花税的税收优惠的方式是相似的，不过具体涵盖范围有差异。

五、斯里兰卡

（一）纳税义务人比较

斯里兰卡需登记为印花税纳税人包括：签发保险单的人员；发放执照的机构；信用卡服务提供商；雇用超过100名员工的雇主；其他书立应纳税凭证的

单位和个人，不论该应纳税凭证是否兑现或能否按期兑现。

纵观各国（地区）税制，印花税的纳税人一般分为三类：一是特定文书（应税文书）的定立人、领受人、使用人；二是特定行为（应税行为）的实施人；三是特定文书定立人、领受人、使用人和特定行为的实施人①。中国印花税的纳税人属于第三类，既包括特定文书的订立人、领受人、使用人，也包括特定行为的实施人，对于每种情况下印花税的纳税人给予了明确的规定。斯里兰卡印花税的纳税人则属于第二类，对特定行为（应税行为）的实施人征收印花税。

（二）征税范围比较

斯里兰卡应纳税凭证包括：宣誓书；保险单；担任公证人的授权书；从事贸易、商业、专业或职业活动的，有经营期限的许可证照；信用卡持卡人使用信用卡进行支付或提现的凭证（自 2019 年 6 月 1 日起，信用卡境外支付改征国家建设税）；股票发行、增发、转让或配股所颁发的股权证；抵押财产并取得确切融资金额的凭证；承兑汇票；资产融资租赁，以及经营租赁的合同凭证；反映资金或资产转移的书据。

印花税在具体科目的设计上通常有两种方法：单一列举法与概括列举法。中、斯两国都使用单一列举法规定印花税税目，其能够更好地体现税收法定主义原则。两国也都选择对与生产经营活动相关和与产权转移相关的各种凭证征税。

（三）税率比较

斯里兰卡印花税按照不同的应税项目，适用不同的定额税率及比例税率，具体税率如表 6 - 2 所示。

表 6 - 2　　印花税税率

税目	税率（额）
宣誓书	按件贴花 50 卢比
保险单	按投保金额 1‰贴花，税额不足 1 卢比的按 1 卢比贴花
公证人委任状	按件贴花 2 000 卢比

① 饶立新．印花税国际比较［J］．涉外税务，2009（12）：39 - 42.

续表

税目	税率（额）
从事贸易、商业、专业工作或职业等活动，有经营期限的许可证照（酒类除外）	按以下孰低： （1）按件贴花2 000卢比； （2）授权费的10%
托迪酒（Toddy）、亚力酒（Arrack）的贸易、商业的许可证照	按以下孰低： （1）按件贴花2 000卢比； （2）授权费的10%
除托迪酒、亚力酒外的贸易、销售的许可证照	20 000卢比
使用信用卡支付外币凭证	按支付金额15‰贴花，税额不足15卢比的按15卢比贴花
任何非AFL1、AFL2、AFL3和AFL4或与外国许可证照一同授权的许可证	按以下孰低： （1）按件贴花2 000卢比； （2）授权费的10%
财产债券或抵押	按抵押金额1‰贴花，税额不足1卢比的按1卢比贴花
承兑汇票	按票面金额1‰贴花，税额不足1卢比的按1卢比贴花
资产融资租赁，以及经营租赁的合同凭证	按租赁金额10‰贴花，税额不足10卢比的按10卢比贴花。租赁期超过20年的，按合同约定的前20年应付租赁金额贴花
反映资金或资产转移的书据	金额超过25 000卢比的，按件贴花25卢比

资料来源：国家税务总局国际税务司发布的2022年版《中国居民赴斯里兰卡投资税收指南》，第49~50页。

根据斯里兰卡宪法第13号修正案（*The 13th Amendment to the Constitution*）的规定，不动产和动产转让，以及根据司法判决进行的财产转让，涉及的印花税征收由省级议会（Provincial Council）管理按不同的税率征收印花税。

（四）税收优惠比较

中国对印花税的税收优惠主要是对9类特定项目实行减半征收或是免税政策。斯里兰卡则对人寿或医疗保险单；每月租金不超过5 000卢比的建筑物的融资租赁，以及经营租赁合同；粮食作物抵押合同；企业通过发行、转让或配股，向斯里兰卡政府颁发的股权证；国有企业向其他国有企业进行首次股票发行所颁发的股权证；企业依据国家发展战略法案，与斯里兰卡投资委员会签署合作协议后，向其他国有企业进行首次股票发行所颁发的股权证；因发行、转让或转让企业股份而发行的任何股权证书；信用卡交易产生的信用卡手续费（外币交易除外）等免征印花税[1]。

六、马尔代夫

（一）纳税义务人比较

马尔代夫的印花税是一种对部分交易与票据征收的税，凡是房屋抵押贷款登记、所有进出口交易中都需要缴纳印花税。

（二）征税范围比较

在中国，印花税共有购销合同、加工承揽合同、建设工程勘察设计合同等13个税目。马尔代夫仅对房屋抵押贷款登记，以及所有的进口和出口征收印花税。

（三）税率比较

在马尔代夫，对房屋抵押贷款登记，以及所有的进口和出口征收比例税率，征收0.01%的印花税。中国与马尔代夫印花税的税率相比，采取的税率形式较多种多样，既有比例税率又有定额税率，可以有利于增加财政收入、有利于配合和加强经济合同的监督管理、有利于培养纳税意识，也有利于配合对其他应纳税种的监督管理[2]。而马尔代夫印花税的税率征收程序较为简单，更便于征收管理。

（四）计税依据比较

中国印花税的计税依据为各种应税凭证上所记载的计税金额，主要是各类凭证上的金额、收入和费用等。马尔代夫印花税计税依据为房屋抵押贷款登记，以及所有的进口和出口所需的费用。

---

① 国家税务总局国际税务司发布的2022年版《中国居民赴斯里兰卡投资税收指南》，第50页。

② 中国注册会计师协会．税法［M］．北京：中国财政经济出版社，2021：456.

第七章

税收征管的比较

第一节 税务登记管理比较

一、中国

税务登记是税务机关对纳税人的生产、经营活动进行登记并据此对纳税人实施税务管理的一种法定制度。税务登记又称纳税登记，它是税务机关对纳税人实施税收管理的首要环节和基础工作，是征纳双方法律关系成立的依据和证明，也是纳税人必须依法履行的义务。

企业，企业在外地设立的分支机构和从事生产、经营的场所，个体工商户和从事生产、经营的事业单位，均应办理税务登记。此外，除国家机关、个人和无固定生产、经营场所的流动性农村小商贩外的其他纳税人，也应办理税务登记。根据税收法律、行政法规的规定负有扣缴税款义务的扣缴义务人（国家机关除外），均应当按照规定办理扣缴税款登记。

县以上（含本级，下同）税务局（分局）是税务登记的主管税务机关，负责税务登记的设立登记、变更登记、注销登记和税务登记证验证、换证以及非正常户处理、报验登记等有关事项。

税务登记证件包括税务登记证及其副本、临时税务登记证及其副本。扣缴税款登记证件包括扣缴税款登记证及其副本。

县以上税务局（分局）按照国务院规定的税收征收管理范围，实施属地管理。有条件的城市，可以按照“各区分散受理、全市集中处理”的原则办理税务登记。

税务局（分局）执行统一纳税人识别号。纳税人识别号由省、自治区、直辖市和计划单列市税务局按照纳税人识别号代码行业标准联合编制，统一下发各地执行。已领取组织机构代码的纳税人，其纳税人识别号共15位，由“纳税人登记所在地6位行政区划码”+“9位组织机构代码”组成。以业主身份证件为有效身份证明的组织，即未取得组织机构代码证书的个体工商户以及持回乡证、通行证、护照办理税务登记的纳税人其纳税人识别号由“身份证件号码”+“2位顺序码”组成。纳税人识别号具有唯一性。

纳税人办理下列事项时，必须提供税务登记证件：（1）开立银行账户；（2）领购发票。纳税人办理其他税务事项时，应当出示税务登记证件，经税务机关核准相关信息后办理手续。

二、印度

印度税务登记主要分为流转税和所得税税务登记。流转税税务登记：提供商品或服务的纳税人，如果其总营业额在一个财政年度超过200万卢比的（查谟和克什米尔以外的东北部国家的100万卢比），则需进行货物与劳务税的税务登记。总营业额包括所有应税商品和劳务（不包括个人以反向征税方式支付税款的进口商品）、免税商品、出口和跨邦商品和劳务。对反向征税交易、非居民或临时应税人员、代理商、电子商务运营商和向印度未进行税务登记的公司和个人提供在线信息和数据库访问或检索服务的非居民，无论经营收入数额多少，都必须进行强制税务登记。任何人都可以进行自愿税务登记，可以在税务登记生效一年后取消自愿税务登记。从事免税或不征税的商品与劳务提供者以及农业专家，可免除商品与劳务税的税务登记。所得税税务登记：印度税收法规规定，每个纳税人必须是印度所得税局网站的注册用户。成为注册用户后，纳税人可以查阅以前年度的税务申报表、电子审核所得税申报表，确认退税状态等。纳税人可以在任何时间任何地点通过印度所得税局网站的e－Filing系统进行所得税的网上税务登记。所得税个人纳税人在注册之前，须提前准备好永久账户号码（PAN），移动手机号码，现住址和邮箱地址等资料。

中、印两国税务登记对象存在一定差异。中国对所有纳税人均需进行税务登记，无论其从事免税或不征税项目都要进行税务登记。而印度对于流转税税务登记只针对提供商品或服务的纳税人，其总营业额在一个财政年度超过一定金额的纳税人，进行货物与劳务税的税务登记，对于从事免税或不征税的商品与劳务提供者以及农业专家，可免除商品与劳务税的税务登记。

三、巴基斯坦

中、巴两国在税务登记上的相似点较多，同样要求纳税主体到税务机关当面申请办理，税收信息化程度都不算高。差异在于中国的税务登记需要经过工商登记和税务登记两道程序，税务机关还需要对纳税人进行发票方面的管理，所以中国在税收管理上多了很多手续，管理成本也随之上升。其次，中、巴纳税个人税务登记时所需的证件资料也存在差异。

四、孟加拉国

中、孟两国在税务登记上的差异较多，中国的税务登记需要经过工商登记和税务登记两道程序，还要求纳税主体必须到税务机关当面申请办理，绝大多数地区的税收信息化程度不算高，税务机关还需要对纳税人进行发票方面的管理，所以中国在税收管理上多了很多手续，管理成本也随之上升。而孟加拉国规定在境内投资经营的纳税人应拥有独立的纳税人识别号。纳税人应在指定的国家税务局网站里创建相应的注册名及密码，然后按照网站内规定的注册步骤或程序完成纳税人识别号的申请，申请成功后，该系统将自动产生所对应的独立的纳税人识别号，且现在只需要网上申请即可，节约了纳税人的时间成本与经济成本。

五、尼泊尔

尼泊尔税法规定，在尼泊尔注册成立公司需要办理税务登记，获取永久税务登记账号（PAN）。所有在财政年度赚取劳动收入者和所有预缴纳税者，都必须获得 1 个永久账号（PAN）。任何人员都应在开展业务前取得永久账号，且任何人都不得以未获得永久账号为由不承担纳税义务，不遵守的将补征税款，并加收利息和罚款。

中、尼两国均使用了税务专用账号的方式加强对纳税人的管理，但中国的居民个人直接以居民身份证号码为其纳税人税务识别号，尼泊尔个人居民则需要另外开设一个税务登记账号，在管理程序上更为复杂。

六、斯里兰卡

斯里兰卡有所得税、增值税缴纳义务的个人或企业、被要求代扣代缴工资薪金的雇主、印花税或进出口及货运和清算代理，应向税务机关完成纳税登记并取得纳税人识别编码。根据不同公司性质，纳税人进行税务登记时，应准备不同的登记资料。

中国需要办理税款登记的对象比斯里兰卡广泛，在中国除了国家机关、个人和无固定生产、经营场所的流动性农村小商贩，其余均应当按照规定办理税款登记。而斯里兰卡仅针对有所得税、增值税缴纳义务的个人或企业、被要求代扣代缴工资薪金的雇主、印花税或进出口及货运和清算代理，向税务机关完成纳税登记并取得纳税人识别编码。在提供的登记材料上，两国规定基本一致，都包括公司设立证明（营业执照）、代表人或负责人或业主的居民身份证等。不同在于，中国其余需要提供的有关证件、资料，由省、自治区、直辖市税务机关自行确定。而斯里兰卡则统一规定好了不同公司性质的纳税人进行税务登记时，各自需准备的材料。

七、不丹

中、不两国在税务登记上有不少相似点，如企业在经营活动前均需要办理工商登记和税务登记，要求交易额超过一定阈值的纳税人办理增值税或商品服务税登记。差异在于，不丹没有单独的税收征管法，有关税收征收管理的规定散落分布在2001年《所得税法案》和2020年《商品和服务税》。不丹《所得税法案》有关个人所得部分规定，所有年龄在18岁以上的公民和在纳税年度取得个人所得的居民，应通过填写登记表格进行登记，并将填妥的登记表格提交给纳税人希望注册的地区税务局。如果是已婚夫妇，配偶双方必须选择同一个地区税务局进行税务登记。

八、马尔代夫

中、马两国在税务登记上较为相似，凡符合纳税要求的个人或企业都需要进行税务登记，但不同之处在于中国的居民个人或企业是向生产、经营所在地税务机关申报办理税务登记，而马尔代夫的居民个人或企业是要在马尔代夫国家税务局注册登记，但并非所有在马尔代夫从事经营活动的居民个人都需要注册登记，个人从事的商业活动不需要政府部门或国家机关颁发许可或证件等三种特殊情况下，不需要在马尔代夫税务局进行注册登记。其次，两国纳税义务人登记所需材料有差异。

第二节 税款征收制度比较

一、中国

中国税款征收制度包括：

（1）代扣代缴、代收代缴税款制度。

（2）延期缴纳税款制度。纳税人因特殊困难不能按期缴纳税款的，经省、自治区、直辖市税务局批准，可延期缴纳税款，但最长不得超过3个月。同一笔税款不得滚动审批。特殊困难的主要内容包括：一是因不可抗力，导致纳税人发生较大损失，正常生产经营活动受到较大影响的；二是当期货币资金在扣除应付职工工资、社会保险费后，不足以缴纳税款的。所称当期货币资金，是指纳税人申请延期缴纳税款之日的资金余额，其中不含国家法律和行政法规明确规定企业不可动用的资金；所称应付职工工资是指当期计提数。

（3）税收滞纳金征收制度。《税收征收管理法》第三十二条规定："纳税人未按照规定期限缴纳税款的，扣缴义务人未按照规定期限解缴税款的，税务机关除责令限期缴纳外，从滞纳税款之日起，按日加收滞纳税款万分之五的滞纳金。"对纳税人、扣缴义务人、纳税担保人应缴纳的欠税及滞纳金不再要求同时缴纳，可以先行缴纳欠税，再依法缴纳滞纳金。

（4）减免税收制度。根据《税收征收管理法》第三十三条及《税收征收管理法实施细则》第四十三条的有关规定，纳税人办理减税、免税应注意下列事项：①纳税人应依照法律、行政法规的规定办理减税、免税。②地方各级人民政府、各级人民政府主管部门、单位和个人违反法律、行政法规规定，擅自作出的减税、免税决定无效，税务机关不得执行，并向上级税务机关报告。③享受减税、免税优惠的纳税人，减税、免税期满，应当自期满次日起恢复纳税；减税、免税条件发生变化的，应当在纳税申报时向税务机关报告；不再符合减税、免税条件的，应当依法履行纳税义务；未依法纳税的，税务机关应当予以追缴。

（5）税额核定和税收调整制度。

（6）未办理税务登记的从事生产、经营的纳税人，以及临时从事经营纳税人的税款征收制度。我国《税收征收管理法》第三十七条规定：“对未按照规定办理税务登记的从事生产、经营的纳税人以及临时从事生产、经营的纳税人，由税务机关核定其应纳税额，责令缴纳；不缴纳应纳税款的，税务机关可以扣押其价值相当于应纳税款的商品、货物。扣押后缴纳应纳税款的，税务机关必须立即解除扣押，并归还所扣押的商品、货物；扣押后仍不缴纳应纳税款的，经县以上税务局（分局）局长批准，依法拍卖或者变卖所扣押的商品、货物，以拍卖或者变卖所得抵缴税款。”

（7）税收保全措施。根据《税收征收管理法》第三十八条的规定，税务机关有根据认为从事生产、经营的纳税人有逃避纳税义务行为的，可以在规定的纳税期之前，责令限期缴纳税款；在限期内发现纳税人有明显地转移、隐匿其应纳税的商品、货物以及其他财产迹象的，税务机关可以责成纳税人提供纳税担保。如果纳税人不能提供纳税担保，经县以上税务局（分局）局长批准，税务机关可以采取下列税收保全措施：①书面通知纳税人开户银行或者其他金融机构冻结纳税人的金额相当于应纳税款的存款。②扣押、查封纳税人的价值相当于应纳税款的商品、货物或者其他财产。其他财产包括纳税人的房地产、现金、有价证券等不动产和动产。个人及其所扶养家属维持生活必需的住房和用品，不在税收保全措施的范围之内。

（8）税收强制执行措施。根据《税收征收管理法》第四十条的规定，从事生产、经营的纳税人、扣缴义务人未按照规定的期限缴纳或者解缴税款，纳税担保人未按照规定的期限缴纳所担保的税款，由税务机关责令限期缴纳，逾期仍未缴纳的，经县以上税务局（分局）局长批准，税务机关可以采取下列强制执行措施：①书面通知其开户银行或者其他金融机构从其存款中扣缴税款。②扣押、查封、依法拍卖或者变卖其价值相当于应纳税款的商品、货物或者其他财产，以拍卖或者变卖所得抵缴税款。税务机关采取强制执行措施时，对上述规定中所列纳税人、扣缴义务人、纳税担供人未缴纳的滞纳金同时强制执行。个人及其所扶养家属维持生活必需的住房和用品，不在强制执行措施的范围之内。

（9）欠税清缴制度。

（10）税款的退还和追征制度。

（11）企业破产清算程序中的税收征管。

（12）《无欠税证明》开具服务。

二、印度

在税款征收制度上，中、印两国存在许多相似之处，如均实行预扣预缴制度、代扣代缴制度和延期缴纳税款制度等。预扣预缴制度上两国在具体的规定上存在一定差异，如中国规定按月或按季预缴，在印度预付税缴纳的截止日期取决于纳税人的性质，印度的企业纳税人按四期缴纳，在6月15日或之前缴纳不少于该年应付税款的15%；在9月15日或之前，缴纳不少于该年应付税款的45%；在12月15日或之前，缴纳不少于该年应付税款的75%；次年3月15日或之前，缴纳不少于该年应付税款的100%，此外，3月31日之前缴纳的任何税款将被作为预付税。① 印度的个人所得税按三期缴纳，在有雇佣收入的纳税人通过雇主从定期支付的薪酬中代扣代缴税款的方式缴税。应缴税款逾1万卢比的纳税人，在扣除代扣代缴的税款后应预缴税款，缴纳方式为在9月15日、12月15日以及3月15日分三次预缴。② 在代扣代缴上，中、印两国的差异在于中国代扣代缴和自行申报缴纳所按税率是一样的，而印度所得税法规定雇主应按照所得税平均税率从薪酬中代扣税款，并将等额税款在规定时间内交予政府。

三、巴基斯坦

在税款征收制度上，中、巴两国有很多相似之处，既允许纳税人提供材料申请延期纳税，又对少缴、未缴的纳税人实施强制执行等措施。但两国的制度细节上存在差异，中国没有税款催缴制度，到缴纳期限结束时，纳税人必须要缴纳税款，否则需要交纳罚款、滞纳金，必要时采取税收保全或税收强制措施。而巴基斯坦则是当税务局发现纳税人未缴、少缴税款等情况时，须在120天内向纳税人送达通知，令其述明未支付该税项的理由，在执行强制措施之前给纳税人申诉和弥补的机会。此外，中国税务机关重视事前的监督与控制，按照纳税人不同特征和经营性质差别，制定不同的税款征收方式；巴基斯坦的税务局负责的事务众多，既负责纳税审计，也负责税收征管等事项，但相较更重视纳税事后的检查与管理。

四、孟加拉国

中、孟两国在税收征收制度上具有较多相似之处，都不存在税款催缴制

---

① 国家税务总局国际税务司发布的2022年版《中国居民赴印度投资税收指南》，第56页。
② 国家税务总局国际税务司发布的2022年版《中国居民赴印度投资税收指南》，第58页。

度，纳税期限结束时，必须缴纳税款，否则纳税人会被执行强制措施。但具体执行上存在差异，孟加拉国会对少缴的税款计征利息，若纳税人未申报个人所得税，则可能还需要缴纳滞纳金，对于未注册验证纳税人识别号的纳税人会被处以罚金。

除此之外，孟加拉国对非居民纳税人实行额外的征收措施，尤其针对非居民企业，如果非居民企业取得的所得适用预提所得税政策且相关的预提所得税已按规定计提，那么非居民企业可免于申报该部分所得。另外，为享受税收协定中的减免税率优惠政策，纳税人应向孟加拉国国家税务局（NBR）提交享受减免税率申请并取得特许证书。未在孟加拉国构成常设机构的非居民企业以及在孟加拉国没有固定居所的非居民个人，若其所得已由支付方代扣代缴预提所得税，则无须自行申报所得税。否则应按照居民企业的申报要求申报所得税，在孟加拉国设有常设机构的外国企业应向主管税务机关提交所得税申报表。孟加拉国应在30天内（自提交所有文件之日起）发放免征预提所得税证明。未按规定提交季度申报表的非居民航空公司将受到处罚。根据《财政法案》（2018年），非居民企业因一些特定项目支付费用时，应预提所得税。除适用更低的税收协定税率，应按特别规定的税率预提所得税。

五、尼泊尔

在税款征收制度上，中、尼两国有诸多相似之处，如均实行预扣预缴制度和代扣代缴制度，都是在纳税人自主申报纳税的基础上再调整应纳税所得额，都对欠缴税款的纳税人采取强制措施。但两国在制度的细节上存在差异，如中国规定所得税按月或按季预缴，而尼泊尔所得税分三期缴纳，在1月15日前应缴付预估税款的40%，在4月15日和7月15日之前应分别缴纳预估税款的30%，采用预缴扣款的方式在预缴月月底前15日内缴纳。而在税款征收的优先权方面，两国也稍显不同，中国规定税收优于无担保的债权，而尼泊尔则规定应预扣税款的个人，必须优先于法院命令或任何其他法律或任何其他方式支付的任何款项。如果代扣该税款的人破产或解散，则代扣的税款不得视为此破产或解散的资产的一部分；在解散或破产后进行分割时，税务部门对代扣税款或财产享有第一留置权，税款的征收有绝对的优先权。

六、斯里兰卡

中、斯两国在税款征收制度上存在一定差异，中国税款缴纳时间根据不同税种规定为某一段时间，纳税人可自行选择具体纳税时间，时间具有很强的灵活性，每年各个税种的纳税时间基本没变化。而斯里兰卡税务局每年都会为纳税人制定本年度纳税申报日历表，规定申报和税款缴纳的具体时限，每个税种都有具体的纳税时间，时间具有很强的固定性。

七、不丹

在税款征收上，中、不存在不少相似之处，均实行预扣预缴和源泉扣缴制度，对纳税人逾期缴纳税款的行为加征滞纳金、罚款，对于少缴、未缴的纳税人采取拍卖其财产、直接扣缴相当于应缴税款的存款等强制措施。但在制度细节上也有差异，如不丹税法规定，公司应根据半年度损益表，按所得年度预计净利润的30%来预缴税款。如果不能合理提交半年度损益表，则按去年缴纳公司所得税的50%缴纳预缴税①。而中国则要求企业所得税纳税人按月或季，根据其营业利润预缴税款。在追缴税款方面，不丹税法规定，税务部门可与纳税人签订协议分期缴纳应缴税款，执行实体或个人发行的债券或证券。而中国并无类似的规定。

八、马尔代夫

中、马两国在税款征收制度方面相似点很多，中国的税款征收制度包括代扣代缴、代收代缴税款制度、延期缴纳税款制度、税收滞纳金征收制度、减免税收制度等十二项内容。马尔代夫也规定纳税人未在规定期限内申报办理税务登记、不缴或少缴税款等会面临罚款、追征利息等的法律责任，这一点与中国税收滞纳金制度相似，这种税收制度有利于提高纳税人的纳税意识，自觉履行纳税义务，进而达到税收公平的目的。

第三节　税务检查制度比较

一、中国

在中国税务检查的形式有：重点检查、分类计划检查、集中性检查、临时性

① 国家税务总局国际税务司发布的2019年版《中国居民赴不丹投资税收指南》，第43页。

检查、专项检查。税务检查的方法有：全查法、抽查法、顺查法、逆查法、现场检查法、调账检查法、比较分析法、控制计算法、审阅法、核对法、观察法、外调法、盘存法、交叉稽核法。税务检查的职责包括：（1）税务检查的权利。查账权、生产经营场所检查权、责成提供资料权、询问权、交通要道和邮政企业查证权、查询存款账户权。（2）调账检查基本规则。①经县以上税务局（分局）局长批准，税务机关可以将纳税人、扣缴义务人以前会计年度的账簿、记账凭证、报表和其他有关资料调回检查，要向纳税人、扣缴义务人开具清单并在3个月内完整退还。②有特殊情况的，经设区的市、自治州以上税务局局长批准，税务机关可以将纳税人、扣缴义务人当年的账簿、记账凭证、报表和其他有关资料调回检查，但税务机关必须在30日内退还。（3）检查时应出具证件。税务机关派出人员在进行检查时，应当出示税务检查证和税务检查通知书。

二、印度

印度税务机关每年会选择一定比例的纳税申报表进行详细稽核。税务机关发现问题后，需要向纳税人发出审查通知，并依法递送给纳税人。通知应说明纳税人应向税务人员提交的记录、文件和详细信息。根据纳税人报送的文件和信息，税务人员需评估和计算纳税人的收入和税负，并由此确定纳税人应缴或应退的税金。税务人员调查发现的结果将被用于特定纳税人的评估程序。一般而言，所得税评估是指税务机关判定纳税人相关纳税评估年度收入及应缴税款的流程，包括评估前的询问、简易评估、评估通知、常规评估和详细评估、最佳判断评估等环节。

中、印两国在税务检查上有很多不同点，总体来说，中国的税务检查重税务稽查轻纳税评估，注重人工检查、专项检查和现场检查，而印度的税务检查更重视纳税评估，注重对纳税申报表的检查。印度的纳税评估一直是印度治理偷税漏税的常规措施，其从纳税源头去控制偷税、漏税行为的发生。在详细评估的过程中，税务机关提出质疑并收集信息的过程，与评估程序本身同样重要。中国的纳税评估刚刚兴起，纳税评估机构、编制和人员配置上都还不是很确定和完善，有的地方只是作为信息化办公室的一个部门，或是将其作为纳税服务的一部分进行处理，在税收管理中的地位没有税务稽查高。

三、巴基斯坦

中、巴两国在税务检查上有很多不同点，一般来说，中国的税务检查形式主要为税务稽查，涉及纳税评估的方面较少，税务检查的具体方法为人工检查、专项检查和现场检查等。而巴基斯坦税务检查的方式既有税务稽查，也有纳税评估，逾期申报的企业或省一级评估案件会进行纳税评估，此外，还有税务审计的方式，对纳税人进行信息化筛查与日常检查。

四、孟加拉国

中、孟在税务检查形式上比较相似，都比较重视事前的检查，具体方式主要为税务稽查，税务检查的具体方法为人工检查、专项检查和现场检查、随机抽查等。

五、尼泊尔

中、尼两国都以法律的形式赋予税务机关在税务检查方面调查、查阅纳税人涉税信息的权力，并规定税务机关进行税务检查时，发现纳税人有逃避纳税义务行为时可采取税收保全措施或者强制执行措施。但两国在税务检查的细节规定上也存在差异，如中国税务机关对于纳税人少缴的应纳税额有 3 年的追征期，特殊情况可延长到 5 年。根据尼泊尔税法，税务机关有权在 4 年内审阅、修改已经申报或视同已经申报的所得税申报表的权利，但对于舞弊等例外情况，税务机关可以无限期追查。一般来说，中国在税务检查形式主要为税务稽查，涉及纳税评估的方面较少，税务检查的具体方法为人工检查、专项检查和现场检查等。在大多数情况下，尼泊尔税务稽查以信息稽查为主，称为税务全面稽查。为了开展全面稽查，税务局将出具一份通知，要求企业提供其所需信息，企业需要在收到通知之日起 15 天内提交信息，未能按时提交相关信息将被处以罚款。

六、斯里兰卡

斯里兰卡对纳税人未按照规定完成申报的，税务机关将对该纳税人启动评估程序，审核其未申报纳税期间的应纳税额，并确定相应的滞纳金和罚款。纳税人应在评估结果出具后 30 日内，缴纳相应的欠缴税款、滞纳金和罚款。纳税评估不能免除纳税人提交申报表的义务，纳税人仍应按法规要求完成对应期间申报。

中、斯两国在税务检查上存在不同点，中国的税务检查重税务稽查轻纳税评估，注重人工检查、专项检查和现场检查，而斯里兰卡的税务检查更重视纳税评估，注重对其未申报纳税期间的应纳税额的审核。

七、不丹

中、不两国在税务检查方面有不少差异，中国的税务检查形式通常是税务稽查，较少的涉及纳税评估。而不丹更注重对纳税人的评估，收入和关税局授权各地区税务局实施税务评估，纳税人首先需要进行自查，然后向主管税务机关提交纳税申报表。税务机关首先进行案头评估，案头评估应在纳税人提交申报表后的 90 天内进行，评估范围包括逻辑检查、计算检查以及对纳税人自查结果的合理性分析，若在此过程中发现错误或者遗漏之处，则税务人员有权驳回纳税人的申报表，同时就纳税人自查的税款进行补征。若案头评估无法发现所有的疑点，税务机关可能会对纳税人进行实地核查。此外，税务机关有权在收入年度结束后的 5 年内的任何时间均可对纳税人进行二次评估，并且在纳税人提起诉讼时，二次评估是必要的诉讼程序①。

八、马尔代夫

中、马两国在税务检查上有很多不同点，一般来说，中国在税务检查形式主要为税务稽查，税务检查的具体方法分为人工检查、专项检查和现场检查等。而马尔代夫税务检查的方式主要为税务审计，以确保纳税人按税务法规及时准确地缴纳税款，其目的在于发现未申报纳税事项，即鼓励纳税人主动发现并纠正纳税申报中的问题。

第四节　纳税人法律责任比较

一、中国

在中国，纳税人法律责任主要包括以下几点。

① 国家税务总局国际税务司发布的 2019 年版《中国居民赴不丹投资税收指南》，第 46 页。

（一）违反税务管理基本规定行为的处罚

（1）根据《税收征收管理法》第六十条和《税收征收管理法实施细则》第九十条规定，纳税人有下列行为之一的，由税务机关责令限期改正，可以处2 000元以下的罚款；情节严重的，处2 000元以上1万元以下的罚款。①未按照规定的期限申报办理税务登记、变更或者注销登记的。②未按照规定设置、保管账簿或者保管记账凭证和有关资料的。③未按照规定将财务、会计制度或者财务、会计处理办法和会计核算软件报送税务机关备查的。④未按照规定将其全部银行账号向税务机关报告的。⑤未按照规定安装、使用税控装置，或者损毁、擅自改动税控装置的。⑥纳税人未按照规定办理税务登记证件验证或者换证手续的。

（2）对不办理税务登记的纳税人，由税务机关责令限期改正；逾期不改正的，由工商行政管理机关吊销其营业执照。

（3）纳税人通过提供虚假的证明资料等手段，骗取税务登记证的，处2 000元以下的罚款；情节严重的，处2 000元以上1万元以下的罚款。纳税人涉嫌其他违法行为的，按有关法律、行政法规的规定处理。

（4）扣缴义务人未按照规定办理扣缴税款登记的，税务机关应当自发现之日起3日内责令其限期改正，并可处以1 000元以下的罚款。

（5）纳税人未按照规定使用税务登记证件，或者转借、涂改、损毁、买卖、伪造税务登记证件的，处2 000元以上1万元以下的罚款；情节严重的，处1万元以上5万元以下的罚款。

（二）扣缴义务人税务违章的处罚

（1）未按照规定办理扣缴税款登记：税务机关应当自发现之日起3日内责令限期改正，并可处以1 000元以下的罚款。

（2）未按规定设置、保管账簿及有关资料：扣缴义务人未按照规定设置、保管代扣代缴、代收代缴税款账簿或者保管代扣代缴、代收代缴税款记账凭证及有关资料的，由税务机关责令限期改正，可以处2 000元以下的罚款；情节严重的，处2 000元以上5 000元以下的罚款。

（3）未按期申报纳税：扣缴义务人未按照规定的期限向税务机关报送代扣代缴、代收代缴税款报告表和有关资料的，由税务机关责令限期改正，可以处2 000元以下的罚款；情节严重的，可以处2 000元以上10 000元以下的罚款。

（4）未履行扣缴义务：扣缴义务人应扣未扣、应收未收税款的，由税务机关向纳税人追缴税款，对扣缴义务人处应扣未扣、应收未收税款50%以上3

倍以下的罚款。

（5）偷税（逃避缴纳税款）行为—扣缴义务人扣而不缴：①扣缴义务人采取伪造、变造、隐匿、擅自销毁账簿、记账凭证等手段，不缴或者少缴已扣、已收税款的，税务机关将追缴其不缴或少缴的税款、滞纳金，并处不缴或少缴税款50%以上5倍以下的罚款；构成犯罪的，依法追究刑事责任。②扣缴义务人采取欺骗、隐瞒手段，不缴或者少缴已扣、已收税款，数额较大的，依照相关规定处罚。对多次实施上述行为，未经处理的，按照累计数额计算。

（6）虚假申报：扣缴义务人编造虚假计税依据的，由税务机关责令限期改正，并处50 000元以下的罚款。

（三）对纳税人偷税（逃避缴纳税款）、骗税、抗税、欠税、虚假申报、不申报行为的认定及其法律责任

（1）偷逃（逃避缴纳税款）：①对于纳税人的偷税（逃避缴纳税款）行为，税务机关将追缴其不缴或少缴的税款、滞纳金，并处不缴或少缴税款50%以上5倍以下的罚款；构成犯罪的，依法追究刑事责任。②对于逃税罪，依《中华人民共和国刑法》（以下简称《刑法》）追究刑事责任：纳税人采取欺骗、隐瞒手段进行虚假纳税申报或者不申报，逃避缴纳税款数额较大并且占应纳税额10%以上的，处3年以下有期徒刑或者拘役，并处罚金；数额巨大并且占应纳税额30%以上的，处3年以上7年以下有期徒刑，并处罚金。

（2）骗税：①由税务机关追缴其骗取的退税款，并处骗取税款1倍以上5倍以下的罚款；构成犯罪的，依法追究刑事责任。②骗取国家出口退税款的，税务机关可以在规定期间内停止为其办理出口退税。

（3）抗税：除由税务机关追缴其拒缴的税款、滞纳金外，依法追究刑事责任。情节轻微，未构成犯罪的，由税务机关追缴其拒缴的税款、滞纳金，并处拒缴税款1倍以上5倍以下的罚款；触及《刑法》的，处3年以下有期徒刑或者拘役，并处拒缴税款1倍以上5倍以下罚金；情节严重的，处3年以上7年以下有期徒刑，并处拒缴税款1倍以上5倍以下罚金。

（4）欠税：税务机关责令限期缴纳，逾期未缴纳的，除采用强制执行措施追缴其不缴或者少缴的税款以外，可处不缴或少缴税款50%以上5倍以下的罚款。

（5）逃避追缴欠税：由税务机关追缴欠缴的税款、滞纳金，并处欠缴税款50%以上5倍以下的罚款；构成犯罪的，依法追究刑事责任。

（6）虚假申报：由税务机关责令限期改正，并处5万元以下的罚款。

（7）不进行申报：由税务机关追缴其不缴或少缴的税款、滞纳金，并处

不缴或少缴税款 50% 以上 5 倍以下的罚款。

（四）违反税务代理的法律责任

税务代理人违反税收法律、行政法规造成纳税人未缴或者少缴税款的，除由纳税人缴纳或者补缴应纳税款、滞纳金外，对税务代理人处纳税人未缴或者少缴税款 50% 以上 3 倍以下的罚款。

二、印度

印度企业所得税逾期缴税的罚款和利息，纳税人需按滞纳月份（不足一月的则按滞纳天数换算月份比例）按 1% 的比率计算从应提交申报表截止日期至实际提交申报表之日止这一期间的罚息。根据 2017 年 4 月 1 日起生效的《所得税法案》，若纳税人在截止日期后提交申报表，将面临最高 1 万卢比的罚款。[①] 对于逾期提交预提税申报表将产生每日 200 卢比的强制性罚款，罚款总额不得超过该季度应缴的预提税税金。未能提交申报表且逾期超过一年，或在提交的报表中出现针对永久账号、收据及预提税金额等细节方面的错误时，将会产生 1 万卢比至 10 万卢比不等的罚款。对于货物与劳务税逾期缴税的罚款和利息，根据 GST 制度规定，如果纳税人逾期提交申报表或逾期缴税，每天需缴纳 100 卢比的罚金，逾期缴税将被征收 18% 的罚息。

中、印两国对纳税人税收法律责任方面，中国从违反税收管理的轻处罚和情节严重的税收犯罪刑事责任两方面进行规定，对情节较轻的违法行为通过罚款额形式处罚，处罚力度根据情节严重程度或涉税金额来定；对情节较重的税收犯罪规定了罚款，并另加监禁时间的判刑，或者两者并处重罚。而印度根据逾期时间长短来规定罚款和罚息的多少，以逾期时间按每日计算罚款或每月按比率加收罚息。在违反税务管理的轻处罚方面，中国通过《中华人民共和国税收征收管理法》列示了纳税人各种不符合征收管理的行为，并明确了处罚的力度；而对情节严重的违法犯罪，则是通过《刑法》规定出来。对于印度而言，其没有专门的税收征收管理法来对违法税务管理做出具体统一的规定与处罚，而是在每个税种实体法下进行了规定，而且各邦有各自的处罚规定。

三、巴基斯坦

中、巴两国对纳税人法律责任方面的规定是从违反税收管理的轻处罚与情

① 国家税务总局国际税务司发布的 2022 年版《中国居民赴印度投资税收指南》，第 65 页。

节严重的税收刑事犯罪责任两方面进行规定，但处罚细节规定不同，从轻处罚时，中国征收管理法一般是对纳税人处以明确数额的罚款，巴基斯坦即使是从轻处罚，也是按照少缴税款的一定百分比加征附加税作为处罚。

四、孟加拉国

中、孟两国对纳税人法律责任方面的规定是从违反税收管理的轻处罚与情节严重的税收刑事犯罪责任两方面进行规定，但处罚细节规定不同，从轻处罚时，中国征收管理法一般是对纳税人处以明确数额的罚款，孟加拉国的从轻处罚，也是按照少缴税款的一定百分比加征附加税作为处罚，也有定额处罚。情节严重者则同时会被处以监禁与缴纳罚金的处罚。

五、尼泊尔

中、尼两国均对纳税人违反基本规定、逃避缴纳税款、不配合税务机关、未履行代扣代缴义务等违法行为规定相应的行政性和刑事处罚，但处罚细节规定不一致。与尼泊尔不同，中国对于纳税人的违法行为除了定额罚款，还对部分违法行为规定处以少缴、不缴的税款 50% 以上 3 倍或 5 倍以下的罚款。

六、斯里兰卡

斯里兰卡税收征管罚则规定，对未能在规定的时间内进行税务登记或发生变更却未通知税务机关的；逾期申报的；未在规定期限内完税的；由于纳税人原因，导致申报错误或资料缺失，少缴税款的；纳税人以虚假或误导信息，导致少缴税或多退税的；纳税人未按法规要求期限，保存相应凭证资料的；纳税人无力缴纳税款的，其债务人以其所欠债务为限承担纳税义务，该债务人未足额缴纳税款的；纳税人未能根据法规要求履行信息提供义务的，且在收到税务机关警告通知 30 日内仍不履行该义务等行为处以 5 000 ~ 10 000 000 卢比罚款或处以未缴税款 1% ~ 75% 的罚款。对于纳税人恶意逃避或骗取退税；恶意阻挠税务机关执法；拒绝向税务机关提供信息，并触犯《国内税收法》第 100 条所规定的情形；税务人员违法收受贿赂导致税款流失等行为最高处以 1 000 000 卢比罚款后根据情节严重情况处以 1 ~ 2 年的监禁。

中、斯两国对纳税人税收法律责任方面，都是从违反税收管理的轻重处罚和情节严重的税收犯罪刑事责任两方面进行规定，同时两国对情节较轻的违法行为都通过罚款的形式处罚，处罚力度根据情节严重程度或涉税金额来定；对于情节较重的税收犯罪都规定了罚款，并另加监禁时间的判刑，或者两者并处。不同点在于：在违反税务管理的轻重处罚方面，中国通过税收征收管理法列示了纳税人各种不符合税收征收管理规定的行为，并明确了处罚的力度；而情节严重的违法犯罪，则是通过《刑法》规定出来的。斯里兰卡对于轻重处罚和违法犯罪两种法律责任，都是通过《国内税收法》规定的。在违反税收管理的轻重处罚方面，中国税收管理法多是对纳税人处于明确数额的罚款，有些较为严重的行为处于应交税款倍数的罚款，只有税收违法犯罪才是涉税金额的倍数进行罚款。而斯里兰卡即使是轻处罚也多是以少缴税款的一定百分比作为处罚，并且随着时间推移按每月追缴税款，而对税收犯罪行为反而采取固定金额的罚款和监禁的形式进行处罚。然而，以固定金额列示罚款的做法，会面临通货膨胀削弱处罚力度，涉及金额百分比制定的罚款力度，可以随着纳税人纳税能力的变化而自动变化，处罚力度受通货膨胀的影响较小。

七、不丹

中、不两国均对纳税人的税收违法行为均设有行政处罚和刑事处罚。但在处罚的细节上存在差异，不丹对纳税人大部分违法行为处以数额明确的罚款，对个别违法行为处以少缴或应缴税款的一定百分比的罚款，如对纳税人瞒报或少报收入的行为，不丹税法规定处以应纳税款 2 倍的罚款。而中国对纳税人处以应缴税款倍数罚款的适用范围更广，且对部分税收违法行为设立了更重的行政罚款。

八、马尔代夫

中、马两国在对纳税人法律责任方面的规定有所差异，中国是从违反税收管理的从轻处罚与情节严重的税收刑事犯罪责任两方面进行规定，从轻处罚时，中国征收管理法一般是对纳税人处以明确数额的罚款，马尔代夫只有从轻处罚，虽然也有部分情况适用于明确的罚款处理，但如少缴或不缴税款，税务机关会对滞纳税款加收利息。

主要参考文献*

［1］白彦锋，岳童．印度商品服务税改革及其影响［J］．国际税收，2018（9）：60－66.

［2］陈钜胜．建立综合与分类相结合的个人所得税制研究［J］．经济研究参考，2017（29）：28－32.

［3］陈琍．印度 GST：世界上最复杂的增值税制度安排［N］．中国财经报，2017－09－19（006）.

［4］陈琍．中印增值税改革比较［J］．税务研究，2018（5）：86－90.

［5］陈羽．中国—南亚商务年鉴（2019）［M］．昆明：云南科技出版社，2019.

［6］邓舒怡．“一带一路”战略下的国际税收协调研究［J］．海南金融，2017（12）：21－30.

［7］杜春燕．马尔代夫税收法律风险及对中国投资企业的启示［A］．AEIC Academic Exchange Information Centre（China）. Proceedings of 3rd International Conference on Modern Management，Education Technology，and Social Science（MMETSS 2018）（Advances in Social Science，Education and Humanities Research，VOL. 215）［C］. AEIC Academic Exchange Information Centre（China）：International Conference on Humanities and Social Science Research，2018：4.

［8］法斯赫·乌丁，M. 阿克拉姆·斯瓦蒂．巴基斯坦经济发展历程：需要新的范式［M］．陈继东，晏世经，等，译．成都：巴蜀书社，2010.

［9］樊桂东．透视印度 GST 税改［J］．中国外汇，2017（16）：20－21.

［10］付慧丽．税收征管信息化实践的国际比较与借鉴［J］．财会通讯，2021（7）：157－161.

［11］高凌江．金砖国家税收制度比较研究［J］．税务研究，2016（11）：56－60.

* 本书内容主要参考国家税务总局国际税务司发布的 2022 年版“投资税收指南”以及商务部发布的“对外投资合作国别（地区）指南”相关国的内容。

[12] 高荣伟. 印度的税收征管问题 [J]. 税收征纳, 2017 (3): 54 -56.

[13] 高玉强, 周明珠, 卢盛峰. "一带一路" 沿线国家税收竞争力对中国对外直接投资的影响 [J]. 税务研究, 2021 (2): 81 -88.

[14] 葛玉御, 樊丽明. 印度税制结构嬗变分析 [J]. 国际税收, 2015 (4): 43 -47.

[15] 龚辉文. 发展中国家消费税制比较及其启示 [J]. 国际税收, 2015 (5): 25 -30.

[16] 龚辉文. 聚焦印度建国以来的最大税改 [N]. 中国财经报, 2017 -08 -22 (006).

[17] 龚辉文. 印度货物劳务税改革及其启示 [J]. 国际税收, 2016 (10): 26 -29.

[18] 郭松. "一带一路" 沿线国家国际税收协定研究 [D]. 长春: 吉林财经大学, 2021.

[19] 国家税务总局税收科学研究所编译. 外国税制概览 [M]. 北京: 中国税务出版社, 2008.

[20] 国家税务总局税收科学研究所课题组. 构建 "一带一路" 税收争端解决创新机制的研究 [J]. 国际税收, 2020 (5).

[21] 何道隆, 王晓东. 当代斯里兰卡 [M]. 成都: 四川人民出版社, 2000.

[22] 何杨, 王路. 2020 年国际税收研究综述 [J]. 税务研究, 2021 (3): 45 -51.

[23] 何杨, 王文静. 增值税税率结构的国际比较与优化 [J]. 税务研究, 2016 (3): 90 -94.

[24] 候莉娟. 我国个人所得税法实行综合征收的必要性研究 [J]. 财经界, 2020 (18): 231 -232.

[25] 胡芳, 廖敏霞. 房地产税制国际比较及对我国的启示 [J]. 科技创业月刊, 2015, 28 (14): 35 -37.

[26] 胡绍雨. 国外财产税制的比较分析与税制经验启示 [J]. 经济论坛, 2015 (3): 107 -110.

[27] 胡怡建, 马伟, 田志伟, 杨志银. 个人所得税税制国际比较 [M]. 北京: 中国税务出版社, 2017.

[28] 会计基础设施助推 "一带一路" —— "一带一路" 沿线国家税制与税负差异 (五) [J]. 中国注册会计师, 2018 (10): 123 -125.

[29] 李忱, 乔世君. 我国城市中产阶层消费观念与消费模式研究 [J].

商业经济研究，2020（21）：45－49.

［30］李建军，杜宏．孟加拉国财政改革及成效［J］．南亚研究季刊，2014（2）：62－65＋5.

［31］李克强．巴基斯坦经济［M］．北京：中国经济出版社，2016.

［32］李林木，薛迎迎，高光明．发展中国家综合与分类相结合的个人所得税模式选择——基于巴西、印度和印度尼西亚的比较［J］．税务研究，2015（3）：118－124.

［33］李闻一，林希希．我国个人所得税混合课税模式研究［J］．学习与实践，2018（1）：38－44.

［34］李香菊，王雄飞．"一带一路"战略的国际税收协调研究——基于中亚和东南亚国家的比较分析［J］．经济体制改革，2017（4）：162－168.

［35］李向阳．"一带一路"国别概览——巴基斯坦［M］．大连：大连海事大学出版社，2019.

［36］李向阳．"一带一路"国别概览——孟加拉国［M］．大连：大连海事大学出版社，2019.

［37］李永海，钟铭．"一带一路"沿线国家增值税制比较分析与启示［J］．西部财会，2020（9）：14－18.

［38］刘建．列国志——孟加拉国［M］．北京：社会科学文献出版社，2010.

［39］刘杰．中国—南亚商务年鉴（2013）［M］．昆明：云南人民出版社，2013.

［40］刘璐．个人所得税综合与分类税制模式比较及我国的税制选择［J］．经济研究导刊，2016（20）：145－146.

［41］刘鹏．"一带一路"国家个人所得税制度辨析［J］．经济体制改革，2017（2）：138－143.

［42］刘鹏．"一带一路"沿线国家的公司税制比较［J］．上海经济研究，2016（1）：52－60.

［43］刘伟胜．中国—南亚商务年鉴（2011）［M］．昆明：云南民族出版社，2011.

［44］刘小雪．印度实行GST：不是一劳永逸的改革［J］．经济，2019（6）：61－63.

［45］吕怡慧．"一带一路"沿线国家税收努力程度评估与比较［J］．唐山师范学院学报，2019，41（1）：86－92.

［46］马加力，崔燕生．马尔代夫的经济发展［J］．南亚研究，1989（3）：

74 - 82.

[47] 马念谊，苏畅，黄永凤．东盟国家特别消费税制比较及启示 [J]. 税务研究，2021 (9)：63 - 69.

[48] 马晓雅，韩雨莲．以分类综合为过渡向综合税制探近 [J]. 现代营销 (下旬刊)，2021 (1)：165 - 167.

[49] 缪慧星，黄惠欣，罗飞．中国与“一带一路”沿线国家税收协调研究 [J]. 改革与战略，2021，37 (3)：78 - 84.

[50] 倪红日．税制结构的国际比较及中国选择 [J]. 国际税收，2021 (9)：26 - 32.

[51] 彭启蕾，巴海鹰．印度 GST 改革对在印中资企业的影响分析 [J]. 国际税收，2018 (3)：25 - 28.

[52] 彭盛琪，尹协祚．马尔代夫现状 [J]. 南亚研究季刊，1985 (2)：46 - 58 + 6.

[53] 彭新媛，张作玲．“走出去”企业税收风险及防控研究 [J]. 中小企业管理与科技 (中旬刊)，2021 (7)：106 - 107.

[54] 戚悦，王朝才，张晓艳．拉美与东亚国家 (地区) 中等收入阶段的税负、税制结构比较与启示 [J]. 财政研究，2015 (2)：74 - 78.

[55] 饶慧，陈平路．印度税制简介 [J]. 涉外税务，2006 (10)：41 - 45.

[56] 饶立新．印花税国际比较 [J]. 涉外税务，2009 (12)：39 - 42.

[57] 任高飞，陈瑶瑶．国际比较视角下我国绿色税制的完善与构建 [J]. 当代经济，2021 (2)：96 - 98.

[58] 宋丽颖，王琰．“一带一路”沿线国家涉税现状、争端类型与解决机制 [J]. 经济体制改革，2021 (4)：146 - 151.

[59] 苏婷婷．税收自愿披露制度的国际比较与借鉴 [J]. 国际税收，2021 (4)：75 - 80.

[60] 孙简．中美企业税制比较与借鉴 [J]. 现代管理科学，2015 (12)：76 - 78.

[61] 孙巨锋．印度商品和服务税 (GST) 税改的内涵 [J]. 国际商务财会，2018 (8)：30 - 32.

[62] 孙晓娜．生态税制的国际比较及借鉴价值 [J]. 生产力研究，2012 (12)：139 - 141 + 187.

[63] 孙燕．我国个人所得税制改革研究 [J]. 财经问题研究，2016 (S2)：56 - 60.

[64] 王红晓，杨热清．印度尼西亚与中国增值税制度变迁的比较研究［J］．广西财经学院学报，2019，32（2）：12－21.

[65] 王克智．数字服务税立场和税制的国际比较与应对［J］．税务研究，2021（9）：77－83.

[66] 王乔，席卫群．比较税制［M］．上海：复旦大学出版社，2013.

[67] 王素荣，付博．“一带一路”沿线国家公司所得税政策及税务筹划［J］．财经问题研究，2017（1）：84－92.

[68] 王素荣．南亚国家的税收政策及税务筹划［J］．国际商务财会，2017（2）：7－10.

[69] 王薇，尹子月，周时佩．世界不同国家税制的比较研究［J］．经贸实践，2017（9）：235.

[70] 王伟域．“一带一路”国际税收争端解决机制的中国策略［J］．税务研究，2019（12）：65－68.

[71] 王文静，王怡璞，赵利芳．“一带一路”沿线国家近期税制改革动态比较研究［J］．国际税收，2017（5）：26－31.

[72] 王晓玲．中美税制比较［M］．上海：立信会计出版社，2015.

[73] 王义明，夏忠．马尔代夫共和国经济贸易法律指南和法律汇编［M］．北京：法律出版社，2014.

[74] 吴思南．各国税制结构与我国的比较研究［J］．商场现代化，2016（22）：137－138.

[75] 薛桂芝．印度个人所得税及对我国个税改革的启示［J］．南亚研究季刊，2015（4）：56－61＋5.

[76] 杨志勇．印度商品和服务税（GST）开征的意义、挑战及未来趋势［J］．国际税收，2017（8）：52－55.

[77] 杨忠婷．增值税税制下建筑施工项目对下计税模式的选择比较分析［J］．中国总会计师，2021（9）：122－123.

[78] 袁若梓，李永海．“一带一路”沿线国家税制结构比较及对我国的启示［J］．开发研究，2019（5）：15－22.

[79] 曾雯麟．“一带一路”沿线亚洲国家企业所得税制比较及投资涉税研究［D］．广州：广东财经大学，2019.

[80] 张超，吕远．房地产税的国际比较与借鉴［J］．国际税收，2021（2）：68－73.

[81] 张珂．中国与巴基斯坦贸易关系中的税收协调［D］．昆明：云南财经大学，2011.

[82] 张天姣. 个人所得税制模式的比较分析 [J]. 财贸研究, 2017, 28 (4): 80－86.

[83] 张友棠, 杨柳. "一带一路" 国家税收竞争力与中国对外直接投资 [J]. 国际贸易问题, 2018 (3): 85－99.

[84] 赵书博. 我国与 "一带一路" 沿线国家税收协定问题研究 [J]. 税务研究, 2018 (2): 74－77.

[85] 赵书博. "一带一路" 沿线国家公司所得税优惠制度比较及对我国的启示 [J]. 财政监督, 2017 (15): 13－16.

[86] 赵书博, 张书慧, 张雪. "一带一路" 沿线国家增值税比较研究 [J]. 管理世界, 2019, 35 (7): 104－115.

[87] 赵书博, 张雪. 我国与东盟国家个人所得税税制比较 [J]. 税务研究, 2020 (6): 17－23.

[88] 郑雪. "一带一路" 沿线国家的增值税税制比较 [J]. 广西质量监督导报, 2020 (2): 174－175.

[89] 中国注册会计师协会. 税法 [M]. 北京: 中国财政经济出版社, 2021.

[90] 周子轩, 常华清, 王志强. 税收征管体系的国际比较与借鉴 [J]. 纳税, 2020, 14 (35): 20－21.

[91] 朱昌利, 宋天佑. 当代印度 [M]. 昆明: 云南大学出版社, 2016.

[92] 朱为群, 刘鹏. "一带一路" 国家税制结构特征分析 [J]. 税务研究, 2016 (7): 24－30.

[93] 朱在明. 列国志——马尔代夫 [M]. 北京: 社会科学文献出版社, 2004.

[94] Abdul Rauf Khan, Rafia Ghaus. Relative Fiscal Effort by Provincial Governments in Pakistan (1989－90 to 1994－95) [J]. Pakistan Economic and Social Review, 1996, 34 (1).

[95] Aisha Ghaus, Hafiz A. Pasha. Buoyancy of Provincial Tax Revenues in Pakistan [J]. Pakistan Economic and Social Review, 1988, 26 (2).

[96] Ashrita Prasad Kotha, Pradnya Talekar. Earmarked Taxes: An Indian Case Study [J]. Journal of Tax Research, 2021, 19 (1): 97－120.

[97] Audi, Marc and Ali, Amjad and Roussel, Yannick. Measuring the Tax Buoyancy: Empirics from South Asian Association for Regional Cooperation (SAARC) [J/OL]. https: //mpra. ub. uni－muenchen. de/109567/.

[98] George R Reddy Y V. Corporate tax in emerging countries: some aspects

of India [J]. International Journal of Law and Management, 2015, 57 (5): 357 - 366.

[99] Jeffrey I. Bernstein, Anwar Shah. Taxes and production: The case of Pakistan [J]. International Tax and Public Finance, 1994, 1 (3).

[100] Kazuki Hiraga. Unit versus ad valorem tax comparisons in a simple New Keynesian dynamic stochastic general equilibrium model [J]. Eeynesian Economic Review, 2019, 9 (4).

[101] Mohammad Faridul Alam, Md. Mohiuddin. Resource Mobilization through Tax Revenue: A Comparative Study of Bangladesh and Sri Lanka [J]. AIUB Journal of Business and Economics, 2018 (11): 19 - 39.

[102] Mujtaba Piracha, Mick Moore. Revenue - Maximising or Revenue - Sacrificing Government? Property Tax in Pakistan [J]. Routledge, 2016, 52.

[103] Roy Bahl, Sally Wallace, Musharraf Cyan. The Challenge of Intergovernmental Fiscal Relations in Pakistan: The Property Tax Dimension [R]. International Center for Public Policy Working Paper Series, 2008.

[104] Sadiq Ahmed. Addressing the Challenge of Income Inequality in Bangladesh [R/OL]. (2018 - 12 - 1). https: //www. pri - bd. org/wp - content/uploads/2018/12/Working - Paper - Seriev - No. - 6. pdf.

[105] Selvi S. A Study Analyzing the Acceptance and Impact of Property Tax on the Property Owners in Bengaluru City [J]. Finance India, 2020 (12).

[106] Tommaso Oliviero, Agnese Sacchi, Annalisa Scognamiglio, Alberto Zazzarol. House prices and immovable property tax: Evidence from OECD countries [J]. Original Article Metro Economica, 2019 (2).

[107] Ye Shi. Chinese Current Special Deductible Expense of Children's Education for Individual Income Tax: International Comparisons and Helpful Suggestions [A]. Institute of Management Science and Industrial Engineering. Proceedings of 2020 International Conference on World Economy and Project Management (WEPM 2020) [C]. Institute of Management Science and Industrial Engineering: 计算机科学与电子技术国际学会 (Computer Science and Electronic Technology International Society), 2020: 5.